KB070304

유치원 교직실무

김은심 · 서동미 · 엄은나 · 이경민 · 강정원 · 김정미 공저

Professional Practice of
Kindergarten Teacher

학지사

📖 머리말

교육부는 국정과제 구현과 출발선 평등 실현을 위해 2017년 12월 '유아교육 혁신 방안'을 발표하였다. '유아교육 혁신방안'의 주요 내용으로 '유아가 중심이 되는 놀이 위주의 교육과정 개편'이 명시되었다. 이에 따라 유아·놀이 중심 교육과정 개편 방향이 반영된 「2019 개정 누리과정」이 2020년 3월부터 유치원과 어린이집에 다니는 3~5세 유아에게 공통으로 적용되었다.

주지하다시피, 교직실무란 교사가 학생을 가르치는 과정에서 행하는 업무와 사무를 일컫는다. 유능한 교사는 수업을 잘하고 잘 가르치는 것은 물론 조직의 구성원으로서 조직에서 부과하는 수많은 직무를 수행해야 한다. 교사는 유치원의 일원으로 다양한 업무를 수행해야 하지만, 유아를 가르치는 일도 소홀히 할 수는 없을 것이다. 가르치는 일의 과정에는 여러 가지 업무가 포함된다. 특히 국가수준 교육과정이 지향하는 지점을 잘 반영하여 하루를, 한 달을, 일 년을 운영한다는 것은 그 무엇에도 비교할 수 없이 중요한 일일 것이다.

2019 개정 누리과정의 기본 개념을 반영하기 위해 『유아교사를 위한 교직실무(2판)』의 개정을 논의하던 시점은 2020년 초반에 시작되었던 COVID-19가 여전히 기승을 부리고 있던 시점이었다. 초·중등학교와 유치원에서도 온라인을 통한 교육활동이 이루어졌고, 교사양성기관인 대학교 역시 오랫동안 학생들의 대면수업이 이루어지지 못하였다. 유치원 교육실습도 대면과 비대면의 혼합된 형식으로 이루어졌으며, 예비교사들의 유치원 현장 관찰 기회는 극히 제한적으로 이루어졌다. 이러한 시점에 개정이 논의되었으며, 논의의 장도 비대면으로 진행되었다. 어떠한 방향으로 개정이 이루어져야 할지 화상회의를 통해 긴 시간 논의한 결과, 이 책의 주요

독자인 예비유아교사들이 졸업 후 처음 유치원에 발을 들여놓는 첫해에 알아야 할 것들에 초점을 맞추었던 기본 틀을 그대로 유지하기로 하였다. 이에 따라 유치원의 1년을 중심으로 새 학기 준비와 시작 그리고 학기 마무리를 세 개의 큰 축으로 보고 내용을 구성하였으며, 그 안에 유아교사가 하루 동안 수행해야 할 업무들을 포함한다는 기본 틀은 이번 책에서도 그대로 유지되었다.

『유치원 교직실무』에서 가장 많이 바뀐 부분은 '제2부 유치원 교사의 일일 실무'이다. 2019 개정 누리과정에서 강조하는 유아 주도의 '놀이', 교사가 계획한 '활동' 그리고 급식 등의 '일상생활'을 통해 '유아와 교사가 함께' 만들어 가는 교육과정이 유치원에서 실행되기 위해 교사가 무엇을 해야 하는지 하루 일과를 통해 좀 더 꼼꼼히 제시하고자 하였다. 이는 예비교사들이 현장에 나갔을 때 마주칠 수 있는 상황을 조금 더 잘 이해하는 데 도움이 될 것이라 생각한다. 또한 다소 방만하게 제시하였던 교사의 행정실무는 초임교사가 꼭 알아야 할 내용을 중심으로 간략히 정리하였다. 이상에서 제시한 개정 방향에 따라 작업이 이루어졌으며, 책의 전반에 걸쳐 최대한 새로운 자료와 활동으로 업데이트하고자 노력하였다.

이 책을 집필하면서 많은 분의 도움이 있었다. 특히 강남큰빛유치원, 동명유치원, 삼육대학교 부속유치원의 원감선생님과 유아들에게 지면을 통해 진심으로 감사드린다. 아울러 학지사의 김진환 사장님과 편집부 여러분에게도 감사한다.

2022년 3월
저자 일동

차례

제4부 유치원 교사의 행정 실무

제1부

교직실무의 이해

제1장

유치원 교직실무의 이해

1. 유치원 교직실무의 성격

2. 교원의 복무와 평가

좋은 교사는 ……

1. 유치원 교사의 교직실무를 이해한다.

2. 교사에게 필요한 자질을 알고, 교사로서의 성장과 발달을 위해 끊임없이 노력한다.

3. 교원의 복무에 대해 알고, 교원의 권리와 의무를 이해한다.

제**1**장

유치원 교직실무의 이해

1. 유치원 교직실무의 성격

　교직실무란 교사가 학생을 가르치는 과정에서 행하는 업무와 사무를 일컫는다. 구체적으로 교직실무에는 교직수행에 필요한 올바른 국가관, 교직관 등의 형성에 필요한 교직윤리, 교육정책의 변화를 중심으로 교사의 역할을 포함하는 사회변화와 교육, 학교·학급운영, 학사·인사·행정 실무 등에서 필요한 지식과 기술이 포함된다. 유능한 교사는 수업을 잘하고 잘 가르치는 것은 물론 조직의 구성원으로서 조직에서 부과하는 수많은 업무를 수행해야 한다. 2006년 개정된 「교원자격검정령」[1)]에 따라 우리나라에서 교사가 되려는 모든 학생은 교직실무를 필수로 이수하여야 한다. 모든 학생이 교직실무를 필수로 이수해야 한다고 볼 때, 교사가 되고자 하는 학생은 어떤 내용을 학습해야 하는가? 2021년 12월 발표된 교육부 교원양성과의 『교원양성과정 발전방향』에 따르면 교과전문성보다 현장 역량이 더 강화된 교원이

---

1) 2021년 6월 23일 일부개정

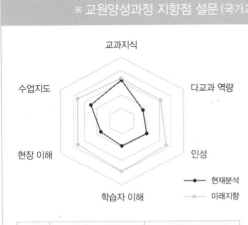

※ 교원양성과정 지향점 설문(국가교육회의 사회적 협의 집중숙의단 대상 설문)

▶ 교과지식   교과에 대한 이론·학문적 지식 등

▶ 수업지도   학교수준 교육과정 구성, 수업 기획, 다양한 교수-학습-평가 활동, 교육자료 활용 등

▶ 多교과 역량   다양한 전공을 아우르는 교육과정 구성, 타 분야에 대한 탐구심, 복수 교과 지도 등

▶ 인성   교직관, 소통과 협력, 이해와 공감, 윤리의식, 자기조절 능력 등

▶ 학습자 이해   학습자 성장 및 발달 특성 이해, 배경 변인(사회·경제적 지위 등), 다문화 이해 등

▶ 현장 이해   학급 운영, 학부모 소통, 교원 공동체, 학교 외부와 연계, 행정 업무 등

항목	교과 전문성			현장 역량		
	교과지식	수업지도	多교과 역량	인성	학습자 이해	현장 이해
현재	6.5	5.1	3.4	4.1	3.8	3.4
미래	6.8	7.2	6.4	7.3	7.7	7.1

[그림 1-1] 교원양성과정 지향점 설문 결과

출처: 교육부(2021).

필요할 것으로 보인다([그림 1-1]).

교직실무의 내용에는 교사가 되고자 하는 사람이 공통적으로 알아야 하는 내용과 각 급 학교별로 특성을 살려야 하는 부분이 있다. 후자의 내용은 학습자의 특성과 교수-학습 방법에서 찾아볼 수 있을 것이다. 현행 「유아교육법」에 명시된 바에 따르면 유치원은 만 3세부터 취학전 연령의 유아를 교육하는 학교로, 국가수준 교육과정인 '2019 개정 누리과정'을 적용한다. 따라서 교사는 3~5세 유아를 가르치는 일과 이러한 과정에서 발생되는 각종 자료에 대해 이해하고 있어야 한다. 유치원은 국어, 사회, 수학 등 교과(subject matter)를 중심으로 학생들이 학습해야 할 내용을 교과별로 조직하여 대집단 교사 중심으로 40분, 45분, 50분씩 수업을 하는 초등학교와는 다르다. 유치원은 유아의 전인발달을 목적으로 만 3~5세아의 발달 특성을 고려하여 연령별로 구성한 교육내용을 유아중심, 놀이중심, 흥미중심의 통합교육으로 가르친다(교육과학기술부, 보건복지부, 2013). 특히 '2019 개정 누리과정'은 새로운 시대의 요구에 따라, 종전에 비해 교육내용을 간략화하고 유아가 주도하는 놀이를 통해 배움이 구현될 수 있도록 유아·놀이중심 교육과정을 강조하고 있다. 이러한 유치원교육의 특성은 다른 각 급 학교 교사가 하는 일과는 다른 역할과 실무 능력을 요구한다. 이에 대해 좀 더 알아보자.

유치원 교사는 교육과정을 준비하고, 실천하며, 평가하고, 개선하는 방안을 체계적으로 학습한 사람들로서(박은혜 외, 2012) 학습자의 발달 특성이나 요구에 대한 폭넓은 이해를 반영한 교육활동을 계획하고 편성(교육과학기술부, 보건복지부, 2013)할 수 있다. 교사는 유아와 가장 가까이 있는 사람(교육부, 보건복지부, 2020)으로, 가르치는 일과 돌보는 일을 조화롭게 유지해야 한다는 점에서 다른 각 급 학교의 교사와는 다른 특성을 보인다. 유치원 교사는 가르치는 이미지와 돌보는 이미지 가운데서 상당한 갈등을 보이는데(박은혜, 2009), 교사는 교육을 하고 있다고 생각하지만 다른 사람들이 보기에는 단순히 보호하고 있다고 생각되는 활동이 존재한다.

수업이 교사의 핵심적인 업무라는 것을 부인할 수는 없지만, 유치원 교사의 업무에는 돌보는 일도 포함된다. 유치원 교사의 돌보는 일은 연령이 어릴수록 많이 나타나며, 일상생활지도의 과정에서 많이 나타난다. 학습자가 어릴수록 교사에 대한 의존도는 상대적으로 높다. 또한 유아는 발달 특성상 문자를 중심으로 한 추상적인 학습방법보다 생활 속에서 직접적으로 경험할 때 가장 잘 학습할 수 있다. 따라서 교사는 유아의 얼굴 표정, 몸짓, 손짓, 눈빛 등의 비음성적인 신호에 담긴 요구를 빨리 읽어 유아의 필요에 응해야 하는 일도 하여야 한다. 이처럼 교육과 돌보는 일은 분명히 경계를 정하기 어려운 특성이 있다(염지숙, 이명순, 조형숙, 김현주, 2014). 유치원 교사는 가르치는 일과 돌보는 일이 반드시 구분된 것이 아니라는 인식을 가지고 돌보는 일과 가르치는 일의 경계를 넘나들면서 유아에게 가장 필요한 것이 무엇인지를 결정해야 한다. 또 교사는 활동을 계획하고 준비하는 데 시간을 보내고 무엇인가를 가르치려고 하기보다, 유아의 놀이를 이해하고 지원하는 데 더 많은 시간을 보낼 필요가 있다(교육과학기술부, 보건복지부, 2013).

지금까지의 내용을 정리하면, 유치원 교사의 교직실무란 교사가 유아를 가르치는 과정에서 행하는 업무와 사무를 총칭하는 것으로 유치원·학급운영, 학사·행정 실무 등에서 필요한 지식과 기술을 포함한다.

2. 교원의 복무와 평가

기관운영에 있어 인적자원을 지원하고 관리하는 것은 매우 어려운 일 중 하나이다. 복무에 대한 정확한 규정을 통해 교직원의 권리와 의무, 그리고 담당업무에 대한 분명한 이해를 갖도록 돕는 체제가 마련된다면, 행정자와 교직원 상호 간의 원만한 소통과 관계 유지에 도움을 얻을 수 있다.

몇몇 유치원에서는 인사관리를 위해 근태관리와 관련된 교직원 평가, 수업에 대한 동료장학 또는 외부 전문가 평가 등을 통해 수업개선을 도모하기도 한다. 유치원 교직원 평가는 관리적 차원이 아닌 지원적 차원에서 민주적 관계성을 통해 이루어져야 그 효과성이 커진다. 즉, 잘못하는 점을 드러내어 인사에 반영하려는 목적이 아닌, 협력적 관계를 통해 개개인의 장점과 약점을 파악하고 부족한 부분은 멘토링과 연수를 통해 채워 주고, 강점은 좀 더 개발하도록 도우므로 유치원교육의 전반적 질 향상을 목적으로 해야 하는 것이다. 따라서 행정가나 전문가가 수직적 관점에서 교직원을 평가하는 방식보다는 다면적 평가를 통해 행정가도 교직원들의 평가를 받아 자신의 장단점을 파악하여 개선해야 하며, 평상시 함께 생활하는 동료교사와 학부모를 통한 의미 있는 평가가 이루어져야 한다. 다음에서 교직원관리와 관련하여 유치원 교원의 복무, 교원능력개발평가의 취지와 활용방법에 대해 살펴본다.

1) 교원의 복무

교원은 전문인으로서 책임과 봉사에 대한 최대한의 보상을 받으며 제도적으로 마련되어 있는 법규에 따라 사회적·경제적 신분을 보장받는다(박은혜 외, 2012). 그리고 이러한 교원에게는 직무를 맡아 일하는 과정에서 지켜야 할 의무가 있다. 이를 '교원복무'라 하며, 이는 교육공무원에 준하는 신분으로 공직생활을 하면서 지켜야 할 전반적인 자세와 행동 규범을 의미한다. 이때 교원은 각급 학교에서 학생을 가르치는 사람을 통틀어 이르는 말로, 교사 · 교감 · 교장 · 교수 · 총장 · 학장 · 전임강사 등을 말하며, 복무는 행정 목적을 효과적으로 수행하기 위해 공무원이 준수하여야 할 행동 규범을 뜻한다(서울특별시 교육청, 2007). 즉, 유치원 교원의 복무란 원장 · 원감 · 교사가 자신의 직무나 임무를 효과적으로 수행하기 위해 준수해야 할 행동 규범을 뜻하는 것이다. 여기서는 유치원 교원의 복무를 중심으로 알아보기로 한다.

(1) 유치원 교원의 복무[2]

「유아교육법」 제21조 제4항의 "교사는 법령에서 정하는 바에 따라 원아를 교육한다."에서 '교육'은 수업지도안 작성 등 수업 준비, 수업 활동, 평가 결과의 활용, 생활지도, 상담 활동, 기타 교육활동과 연계된 활동 등을 모두 포함한다. 또한 '법령에서 정하는 바'는 교원이 따라야 하는 규정을 의미한다. 즉, 「국가공무원법」에 따라 상관의 직무상 명령에 복종하여 학생을 교육하고, 「국가공무원 복무규정」과 「공무원 근무사항에 관한 규칙」에 따라 근무하며, 「학교폭력예방 및 대책에 관한 법률」에 의거하여 학교폭력 문제 담당 책임교사를 선임하고, 「유아교육법」 「학교급식법」 「학교보건법」 등 교원의 교육활동과 관련된 법에 따라 직무를 수행하여야 한다.

요컨대, 교원의 복무는 소속 기관이 국공립이냐 사립이냐에 구분없이 교원의 복무는 「국가공무원법」 「교육공무원법」 「교육기본법」 등 관련 법령에 명시된 의무와 책임에 바탕을 둔다. 다음에서 교원의 근무와 휴가에 관한 것을 알아보기로 한다.

---

2) 복무란 교원으로서 맡은 바 직무에 복종함에 관한 상태를 포괄하는 의미를 말한다. 복무는 법령에 근거를 두고 있으며, 「교육공무원법」 「교육공무원 복무규정」 「공무원 복무규정」 등에 규정되어 있다. 유치원 교원의 복무규정은 서울특별시 교육청(2007)의 『유치원 교직실무 편람』과 박은혜 등(2012)의 『유치원 교사를 위한 교직실무』(pp. 41-61)를 참고하여 재구성하였다.

유치원 교사의 법적 지위

유치원 교사의 법적 지위는 「교육기본법」 「유아교육법」 「교육공무원법」 「교원의 지위 향상 및 교육활동 보호를 위한 특별법」 등을 통해 보장받을 수 있다.

「교육기본법」 제14조(교원)
① 학교교육에서 교원(教員)의 전문성은 존중되며, 교원의 경제적·사회적 지위는 우대되고 그 신분은 보장된다.

「유아교육법」 제20조(교직원의 구분)
① 유치원에는 교원으로 원장·원감 및 교사를 두되 대통령령으로 정하는 일정 규모 이하의 유치원에는 원감을 두지 아니할 수 있다.

「교육공무원법」 제43조(교원의 존중과 신분보장)
① 교원은 존중되어야 하며, 교원은 그 전문적 지위나 신분에 영향을 미치는 부당한 간섭을 받지 아니한다.
② 교육공무원은 형의 선고·징계처분[3] 또는 이 법에서 정하는 사유에 의하지 아니하고는 그 사상에 반하여 휴직·강임 또는 면직을 당하지 아니한다.
③ 교육공무원은 권고에 의하여 사직을 당하지 아니한다.

「교원의 지위 향상 및 교육활동 보호를 위한 특별법」 제2조(교원에 대한 예우)
① 국가, 지방자치단체, 그 밖의 공공단체는 교원이 사회적으로 존경받고 높은 긍지와 사명감을 가지고 교육활동을 할 수 있는 여건을 조성하도록 노력하여야 한다.
② 국가, 지방자치단체, 그 밖의 공공단체는 교원이 학생에 대한 교육과 지도를 할 때 그 권위를 존중받을 수 있도록 특별히 배려하여야 한다.
③ 국가, 지방자치단체, 그 밖의 공공단체는 그가 주관하는 행사 등에서 교원을 우대하여야 한다. 〈개정 2016. 2. 3.〉

---

3) 교원의 징계 사유는 「국가공무원법」 및 동법에 의한 명령에 위반한 경우, 직무상의 의무에 위반하거나 직무를 태만히 한 경우, 직무상의 내외를 불문하고 그 체면 또는 위신을 손상하는 행위를 할 경우 등

④ 제1항부터 제3항까지에서 규정한 사항 외에 교원에 대한 예우에 필요한 사항은
대통령령으로 정한다. 〈신설 2016. 2. 3.〉
[전문개정 2008. 3. 14.]

가. 근무

① 근무시간

- 일반적인 근무시간
  - 중앙행정기관의 장은 직무의 성질, 지역 또는 기관의 특수성에 따라 필요하
    다고 인정할 때에는 근무시간 또는 근무일을 변경할 수 있음. 이 경우 중앙행
    정기관의 장은 변경하려는 내용과 이유를 미리 인사혁신처장에게 통보하여
    야 함(「국가공무원 복무규정」 제10조)
  - 유·초·중등 교원은 직무의 특수성을 감안하여 9시부터 17시(토요일은 13시)
    로 함(문교부, 교행 01136-104-F. 1985. 2. 6.)
- 단위 유치원별 탄력적 근무시간제(교육부, 교원 12410-52. 2002. 1. 21.)
  - 유치원별 교육과정 운영의 자율성을 높이고 교원의 자율연수 기회를 확대하
    며 방과 후 특기적성교육 등을 활성화하기 위해 단위 유치원별 탄력적 근무
    시간제를 2002년 3월 1학기부터 시행 중임
  - 「국가공무원 복무규정」에 의한 1일 근무시간의 총량(평일 8시간, 토요일 4시
    간)을 확보하여 근무시간을 정하고, 교육과정 운영에 지장이 없는 범위 내에
    서 교원의 출근·퇴근시간을 단위 유치원별로 자율적으로 정할 수 있도록
    하는 제도임
- 시간 외 근무 및 공휴일 등 근무(「국가공무원 복무규정」 제11조)
  - 사무 처리상 긴급을 요한다고 인정할 때에는 근무시간 외의 근무를 명하거
    나 공휴일의 근무를 명할 수 있음
  - 공휴일에 근무를 한 경우에는 다른 정상 근무일을 휴무하게 할 수 있음

② 근무사항의 관리

- 각급 기관장은 엄정한 근무 기강 확립을 위해 노력하여야 함
- 근무상황부 대신 근무상황카드를 비치·관리할 수 있음
- 휴가, 지참,[4] 조퇴 및 외출[5]과 근무지 내 출장을 하고자 하는 때에는 근무상황부 또는 근무상황카드에 의하여 사전에 유치원장의 허가를 받아야 함. 다만, 불가피한 사유로 사전에 허가를 받지 못한 경우에는 사후에 지체 없이 허가를 받아야 함
- 허가를 받지 아니하고 출근하지 아니한 때에는 근무상황부에 결근으로 처리하여야 함

③ 출장

- 출장이란 상사의 명을 받아 공무를 수행하는 것으로, 출장 명령권자인 유치원장은 사안별로 공무와의 관련 여부와 유치원 운영 등 제반 사정을 고려하여 명령함
- 출장 명령은 해당 교원의 업무 관련성, 출장 내용, 출장 목적 등의 요건을 종합적으로 고려하여 명령권자가 판단하는 사항임
- 출장공무원은 지정된 출장기일 안에 그 임무를 완수하지 못할 사유가 발생한 때에는 전화·전보 기타의 방법으로 유치원장에게 보고하고 지시를 받아야 함
- 출장공무원이 그 출장 용무를 마치고 귀교한 때에는 지체 없이 유치원장에게 복명서를 제출하여야 함. 다만, 경미한 사항에 대한 복명은 구술로 할 수 있음 (「국가공무원 복무규정」 제6조)

나. 휴가

① 휴가의 종류

- 교원의 휴가는 연가·병가·공가·특별휴가로 구분함

---

[4] 정해진 근무시간까지 출근하지 못하는 것을 의미함

[5] 조퇴는 질병 등 기타 사유에 의하여 퇴근 시간 전에 퇴근하는 것을 말하고, 외출은 근무시간 중 개인 용무를 위하여 유치원 외부로 나간 후 퇴근 시간 전에 돌아오는 것을 의미함

• 휴가의 구체적 종류는 휴가의 종류별 실시 방법에서 다루고 있음

② 휴가 실시의 원칙
• 유치원의 장은 휴가를 허가함에 있어 소속 교원이 원하는 시기에 법정일수가 보장되도록 하되, 연가와 특별휴가 중 장기재직 휴가는 학생들의 수업 등을 고려하여 부모 생신일 또는 기일 등을 제외하고는 특별한 사유가 없는 한 방학 중에 실시하고, 휴가로 인한 수업결손 등이 발생하지 않도록 필요한 조치를 취하여야 함
• 교원의 휴가 · 지참 · 조퇴 · 외출과 「공무원 여비 규정」 제18조의 규정에 의한 근무지 내 출장을 하고자 하는 때에는 위임전결규정이 정한 허가권자에게 근무상황부 또는 근무상황카드에 의하여 미리 신청을 하여 사유 발생 전까지 허가를 받아야 함. 다만, 병가 · 특별휴가 등 불가피한 경우에는 당일 정오까지 필요한 절차를 취하여야 하며, 이 경우 다른 교원으로 하여금 이를 대행하게 할 수 있음
• 교원이 정해진 시간까지 출근할 수 없을 때에는 소속 기관에 미리 신고하여야 하고, 그 후 출근한 때에는 지참으로, 출근하지 않는 때에는 결근으로 처리함

③ 휴가일수의 계산
• 연가 · 병가 · 공가 · 특별휴가는 별개의 요건에 따라 운영되므로 그 휴가일수의 계산은 휴가 종류별로 따로 계산함
• 휴가기간 중의 공휴일과 주5일 수업제의 휴무 토요일은 휴가일수에서 제외하나, 휴가일수가 연속하여 30일 이상 계속되는 경우와 경조사 특별휴가 시에는 포함함
• 반일연가는 13시를 기준으로 하여 오전 · 오후로 구분하며, 교원의 토요일 연가와 병가는 반일로 처리함. 다만, 연가 · 병가 이외의 공가 · 특별휴가는 1일로 처리함
• 30일 이상 계속되는 휴가(장기병가 · 출산휴가 등)의 경우, 휴가기간 중의 모든

토요일은 휴가 1일로 처리함
• 법정휴가일수를 초과한 휴가는 결근으로 처리함

④ 휴가 실시 등에서의 유의할 점
• 휴가 중에는 긴급 시 연락이 가능하도록 연락 체계를 유지하여야 함

표 1-1 복무관리상황(통보서)

복무관리상황(통보서)

수신: ○○유치원장　　　　　　　　　　　　　발신: ○○유치원장(직인)

기간: 20○○년　월　일 ~ 20○○년　월　일

직위 (직급)	성명 연가	휴가			기타			확인	비고
		병가	공가	특별휴가	결근	지참	조퇴		

주 1) 연가 · 병가 · 공가 · 특별휴가 및 결근란에는 일수를, 지참 · 조퇴란에는 횟수를 기재
　　2) 확인란에는 본인이 직접 확인 · 날인함
　　3) 비고란에는 법정연가일수 기재
출처: 서울특별시 교육청(2007).

- 교원이 휴가를 실시함에 있어서는 수업 및 담당 사무 등을 유치원장이 정한 자에게 인계하여 업무의 연속성을 유지하여야 함
- 유치원의 장은 소속 교원이 전보·파견·전직·전출되는 경우 과거 1년간의 휴가기록을 포함한 복무관리상황을 신임 학교 또는 기관으로 즉시 통보하여야 함(〈표 1-1〉 참고)

다. 공무 외의 국외 여행

① 기본 방침
- 교원의 공무 외 국외 여행은 휴업일(여름·겨울 및 학기 말 휴업일을 말함) 중에 실시함을 원칙으로 함
- 교원의 전문성 신장을 위하여 휴업일 중 공무 외의 자율연수 목적의 국외 여행 기회를 부여함(「교육공무원법」 제41조의 규정에 의한 공무 외 자율연수 목적의 국외 여행은 「국가공무원 복무규정」에 의한 휴가와 별도로 실시)
- 공무 외 자율연수 목적의 국외 여행 인정 범위 및 절차 등에 관한 세부적인 사항은 시·도 교육감(국립은 총장 또는 유치원장)이 정함

② 실시 방법
- 휴가일수 범위 내 공무 외 국외 여행(「국가공무원 복무규정」 제23조. 연가 사용)
  - 사유: 본인 또는 친인척의 경조사, 질병의 치료, 친지 방문, 견문 목적, 취미 활동, 가족 기념일 여행, 기타 필요한 경우에는 휴가기간의 범위 안에서 자율적으로 공무 외의 목적으로 국외 여행을 할 수 있음
  - 기간: 본인 또는 친인척의 경조사, 질병의 치료 등 특별한 경우를 제외하고는 유치원교육에 지장이 없는 휴업일 중 휴가일수의 범위 안에서 공무 외의 목적으로 국외 여행을 할 수 있음. 다만, 「교육공무원법」 제41조에 의한 연수 목적의 국외 여행은 별도임

교원(「교육공무원법」 제2조제1항제1호)은 「초·중등교육법」 시행령 제47조제1항에 의한 하기·동기 및 학기말의 휴업일에 공무 외의 국외여행을 할 경우에도 「국가공무원 복무규정」에 의한 휴가일수의 범위 안에서 실시함. 다만, 「교육공무원법」 제41조에 의한 연수목적의 국외여행은 별도임.

※「교육공무원법」제41조(연수기관 및 근무장소 외에서의 연수) 교원은 수업에 지장을 주지 아니하는 범위에서 소속 기관의 장의 승인을 받아 연수기관이나 근무장소 이외의 시설 또는 장소에서 연수를 받을 수 있다.

- 절차: 근무상황카드의 '사유 또는 용무'란에 '공무 외의 국외 여행'임을 표시한 후 유치원 장의 허가를 받음. 다만, 원장은 직근 상급 기관 장(교육감 또는 교육장)의 허가를 받아 실시하되, 문서, 전화 또는 구두로 신청할 수 있으며 직근 상급 기관에서는 근무상황부 또는 근무상황카드에 의하여 관리함

③ 국외 자율연수를 위한 공무 외 국외 여행

- 사유: 교직단체가 주관하는 연수 또는 해외 교육기관의 초청에 의한 연수 참가, 개인의 학습 자료 수집 등(구체적 인정 범위는 시·도 교육감이 정함)
- 기간: 휴업일 중 실시하되 유치원교육에 지장이 없는 범위 내
- 절차: 유치원 장의 사전 승인을 얻은 후 실시. 다만 원장은 직근 상급 기관 장의 허가를 받음. 승인 절차에 관한 구체적인 사항은 시·도 교육감이 정함

④ 유의사항

- 유치원의 장 또는 직근 상급 기관의 장은 교원이 휴가일수 범위 내에서 공무 외의 목적으로 국외 여행을 하고자 할 때 불필요한 규제를 할 수 없으며, 여권 발급 등에 필요한 지원을 하여야 함
- 시·도 교육감은 교원의 전문성 신장을 위한 국외 자율연수 기회를 최대한 부여함으로써 자질 향상에 기여할 수 있도록 하여야 함
- 교원은 여권 발급 절차, 입국사증의 취득, 출입국관리 및 통관 절차, 기타 관계

2. 교원의 복무와 평가   27

법령을 준수하여야 함

- 여행기간 중 현지의 규범 · 관습 등을 지켜 교원으로서 품위를 유지하여 건전한 여행 문화 풍토 조성에 솔선수범하여야 함
- 국외 여행과 관련한 민폐 · 관폐 등 금지

「국가공무원 복무규정」 제24조의2(교원의 휴가에 관한 특례) 「교육공무원법」 제2조제1항제1호에 따른 교원의 휴가에 관하여는 교육부장관이 학사 일정 등을 고려하여 따로 정할 수 있다. 〈개정 2013. 3. 23.〉

(2) 휴가의 종류별 실시 방법

가. 연가

① 연가일수
재직기간별 연가일수는 〈표 1-2〉와 같다.

표 1-2 재직기간별 연가일수

재직기간	연가일수
1개월 이상 1년 미만	11
1년 이상 2년 미만	12
2년 이상 3년 미만	14
3년 이상 4년 미만	15
4년 이상 5년 미만	17
5년 이상 6년 미만	20
6년 이상	21

주)「국가공무원 복무규정」제15조 ①항(2018. 7. 2. 개정)

- 재직기간은 「공무원연금법」 제23조 제1항 내지 제3항에서 규정한 재직기간(연금합산신청 또는 기여금 불입 여부에 관계없음)을 적용하며, 휴직기간·정직기간 및 직위해제기간은 근무기간에서 제외함. 다만, 법령에 의한 의무 수행이나 공무상 질병 또는 부상으로 인한 휴직은 근무기간에 넣음
- 재직기간 계산은 연가가 실시되는 날을 기준으로 계산함

② 연가일수의 가산

- 당해 연도에 결근·휴직·정직 및 직위해제 사실이 없는 교원으로서 병가를 활용하지 아니한 교원과 연가 실시 일수가 3일 미만인 교원에 대하여는 다음 해에 한하여 재직기간별 연가일수에 각각 1일(합계 2일)을 가산하며, 가산 사실을 개인별 근무상황부(근무상황카드)의 첫째 란에 기재, 허가권자의 확인을 받아야 함
- 연가는 1월 1일부터 12월 31일까지 1년 단위로 계산하며, 미사용 연가는 다음 해로 이월을 금지함
- 연가 가산은 연도 중 임용되어 1년 미만 근무한 경우에는 해당되지 않음

③ 연가 실시

- 교원의 연가는 학생 수업 등을 고려하여 하기·동기 및 학기 말의 휴업일에 실시함을 원칙으로 함
- 연가일수가 10일 이상(재직기간 1년 이상)인 교원은 본인 및 그 배우자의 부모 생신일 또는 기일 중 적어도 2일 이상은 연가를 실시할 수 있음
  - 부모의 국외 거주 등 특수 사정의 경우는 특정일에 실시 가능
- 다음과 같은 특별한 사유가 있는 경우에는 본인의 법정연가일수 안에서 허가할 수 있음
  - 연가를 활용하여 공무 외의 목적으로 국외 여행을 하는 경우
  - 병가기간을 모두 사용한 후에도 직무를 수행할 수 없거나 계속 요양을 할 필요가 있는 경우

　　－한국방송통신대학교 출석 수업에 참석하는 경우

　　－기타 상당한 이유가 있다고 유치원의 장이 인정하는 경우

• 연가는 반일 단위로도 허가할 수 있으며, 반일 연가 2회는 연가 1일로 처리함

　　－반일 연가는 근무상황부의 종별란에 반일 연가로 기재

④ 연가일수의 공제

• 결근일수 · 정직일수 및 직위해제일수는 연가일수에서 공제함

• 법령에 의한 의무 수행이나 공무상 질병 또는 부상으로 인하여 휴직한 경우를 제외한 휴직의 경우에는 연가일수에서 다음 산식에 의하여 산출된 일수를 공제한다. 이 경우 당해 연도 휴직기간은 월로 환산하여 계산하되, 15일 이상은 1월로 계산하고, 15일 미만은 이를 산입하지 아니하며 산식에 의하여 산출된 소수점 이하의 일수는 반올림함

　〈예〉 휴직자의 연가일수

　　　　연가일수 = 당해년도 휴직기간(월)/12월 －당해년도 연가일수

• 반일 연가 2회는 연가 1일로 계산하여 공제한다. 따라서 반일 연가 5회인 경우는 연가 2일과 반일 연가 1회가 되며, 반일 연가 1회의 계산은 다음과 같이 함

연가 계산 방법

지참 · 조퇴 · 외출 및 반일 연가 1회는 구분 없이 누계시간으로 계산하며 누계 8시간을 연가 1일로 계산하여 공제

〈예시〉

1년간 외출 15시간, 조퇴 9시간, 지참 1시간, 오후 반일 연가 1회가 있는 교원의 경우－(15시간＋9시간＋1시간＋4시간)÷8시간=3일 5시간(연가공제일수는 3일, 잔여 5시간은 계산하지 아니함)

나. 병가

① 병가의 종류별 내용

• 일반병가: 일반병가는 다음의 경우 연 60일의 범위 안에서 허가하며, 질병이나 부상으로 인한 지참 · 조퇴 및 외출은 구분 없이 누계시간으로 계산하여 누계 8시간을 병가 1일로 처리함

  - 질병 또는 부상으로 인하여 직무를 수행할 수 없을 때
  - 전염병의 이환으로 인하여 교원의 출근이 다른 교원이나 학생 건강에 영향을 미칠 우려가 있을 때

• 공무상 병가: 공무상 병가는 공무상 질병 또는 부상으로 직무를 수행할 수 없거나 요양을 요할 경우에 연 180일의 범위 안에서 허가함

② 병가 운영 방법

병가일수는 1월 1일부터 12월 말까지 1년 단위로 계산하며, 전년도 병가 사용 일수에 관계없이 연도가 바뀌면 새로 시작한다(공무상 병가 예외).

• 병가일이 연속 7일 이상인 경우에는 「의료법」 제18조에 의하여 교부된 진단서를 제출하여야 함

  - 수회에 걸쳐 계속되는 병가 및 병가 실시 후 근무 중 통원치료 등의 경우 동일 질병 또는 부상에 한하여 병가 및 통원치료 시마다 별도 진단서의 제출 없이 최초 제출한 진단서로 갈음함

• 일반병가와 공무상 병가의 사용 가능 일수는 각각 별도로 운영함

  - 공무상 병가기간 만료 후에도 직무 수행이 어렵거나 계속 요양을 요할 경우에는 일반병가를 허가할 수 있음
  - 일반병가기간이 만료된 후에는 개인별 법정연가일수의 범위 안에서 연가를 허가할 수 있으나 병가 · 연가를 모두 사용한 후에는 휴직 조치함

• 병가기간이 연간 6일을 초과할 때에는 7일 이후의 병가는 연가를 활용하여야

하며, 개인 연가를 활용한 후에도 질병 또는 부상이 완치되지 않은 경우에는 잔여 병가를 활용할 수 있음(진단서가 첨부된 병가 예외)

③ 공무상 병가 제도의 운영상 유의사항

- 공무상 병가를 허가하고자 할 때 공무상 질병·부상 사실 여부는 「공무원연금법」에 의한 공무상 요양승인 결정에 따름
- 공무상 요양승인기간 중이라도 공무상 병가일수 180일이 만료된 후에는 동일한 사유로 재차 공무상 병가를 허가할 수 없음
- 공무원연금관리공단에 공무상 요양승인을 신청하여 심의 중에 있으면 그 결정서를 통보받을 때까지는 일반병가 또는 연가를 허가할 수 있음
- 일반병가 및 연가를 사용한 후에도 공무상 요양승인이 결정되지 아니하여 일반질병휴직 중인 경우, 휴직기간 중에 공무상 질병 또는 부상으로 결정된 때에는 당초의 휴직 처분을 취소하고 공무상 병가로 처리함
  - 승인받은 공무상 요양기간이 일반병가·연가 및 공무상 병가일수를 초과하여 결정된 경우에는 일반병가·연가 및 공무상 병가기간[6]이 경과한 날에 휴직 처리

다. 공가[7]

① 공가의 사유

유치원의 장은 소속 교원이 다음 각 호에 해당하는 경우에는 이에 직접 필요한 기간에 대하여 공가를 허가하여야 한다(「국가공무원 복무규정」 제19조).

- 「병역법」이나 그 밖의 다른 법령에 따른 방역판정검사·소집·검열점호 등에

---

6) 공무상 병가 180일＋일반병가 60일＋연가 21일＋휴직 1년＝최대 1년 8개월 21일간
7) 공무원에게 공식으로 인정되어 있는 휴가

응하거나 동원 또는 훈련에 참가할 때
- 공무와 관련하여 국회, 법원, 검찰, 경찰 또는 그 밖의 국가기관에 소환되었을 때
- 법률에 따라 투표에 참가할 때
- 승진시험 · 전직시험에 응시할 때
- 원격지(遠隔地)로 전보(轉補) 발령을 받고 부임할 때
- 「산업안전보건법」 제129조부터 제131조까지의 규정에 따른 건강진단, 「국민건강보험법」 제52조에 따른 건강검진 또는 「결핵예방법」 제11조제1항에 따른 결핵검진 등을 받을 때
- 「혈액관리법」에 따라 헌혈에 참가할 때
- 「공무원 인재개발법 시행령」 제32조제5호에 따른 외국어능력에 관한 시험에 응시할 때
- 올림픽, 전국체전 등 국가적인 행사에 참가할 때
- 천재지변, 교통차단 또는 그 밖의 사유로 출근이 불가능할 때
- 「공무원의 노동조합 설립 및 운영 등에 관한 법률」 제9조에 따른 교섭위원으로 선임(選任)되어 단체교섭 및 단체협약 체결에 참석하거나 같은 법 제17조 및 「노동조합 및 노동관계조정법」 제17조에 따른 대의원회(「공무원의 노동조합 설립 및 운영 등에 관한 법률」에 따라 설립된 공무원 노동조합의 대의원회를 말하며, 연1회로 한정한다)에 참석할 때
- 공무국외출장 등을 위하여 「검역법」 제5조제1항에 따른 검역관리지역 또는 중점검역관리지역으로 가기 전에 같은 법에 따른 검역감염병의 예방접종을 할 때
- 「감염병의 예방 및 관리에 관한 법률」에 따른 제1급감염병에 대하여 같은 법 제24조 또는 제25조에 따라 필수예방접종 또는 임시예방접종을 받거나 같은 법 제42조제2항제3호에 따라 감염 여부 검사를 받을 때

[전문개정 2011. 7. 4.]

② 공가 제도의 운영상 유의사항
- 공가의 허가 대상이 직접 필요한 기간에는 검사일 · 소환일 · 투표일 · 시험일

등의 당일에 왕복 소요일수를 가산할 수 있음
- 전보의 경우 업무인계인수, 이사 등에 소요되는 최소한의 일수 포함
- 건강 진단 시 재진료의 경우에도 공가 대상임
- 행사 참가는 유치원의 장이 선수 · 심판 등 공가 활용이 불가피하다고 인정되는 경우에 한함
- 「공무원의 노동조합 설립 및 운영 등에 관한 법률」 제9조에 의하여 공무원노동조합의 단체교섭 권한을 적법하게 위임받은 단체교섭위원 및 교원은 「교원의 노동조합 설립 및 운영 등에 관한 법률 시행령」 제3조의 2 제3항에 의한 교섭 관련 협의를 위하여 지명된 자에 한하여 공가 처리됨. 단, 교원노조의 단체교섭과 관련된 공가기간은 단체교섭 및 교섭 간 협의에 직접 참가한 시간과 동 회의에 참석하기 위하여 필요한 이동시간을 포함하며, 단체교섭 및 교섭 관련 협의를 위한 사전협의 등의 부대시간은 공가기간으로 인정될 수 없음

라. 특별휴가

① 경조사 휴가
- 원격지일 경우는 2일 범위 내에서 왕복 소요일수를 가산할 수 있음
- 경조사 휴가가 2일 이상인 경우 그 사유가 발생한 날을 포함하여 전후에 연속하여 실시하여야 함. 다만, 휴가기간 중에 포함된 공휴일은 휴가일수에 포함됨
- 휴가일수가 1일인 경조사가 일요일 발생 시 경조사 특별휴가 대상이 아님

직계존속의 범위
- 부모 · 조부모 · 증조부모뿐 아니라 외조부모 및 외증조부모 포함
- 양자 · 양녀로 입적된 경우에는 양부모와 친생부모 포함
- 계부 · 계모는 인척으로 직계존속이 아님

표 1-3 경조사 휴가

경조사별 휴가 일수표(제20조 제1항 관련)

구분	대상	일수
결혼	본인	5
	자녀	1
출산	배우자	10
입양	본인	20
사망	배우자, 본인 및 배우자의 부모	5
	본인 및 배우자의 조부모 · 외조부모	3
	자녀와 그 자녀의 배우자	3
	본인 및 배우자의 형제자매	1

비고: 입양은 「입양촉진 및 절차에 관한 특례법」에 따른 입양으로 한정하며, 입양 외의 경조사휴가를 실시할 때 원격지일 경우에는 실제 왕복에 필요한 일수를 더할 수 있다.

② 기타 특별휴가

표 1-4 재직기간별 연가일수

종류	대상	시기	일수
출산휴가	• 임신 중의 여자 공무원	• 출산 전후(출산 후 45일 이상 확보)	• 90일 이내
여성 보건휴가	• 여자 공무원	• 생리기마다	• 1일(분리하여 2일 사용은 할 수 없음)
수업휴가	• 한국방송통신대학교 재학 공무원으로 출석 수업 시	• 출석 수업기간	• 연가일수 초과 출석 수업시간
포상휴가	• 「상훈법」에 의한 훈장 · 포장 • 국무총리 이상 표창 • 모범공무원 선발 • 주요 업무의 성공적 수행	• 수상 후 3개월 이내 • 주요 업무의 성공적 수행 시는 즉시	• 6일 이내 (휴업일 중 실시 원칙)
장기재직 휴가	• 20년 이상 재직한 공무원	• 재직기간 20년이 도래한 날 이후	• 10일(분할 가능)

육아시간	• 생후 1년 미만의 유아를 가진 여자 교원	• 유아가 만 1세가 되는 날의 전일까지	• 1일 1시간[8] (수업 등 학생지도에 지장이 없는 범위 내에서 근무시간 중의 적절한 시간을 선택)
재해구호 휴가	• 재해 또는 재난으로 인하여 피해를 입은 교원 • 재해 또는 재난 발생 지역에서 자원봉사	• 재해 또는 재난 발생 시	• 5일 이내
퇴직준비 휴가	• 퇴직예정자	• 퇴직 예정일 전 3월이 되는 날부터(단, 명예퇴직자는 명예퇴직수당 지급 대상자로 결정되어 그 통보를 받은 날의 다음 날부터)	–

2) 교원능력개발평가

　교원능력개발평가는 초 · 중등 교원의 경우 2010년 3월부터 전면적으로 시행하고 있다. 유치원은 유아교육 선진화 추진 계획(2009. 11. 13.)과 유아교육발전 5개년 계획(2013. 2. 22.)에 따라 단계적으로 추진되었다. 「교원 등의 연수에 관한 규정」의 일부가 개정됨(2017. 2. 22.)에 따라 유치원 교원을 대상으로 교원능력개발평가 시행의 법적 근거가 마련되었고, 2017학년도부터 전체 공립유치원 교원과 7학급 이상의 사립유치원 교원을 대상으로 시행되고 있으며, 2019년부터 전 유치원을 대상으로 실시하고 있다.

---

8) 예시: 1시간 또는 30분 늦게 출근하거나 1시간 또는 30분 일찍 퇴근 또는 근무시간 중 1시간 활용

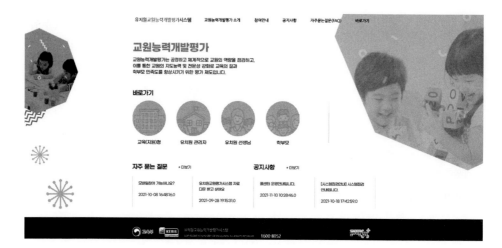

[그림 1-2] 교육부 교원능력개발평가 홈페이지(2021. 12. 23. 인출)

대통령령 '제31359호(2021.1.5., 일부개정)「교원 등의 연수에 관한 규정」제18조~제23조/교육부 훈령 제320호(2020.1.1.) 「교원능력개발평가 실시에 관한 훈령」

제18조(교원능력개발평가) ① 교육부장관 및 교육감은 법 제37조부터 제42조까지의 규정에 따른 연수자를 선발하기 위하여 매년 「유아교육법」제2조 제2호에 따른 유치원 및 「초·중등교육법」제2조에 따른 학교에 근무하는 교원의 능력을 진단하기 위한 평가(이하 "교원능력개발평가"라 한다)를 하여야 한다. 〈개정 2017. 2. 22.〉

교원능력개발평가는 유치원 교사의 학습 및 생활지도에 대한 전문성을 진단하고 그 결과에 근거하여 전문성 향상 지원을 위해 마련되었으며, 이를 통해 유치원 교육의 질을 향상시키고 학부모의 만족도를 제고하는 것을 목적으로 한다. 다음에서 교원능력개발평가 시행계획, 평가영역·요소·지표에 대해 경상남도교육청의 사례를 중심으로 살펴보겠다.

평가영역은 학습지도, 생활지도(교사), 유치원경영(원장, 원감)으로 구분되었으며(〈표 1-5〉〈표 1-7〉), 동료교원평가와 학부모 만족도 조사로 구성되었다. 수석교사의 경우 교수·연구활동 지원영역이 추가된다(〈표 1-6〉). 평가영역의 구체적 요소와 지표는 다음과 같으며, 평가문항별 5단 척도 체크리스트와 자유서술식이 병행되었다.

표 1-5 원장, 원감 교원능력개발 평가영역·요소·지표

평가영역	평가요소	평가지표	
		원장	원감
유치원 경영 (원장: 4요소 8개 지표 원감: 3요소 6개 지표)	유치원 교육계획	• 유치원경영목표관리	• 유치원경영목표관리 지원
		• 교육과정 편성·운영	• 교육과정 편성·운영 지원
		• 창의·인성 원아관리	• 학사업무 관리
	원내 장학	• 교실수업개선	• 교실수업개선 지원
		• 자율장학운영	• 자율장학 지원
	교원 인사	• 교원인사관리	• 인사업무 수행
	시설관리 및 예산 운용	• 시설관리	해당사항 없음
		• 예산 편성·집행	

출처: 경상남도 교육청 유아특수교육과(2020).

표 1-6 수석교사 교원능력개발 평가영역·요소·지표

평가영역	평가요소	평가지표	
교수·연구활동 지원 (2요소, 6개 지표)	수업 지원	• 상시 수업 공개	• 교수-학습 전략 지원
		• 수업 컨설팅(코칭, 멘토링)	
	연수·연구 지원	• 원내 연수 지원	• 학습 조직화 지원
		• 학습자료의 활용 지원	
학습지도 (3요소, 8개 지표)	수업 준비	• 교과내용 분석	• 수업계획 수립
	수업 실행	• 학습환경 조성	• 교사 발문
		• 교사·유아 상호작용	• 학습자료 및 매체 활용
	평가 및 활용	• 평가 내용 및 방법	• 평가결과의 활용
생활지도 (3요소, 5개 지표)	상담 및 정보 제공	• 개별유아 특성 파악	
	문제행동 예방 및 지도	• 유치원 생활적응 지도	• 건강·안전지도
	생활습관 및 인성지도	• 기본생활습관 지도	• 인성지도

출처: 경상남도 교육청 유아특수교육과(2020).

표 1-7 일반교사(교육과정, 방과후 과정, 유아특수교사) 교원능력개발 평가영역 · 요소 · 지표

평가영역	평가요소	평가지표	
학습지도 (3요소, 8개 지표)	수업 준비	• 교과내용 분석	• 수업계획 수립
	수업 실행	• 학습환경 조성 • 교사 · 유아 상호작용	• 교사 발문 • 학습자료 및 매체 활용
	평가 및 활용	• 평가 내용 및 방법	• 평가결과의 활용
생활지도 (3요소, 5개 지표)	상담 및 정보 제공	• 개별유아 특성 파악	
	문제행동 예방 및 지도	• 유치원 생활 적응 지도	• 건강 · 안전지도
	생활습관 및 인성지도	• 기본생활습관 지도	• 인성지도

출처: 경상남도 교육청 유아특수교육과(2020).

교원평가 결과를 바탕으로, 우수교원의 경우 학습연구년제로 1년간 특별연수를 제공받으며, 연수지명을 받지 않은 일반교원은 평가 영역 및 지표별 15시간 이상의 직무연수를 받아야 하고, 동료교원평가 2.5 미만 또는 학부모만족도 조사 2.5 미만인 교원은 60시간 이상~6개월 이상 능력향상 연수를 받아야 한다(〈표 1-8〉).

표 1-8 교원능력개발 평가결과 활용 예시

구분	평가지표별 직무연수	학습연구년 특별연수	능력향상연수
연수유형	자율연수	특별연수	직무연수
연수시간 (기간)	15시간 이상 권장	1년	• 단기: 60시간 이상 • 장기기본: 150시간 이상 • 장기심화: 6개월 이상
연수기간	2021. 1. 1. ~ 8. 31.	2021. 3. 1. ~ 2022. 2. 28.	2021. 1. 1. ~ 2021. 8. 31.
대상자	모든 평가 대상자 ※ 학습연구년, 능력향상 연수 대상자 제외	평가결과 우수자	• 교원능력개발평가 2.5 미만 ※ 1회(단기), 2회(장기기본), 3회(장기심화)
연수대상 선정	자동 지명	특별연수심사위원회 심사결과	평가관리위원회 심의결과
내용	평가지표 관련 내용으로 자율이수	평가지표 관련 연구 및 연수자 자유연구	평가지표 관련 학습지도 및 생활지도 지원 필요사항
방법	연수기관, 학교 등에서 자율적 형태로 운영	도 교육청 교육·연수기관 (파견 후 전일제 운영)	도 교육청 교육·연수기관 등

출처: 경상남도 교육청 유아특수교육과(2020).

제2장

유치원 교직문화와 교직윤리

1. 유치원 교직문화와 교직적응
2. 유치원 교사의 교직윤리

좋은 교사는 ……

1. 자신이 소속된 조직의 문화를 이해하고 적응하기 위해 노력한다.

2. 유치원 교사의 윤리강령을 알고 의사결정 과정에 적용한다.

제**2**장

유치원 교직문화와 교직윤리

1. 유치원 교직문화와 교직적응

1) 유치원 교직문화의 특성

유치원 초임교사는 교직을 맡은 처음 1년 동안 청소년에서 성인으로의 전이처럼, 자신이 원하든 원하지 않든 '성숙해져야 한다.'는 압박감과 직업생활이 주는 제약과 책임을 갖게 되면서 많은 스트레스를 받기도 한다. 초임교사들의 이러한 어려움은 주로 교직의 특성에서 오는 것인데, 교직은 다른 직업과 달리 체계적인 입문 문화가 없으며 일에 대한 책임이 한꺼번에 주어지기 때문이다. 또한 학생으로서의 실습 경험을 가지고는 있지만 교수 실제에 대한 이해가 없어서 실제로 가르치면서 가르치는 일의 어려움과 복잡성을 느끼게 되며, 개인적이고 보수적인 교직문화의 특성상 혼자서 모든 것을 평가하는 교사 개인의 책임이 강조되어 입문 과정에서의 어려움은 더욱 커진다.

초임교사의 어려움 중 하나로 작용하는 교직문화는 특정한 교사집단 혹은 광범

위한 교직사회에 공유되고 있는 태도, 가치, 신념, 습관 및 행동방식(Hargreaves & Fullan, 1992)을 의미한다. 유치원은 하나의 '단위조직'이며, 한 유치원에 근무하는 교사들은 같은 조직에 속하게 되고, 상당 부분 생각과 방식을 공유하게 되며, 직무를 수행하는 과정에서 많은 공통점을 갖게 된다(김영옥, 윤경선, 이현경, 2011).

유치원 교직문화를 형성하는 요인으로 조혜선(2008)은 여성적 직업, 소규모 조직, 비구조적인 교육과정, 열악한 근무 조건 등의 네 가지를 들었다. 유치원 교사가 근무하는 유치원의 조직 특성을 좀 더 구체적으로 살펴보면 다음과 같다(박은혜, 2009).

첫째, 유치원은 다른 각급 학교 기관과는 달리 그 규모가 매우 작다. 우리나라 유치원의 평균 학급 수는 공립의 경우 2학급 미만이며, 사립의 경우 평균 3~4학급이다. 이러한 규모의 유치원에서 교사는 적으면 2명부터 많아야 5~6명을 넘지 않는 조직에서 일을 하게 된다. 최근에는 유치원이 대형화되고 있고 그에 따라 많은 교사가 함께 일하기도 한다. 그러나 여전히 10여 명 이하의 교사가 한 조직에서 일하는 것이 일반적이다. 이에 따라 한 명의 조직원이 동시에 여러 가지 과제를 수행하거나 분명한 업무분장 없이 함께 일을 하는 등 과제 수행에 대한 부담과 과제 완성에 대한 책임소재가 불분명한 경우가 발생함으로써 조직 구성원 간에 갈등이 발생할 소지가 많다.

둘째, 유치원은 거의 여성으로 조직되어 있다. 일반적으로 여성들의 의사소통 방식은 매우 사적이며, 과제가 아닌 인간관계를 중심으로 이루어지는 경향이 많다. 이는 공적인 일을 각자의 개인적인 상황에 대한 양해와 이해를 통해 맥락을 형성하고 사적인 관계 속에서 처리할 수 있음을 의미한다. 좋은 인간관계가 형성되었을 경우 그 효과는 대단히 크게 나타나지만 반대로 인간관계가 잘 형성되지 못한 경우 일의 추진이 어려워질 수 있다.

셋째, 유치원은 그 기관의 수로 보면 공립과 사립이 각각 50% 정도 되지만 실제로 학급 규모나 재원 원아 수로 보면 사립의 비중이 약 70%에 이른다.[1] 이는 대부분의 유치원이 설립자의 교육철학에 따라 운영될 가능성이 높아 자칫 학교로서의 공공성을 놓치기 쉽다.

---

[1] 교육통계자료(2021.4.1. 기준)에 의하면 전체 원아수 582,572명 중 사립유치원 원아수는 405,211명으로 약 69.5%에 해당함.

넷째, 각급 학교에 비해 유치원 교사들의 교직 주기는 매우 짧다. 유치원 교사가 교직에 머무르는 시간이 상대적으로 짧은 것은 근무 조건이 매우 열악하다는 점에서 그 원인을 찾을 수 있다. 교직 주기가 짧음에 따라 유치원 교사는 교사로서 충분한 능력을 신장시키기도 전에 또 다른 상위 역할(주임교사, 원감 등)을 수행하도록 기대됨으로써 역할 갈등을 느낄 소지가 많다. 그 결과 교사는 잦은 이직을 하게 되고, 유치원의 안정적인 운영이 어려워지는 악순환이 지속되기도 한다.

문화는 지식, 태도, 기술, 도덕, 법률, 습관 등 인간이 그 사회의 구성원으로서 획득한 생활 및 행동 양식을 총체적으로 포함하는 것으로, 모든 조직은 독특한 문화적 공동체를 이루고 구성원은 그 집단에 귀속감을 가지고 생활하게 된다(김영옥 외, 2011). 즉, 여성적 직업, 소규모 조직, 비구조적인 교육과정, 영리 추구 및 열악한 근무 조건에 의해 교직 주기가 짧아짐으로써 나타나는 유치원의 조직 특성은 유치원만의 독특한 교직문화를 형성한다. 예를 들어, 조혜선(2008)은 경력교사 10인의 인식을 중심으로 유치원 교직문화를 분석한 결과, 유치원 교직문화는 개별성을 인정하는 집단주의를 바탕으로 함께 일하기, 부지런히 행동하기, 보수적으로 살기, 외부인식 고려하기, 현장에서 배우기 등으로 나타났음을 밝혔다.

조직의 문화는 구성원의 일체감과 분위기를 좌우함으로써 직무에 대한 성취동기를 불러일으키는 중요한 요인이다. 따라서 유치원의 능동적인 운영과 효율적인 목표 달성의 여부는 구성원이 소속된 교육기관의 조직문화에 의해 많은 영향을 받게 되므로, 구성원 각자의 반성적 사고를 통한 자기 성찰을 바탕으로 구성원 간에 원활한 의사소통이 이루어져 인간관계를 형성·유지·발전시켜 가는 것이 필수적이다(박상완, 윤미숙, 2007). 또한 여성들의 보육에 대한 요구가 매우 높아진 사회적인 현상을 고려해 볼 때 국가적인 차원에서 적극적으로 유치원을 지원하여 열악한 근무 조건으로 야기되는 어려움을 감소시키기 위한 노력이 필요하다.

2) 초임교사의 교직적응

박은혜 등(2012)은 페슬러(Fessler, 1985)의 교직 주기를 통해 교사가 어떠한 과정

표 2-1 페슬러의 교사의 교직 주기

교직 단계	내용
교직 준비	대학에서 교사가 되기 위한 준비를 함
교직 입문	일반적으로 교직 1~3년차
능력 구축	교수 행위와 관련된 기술 증진에 관심을 가짐
열중과 성장	높은 수준의 직업 만족도를 가지고 교직을 수행함
좌절	교수 행위에 대한 좌절감과 환멸을 느낌
안전과 침체	교사에게 기대되는 역할을 적절히 수행하고 안정적인 직위를 누림
교직 쇠퇴	퇴직 준비하기
교직 퇴직	은퇴하거나 교직에 대한 대안 찾기

출처: 박은혜 외(2012).

을 거쳐 성장하고 퇴직하는지를 〈표 2-1〉과 같이 설명하였다. 페슬러의 교직 주기란 한 명의 예비교사가 교사가 되기 위한 준비를 하고(예비교사 시절), 교직에 입문하며(초임교사 시절), 교사로서 성장하고 퇴직할 때까지(경력교사 시절)의 일련의 과정을 의미한다. 이때 초임교사란 교직 입문 단계에 해당하는 교사로서, 교직경력 1~3년의 교사를 포함(Huberman, 1989)하지만, 주로 1년 이내 경력을 지닌 교사를 말한다(Katz, 1985: 임승렬, 1990; 고선아, 2008에서 재인용).

교직생활의 처음 1년은 교사 양성 과정을 마치고 현장에서 생존해야 하는 절박한 시기이며 교사가 되어 가는 시기다. 임용 첫날부터 가르치는 업무를 맡게 되는 초임교사는 교수, 학급 운영, 유아의 동기유발, 부모와의 상호작용 등에서 전체적인 책임을 져야 한다. 이런 과정에서 초임교사는 여러 가지 어려움에 직면하고 능력의 한계를 느끼면서 교사로서의 준비가 부족하다고 생각하게 되고(박은혜, 2009) 좌절감을 느끼기도 한다. 이로 인해 초임교사는 가르치는 것에 대해 자신감을 잃게 되고 이러한 자신감의 결여를 통해 전문인으로서뿐만 아니라 개인으로서의 자신감도 상실할 수 있다.

교사는 학교의 다양한 상황과의 상호작용을 나름대로 해석하고 내면화하면서 점차 교사로서 정체감을 획득해 나가게 되는데, 이러한 교직적응은 질적인 변화 과정이라고 할 수 있다. 이와 같은 교직적응 과정에서 각 개인은 순응하고 동화하기도 하지만, 때로 적응 내용에 대한 재해석을 통해 새로운 행동 양식을 생성하기도 한다. 이렇듯 교사가 교직에 입문한 이후 적응해 가는 과정은 개인에 따라 다르다(박은혜 외, 2012). 그러나 일반적으로 초임교사는 교사 자신이 가지고 있는 지식과 신념을 바탕으로 교직사회라는 새로운 환경에 적응하며, 이러한 과정에서 경험하게 되는 현장의 다양성과 유동성은 교사로 하여금 그때마다 적절한 전략을 세우도록 요구하게 되는데, 이는 교사 개인에게 특유한 경험으로 누적된다(한미양, 2008).

유치원 초임교사는 교사로서의 자기 자신의 생존에 관심을 가지고 있으며, 높은 염려, 불안, 지식과 경험의 부족에 의한 융통성 및 대처 능력 결여의 특징을 보인다. 따라서 실수를 하기도 하고 그러한 과정에서 좌절감을 맛보기도 하지만, 어느 시기보다도 열정적인 태도로 교직에 임한다(고선아, 2008).

초임교사가 교사로서 자리 잡아 가는 힘겨운 전환 과정은 '현실충격(reality shock)'이라고 표현(Veenman, 1984: 이지원, 2005에서 재인용)되기도 하는데, 이 과정에서 겪는 충격과 교사로서 적응하기까지의 어려움은 교사로서 부푼 꿈을 안고 첫발을 내딛는 초임교사에게 여러 가지 측면에서 부정적 영향을 미친다. 초임교사가 겪는 어려움은 직무 스트레스나 직무 불만족과 같은 문제를 야기하며, 심지어는 교직에 대한 환멸을 느끼게 하여 이직을 결심하게 한다(도순남, 1999; 소병만, 1998; 심숙영, 1999; Veenman, 1984).

따라서 초임교사에게 지원·이해·격려·확신·위로 등 심리적 안정을 제공하고, 원장, 동료교사, 유아의 부모 등이 즉각적이면서도 지속적으로 도움을 제공하는 것은 대단히 중요하다(Katz, 1972). 특히 초임교사는 자신의 어려움을 극복하도록 도움을 주는 사람으로 유아, 부모, 동료교사 등을 꼽으며, 유아에게 나타나는 변화가 자신을 의미 있는 존재로 느끼도록 도와준다고 인식하고 있다(이은우, 2005).

초임교사라면 누구나 다 어려운 과정을 경험하며, 시간이 지나면 많은 부분 해결된다. 다만, 이 시기를 어떻게 현명하게 극복하는가에 따라 진정으로 능력이 있는 교사가 되느냐 아니면 그저 경력만 쌓인 교사가 되느냐가 결정되는 것이다. 따라서 교사의 교수 기술의 향상과 더불어 실제 현장에서 직면하는 문제나 어려움을 동료교사, 원장과 공유하고 해결해 나가는 과정을 통해 극복할 수 있도록 도움을 제공하여야 할 것이다.

블라우(Bullough, 1987)가 제안하는 초임교사의 문제해결 방법

• 주변 환경이 복잡하면 문제를 해결하기가 더욱 어렵다. 환경을 단순화해 보자.
• 문제가 발생하면, 문제의 해결책을 찾아 반격해 보자. 그래도 해결이 잘 안 되면 잠시 후퇴하자. 2보 전진을 위한 1보 후퇴!
• 문제가 발생하면 잠시 멈추고 심호흡을 한 번 한 뒤, 문제의 전후관계를 살펴보고 천천히 문제를 재구성해 보자.
• 문제와 타협해 보자. 문제의 대상, 문제 그 자체 그리고 문제에 묶여 꼼짝하지 않으려는 자신의 마음과 타협하도록 하자.
• 항상 같은 문제가 발생한다면, 이제 스스로의 기술을 좀 더 발전시킬 부분을 찾는 것이라고 생각하고 노력하자.
• 웃음은 모든 것을 해결할 수 있다. 문제가 발생하면 웃음으로 날려 버릴 수 있는 여유를 갖자.

---

2. 유치원 교사의 교직윤리

가르치는 일을 한다는 것은 필연적으로 수없이 많은 딜레마에 직면하게 되는 것이다. 딜레마란 같은 비중의 가치가 서로 충돌하여 그 어느 쪽으로도 의사결정을 내리기 어려운 상태를 의미한다. 카츠(Katz, 1972)는 직업의 특성상 발생할 수 있는 여러 가지 종류의 유혹을 잘 다룰 수 있는 기준을 세울 수 있도록 도와주는 것이 바로 '윤리강령'이라고 정의하였다. 따라서 유치원 교사를 위한 윤리강령은 교사가 딜레마에 직면했을 때 가장 적절한 의사결정을 내릴 수 있도록 이끌어 주는 지침이라 할 수 있다.

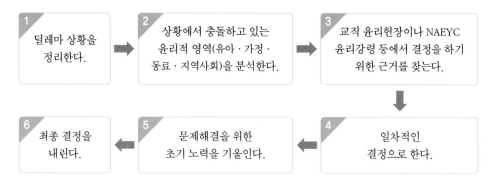

[그림 2-1] 윤리강령에 근거한 의사결정 순서

박은혜(2009)는 유아교육에서 윤리강령이 필요한 4개의 이유를 제시한 바 있다. 첫째, 교사에게 힘과 지위가 있어야 하기 때문이다. 둘째, 서로 다양한 요구를 가진 유아나 부모에 의해 발생되는 문제들을 해결하기 위해서 필요하다. 셋째, 의사결정 시 철학적 기초를 제공하기 위해서 필요하며, 넷째, 딜레마 상황에서 옳은 판단을 내릴 수 있도록 돕기 위함이다. 또한 가르치는 일에는 많은 경우 윤리적인 딜레마가 존재하기 때문에, 윤리강령에 근거하여 [그림 2-1]과 같이 의사결정을 하는 연습이 교사에게 필요함을 강조하였다.

2009년 12월 교육과학기술부가 유아교육 선진화 방안을 발표한 이후, 2010년에는 이를 지원하기 위한 유아교육 선진화 기반조성 사업을 진행하였다. 선진화 사업 가운데 유치원 교사의 양성 · 임용 · 평가 · 우수교원 배치 및 활용 등에 관련된 정책 방향을 연구하기 위하여 '유치원 교사 양성 및 임용 체제 개선 방안'이 운영되었다. 이 프로젝트에서 연구진들은 유치원 교사헌장과 강령의 초안을 만들고 유아교육 현장 및 전문가들의 검토를 거쳐 최종적으로 확정하였다. 유치원 교사헌장은 유치원 교사가 교직을 수행하면서 스스로 실천하기를 기대하는 규범이며, 「윤리강령」은 교사가 딜레마에 직면했을 때 가장 적절한 의사결정을 내릴 수 있도록 이끌어 주는 지침이 될 수 있다. 유치원 교사헌장은 다음과 같다.

유치원 교사헌장

유아교육은 유아의 삶에 초석이 되며, 우리 사회와 국가의 미래를 결정한다.
우리는 국민의 생애 초기 교육을 책임지며 사회로부터 존경받는 교사로서 자신을
연마하고 소명의식을 가지고 유아교육자로서 가야 할 길을 밝힌다.

1. 우리는 유아를 사랑하고 개성을 존중하며 전인발달을 지원하고 평화로운 교실
   문화를 조성한다.
2. 우리는 미래지향적이며 질 높은 교육을 계획하고 실천하여 교육자로서의 책임
   을 다한다.
3. 우리는 가정에 대한 이해와 연대를 강화하여 교육복지 사회 구축에 공헌한다.
4. 우리는 사회의 변화와 요구에 적극 부응하여 유아교육의 혁신과 발전을 위해 노
   력한다.
5. 우리는 교육자로서의 품위를 유지하고 부단한 자기 계발을 통해 유아교육 전문
   가로서의 위상을 갖춘다.

유치원 교사헌장에 대한 구체적 입장과 방침 및 계획을 담은 유치원 교사강령은
유치원 교사와 유아, 유치원 교사와 가정, 유치원 교사와 사회, 유치원 교사와 책무
등 4개 항목으로 구별되어 있다. 유치원 교사는 딜레마 상황에서 적절한 의사결정
을 하여야 할 때 유치원 교사강령을 지침으로 삼을 수 있다. 유치원 교사강령의 구
체적 내용은 다음과 같다.

1) 유치원 교사와 유아

사랑 · 평등 · 개성 존중 · 전인교육 · 안전과 보호

1. 우리는 유아를 사랑하며 유아의 인격을 존중한다.
2. 우리는 유아의 개인적 · 가정적 배경에 관계없이 모든 유아를 평등하게 대한다.
3. 우리는 유아의 개성을 존중하며 개인의 흥미와 잠재력에 적합한 교육을 제공한다.
4. 우리는 유아의 전인발달을 지원하는 교육과 환경을 제공한다.
5. 우리는 유아의 안녕을 위협하는 가정적 · 사회문화적 · 경제적 상황을 적극적으로 파악하고 유아를 보호하기 위해 노력한다.

2) 유치원 교사와 가정

가족에 대한 이해 · 권리 보호 · 협력 · 지원

1. 우리는 유아를 교육하고 지원하기 위해 가정과 연계하고 협력관계를 구축한다.
2. 우리는 교육적 목적으로 수집한 가족 정보에 대해 기밀을 유지하고 가족의 사생활을 보장한다.
3. 우리는 유치원에서 일어난 안전사고나 위험 상황에 대해 가족에게 충분히 설명한다.
4. 우리는 가족에게 유치원을 개방하며 필요한 정보를 제공한다.
5. 우리는 유치원 운영에 관련된 중요한 의사결정 과정에 부모를 참여시킨다.
6. 우리는 가족에게 필요한 지역사회 자원에 대한 정보를 구축하고 이를 가족에게 적극 제공한다.

3) 유치원 교사와 사회

사회에 대한 이해 · 교원의 지위 향상 · 유아교육 위상 강화 ·
교직문화 · 지역사회와의 협력

1. 우리는 사회의 흐름을 파악하고 이를 교육에 반영하고자 노력한다.
2. 우리는 유아에 관련된 법률과 정책을 이해하고, 이를 개선하기 위한 활동에 적극
   참여한다.
3. 우리는 교직 관련 단체와 전문가 협회를 통해 교권 확립을 위한 활동에 참여한다.
4. 우리는 유치원 교육을 사회에 널리 알려 유아교육의 위상을 높인다.
5. 우리는 교직원 간의 상호 존중과 협력을 통해 건전한 교직문화를 형성한다.
6. 우리는 유치원과 연계하여 지역사회의 생활과 문화 향상에 기여한다.

4) 유치원 교사와 책무

직업의식과 긍지 · 인성(열정, 개방성, 창의성, 자율성) ·
교사로서의 품위 · 연구와 자기 계발

1. 우리는 교육전문가로서의 직업의식을 갖는다.
2. 우리는 건전한 국가관과 확고한 교육관을 가지고 교직에 종사한다.
3. 우리는 유아에게 최적의 교육을 제공하기 위해 열과 성을 다한다.
4. 우리는 건전한 언행과 생활태도로 유아에게 모범이 되도록 한다.
5. 우리는 열린 사고와 개방적 태도를 가지고 전문성 향상에 매진한다.
6. 우리는 다양한 분야의 전문가와 교류하고 새로운 지식과 정책을 비판적으로 수
   용한다.

지금까지 유치원 교사헌장과 유치원 교사강령의 내용을 알아보았다. 실제 유치원 현장에서 유치원 교사가 마주치게 될 문제 상황은 다양한 모습으로 나타난다. 교사는 발달지연 또는 장애 유아나 다문화가정의 유아, 아동학대, 아동의 권리 및 성인지 감수성 등 특별한 요구를 가진 유아가 차별 없이 또래와 더불어 생활하고 함께 놀이하도록 지원해 주어야 한다. 또한 가족에 대한 이해, 권리 보호, 협력, 지원 및 변화하는 사회에 대한 이해를 토대로 교원의 지위 향상과 유아교육 위상 강화를 위해 지역사회와의 협력을 통해, 이러한 과정에서 마주치게 될 문제 상황에 현명하게 대처해야 할 것이다. 윤리강령을 활용하여 어떻게 의사결정하는지 사례를 중심으로 알아보면 다음과 같다.

최 교사는 교육경력 3년차의 만 4세반 교사다. 최 교사는 유치원에서 활동에 잘 참여하지 않고 친구들과도 잘 어울리지 못하는 태훈이의 행동 때문에 늘 고민이었다. 여러 가지로 노력을 해 보았지만 별 변화가 없는 태훈이의 위축된 행동에 대해 최 교사는 부모와의 관계 및 가족배경이 원인일 것이라고 생각하여, 동료교사 및 원장님과 논의하고 싶었다. 그러나 태훈이의 아버지는 학기 초 면담에서 어머니와의 이혼 사실을 비밀로 해 달라고 부탁했었다. 그래서 최 교사는 이러한 태훈이의 가족배경을 원장이나 동료교사에게 알리는 것이 정당한 것인지 고민이 되었다.

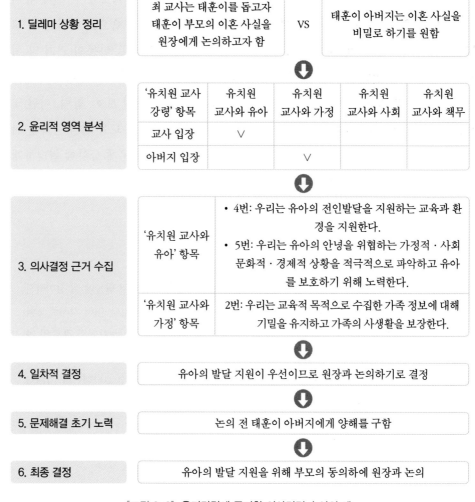

| 1. 딜레마 상황 정리 | 최 교사는 태훈이를 돕고자 태훈이 부모의 이혼 사실을 원장에게 논의하고자 함 | VS | 태훈이 아버지는 이혼 사실을 비밀로 하기를 원함 |

2. 윤리적 영역 분석	'유치원 교사 강령' 항목	유치원 교사와 유아	유치원 교사와 가정	유치원 교사와 사회	유치원 교사와 책무
	교사 입장	∨			
	아버지 입장		∨		

3. 의사결정 근거 수집	'유치원 교사와 유아' 항목	• 4번: 우리는 유아의 전인발달을 지원하는 교육과 환경을 지원한다. • 5번: 우리는 유아의 안녕을 위협하는 가정적·사회문화적·경제적 상황을 적극적으로 파악하고 유아를 보호하기 위해 노력한다.
	'유치원 교사와 가정' 항목	2번: 우리는 교육적 목적으로 수집한 가족 정보에 대해 기밀을 유지하고 가족의 사생활을 보장한다.

| 4. 일차적 결정 | 유아의 발달 지원이 우선이므로 원장과 논의하기로 결정 |

| 5. 문제해결 초기 노력 | 논의 전 태훈이 아버지에게 양해를 구함 |

| 6. 최종 결정 | 유아의 발달 지원을 위해 부모의 동의하에 원장과 논의 |

[그림 2-2] 윤리강령에 근거한 의사결정 순서의 예

앞의 사례를 [그림 2-1]의 윤리강령에 근거한 의사결정 순서에 따른 문제해결 과정에 따라 살펴보면 [그림 2-2]와 같다. 이제 다음 사례를 읽고 여러분도 [그림 2-1]의 윤리강령에 근거하여 문제를 해결해 보자.

박 교사가 근무하는 유치원은 나이가 비슷한 교사들이 많아 서로 '쌤'이라고 부르는 친근한 분위기다. 학부모들과 박 교사 간에도 '쌤' '맘' 등의 줄임말을 많이 쓴다. 교사들끼리 '쌤'이라고 부르는 모습을 보고 유아들도 '쌤'이라는 말을 장난스럽게 사용하게 되었다. 박 교사는 이를 보고 깜짝 놀랐으며 교사 스스로가 유아들에게 바른 언어사용을 모델링하는 것이 중요하다고 생각하였다. 그러나 박 교사보다 나이가 많고 경력이 많은 교사들이 박 교사에게 '박쌤'이라고 부르는 것을 수용할 수밖에 없는 상황이다. 이와 관련하여 박 교사는 유아들에게 바른 언어사용을 모델링해야 하는 교사의 역할과 동료교사들이 보이는 친근감의 표시 사이에서 어떻게 해야 할지 고민이 되었다.

🎴 활동 1

당신은 좋은 교사라고 생각합니까? 다음 문항에 체크해 보고, 체크한 항목을 합산하여 적어 봅시다. 체크하기 전에 '좋은 교사는 결코 좋은 교사로 태어나는 것이 아니라, 교사가 되기 위해 신중하게 선택하는 과정에서 만들어지는 것'이라는 점을 기억하세요. 그리고 결과 분석을 통해 본인에게 필요한 것은 무엇인지 생각해 봅시다.

	문항 내용	체크
1	유아와의 생활을 즐긴다.	
2	교실에서 아이처럼 행동하지 않고 성인처럼 행동한다.	
3	더 많은 것을 알기 위해 유아들로부터 영감을 받는다.	
4	신속하게 과제(피드백)를 돌려준다.	
5	다양한 형태의 흥미로운 활동을 수업에 사용한다.	
6	유아를 의미 있는 모든 활동에 참여하도록 한다.	
7	유아들이 과제를 잘할 수 있는 방법을 알고 있음을 확신한다.	
8	유아교육에서 다루어야 할 교과에 대해 잘 알고 있다.	
9	신뢰할 만한 역할 모델이다.	
10	교실을 질서 있게 유지한다.	
11	매일매일 모든 유아를 가르칠 준비가 되어 있다.	
12	특별히 총애하는 유아가 없다.	
13	방과 후에 도움이 필요한 유아를 도우면서 시간을 보낸다.	
14	팀의 한 사람으로 자신을 인식한다.	
15	항상 모든 사람에게 친절하다.	
16	스스로를 전문가로 여긴다.	
17	담당하는 반 아이들이 할 수 있다고 느끼도록 만들 수 있다.	
18	문서업무를 효율적으로 다룰 수 있다.	
19	항상 열린 마음을 유지한다.	
20	유머감각을 가지고 있다.	

▶ 개수 _____

◎ 결과 분석

18~20개	좋은 유아교사에게 필요한 자질과 역량을 가지고 있습니다. 잘하고 있습니다. 계속 열심히 하세요.
16~18개	한두 가지 자질과 역량을 향상시키도록 하세요. 목표와 계획을 세우고, 좋은 유아교사가 가져야 할 자질과 역량을 개발하도록 하세요.
15개 이하	좋은 유아교사가 되기 위해 조금 더 노력하세요. 먼저 여러분에게 가장 중요하다고 생각하는 자질과 역량을 선택하고, 계속 노력하세요.

활동 2

여러분의 삶에 영향을 미쳤던 15명의 사람을 적어 봅시다. 그리고 이들 중 세 사람을 선택해서, 그들이 어떻게 영향을 미쳤는지 설명해 봅시다.

_____

_____

_____

_____

_____

활동 3

다음의 문장을 완성해 봅시다.

☞ 교사는 _____이다.

☞ 유아는 _____이다.

활동 4

유아교사에게 필요한 자질을 자유롭게 생각한 다음, 빙고게임을 해 보세요.

※ 준비물: 연필, 지우개, 빙고판

활동 5

단어퍼즐게임을 해 봅시다. 먼저, 단어를 완성한 후 그 의미를 간단히 설명해 봅시다.

자	질	교	실	교	파	이
스	열	사	현	직	라	데
윤	초	임	정	충	격	교
리	테	이	문	화	배	직
교	강	돌	봄	주	려	실
직	령	적	웅	기	아	무

예) ① 교직실무: 교사가 학생을 가르치는 과정에서 행하는 업무와 사무

　　② 교직문화: 특정한 교사집단 혹은 광범위한 교직사회에 공유되고 있는 태도, 가치, 신념, 습관, 가정 및 행동방식

　　③ 윤리강령: 교사가 딜레마에 직면했을 때 가장 적절한 의사결정을 내릴 수 있도록 이끌어 주는 지침

제2부

유치원 교사의 일일 실무

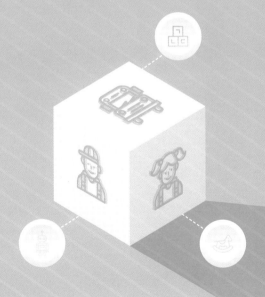

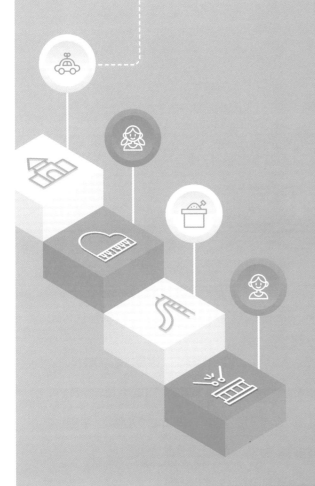

제3장

유치원 교사의 하루

좋은 교사는 ……

1. 유아들과 차분하게 하루일과를 시작할 수 있도록 체계적인 하루일과를 계획한다.

2. 유아의 입장에서 교실을 점검하고 유아들이 하루를 즐겁게 시작할 수 있도록 돕는다.

3. 유아들이 안전하고 기분 좋게 귀가할 수 있는 다양한 전이방법을 계획하여 활용한다.

4. 하루일과에 대한 반성적 자기평가를 토대로 다음 날의 일과 계획을 한다.

5. 부모와의 연락사항을 꼼꼼히 챙겨서 필요한 정보를 나눈다.

6. 교사 공동의 업무에 적극적으로 참여하며 맡겨진 역할을 성실히 수행한다.

제**3**장

유치원 교사의 하루

    교사의 일과는 등원 전 유아들과의 하루를 준비하는 시간, 등원 후 유아와 함께 일과를 보내는 시간 그리고 하원 후 다음 날의 일과를 계획하고 준비하는 시간으로 나눌 수 있다. 교사가 하루일과를 세심하게 계획하고 준비하는 것은 유아의 기관 적응 및 안정적인 생활을 위하여 가장 우선되어야 할 일이다. 유아가 등원하면 교사는 유아들과 함께 안전하고 즐거운 하루를 보내는 가운데 긍정적인 관계를 맺도록 노력해야 한다. 또한 하루를 마무리할 때는 유아들이 기분 좋게 귀가할 수 있도록 돕고, 퇴근 전까지 그날의 일과 평가 및 다음 날 교육 계획과 준비에 관한 업무를 수행하도록 한다.

Good

김 교사는 출근시간보다 10분 일찍 출근하려고 노력한다. 다른 교사들이 출근하기 전의 고요한 시간을 좋아하기 때문이다. 출근하자마자 김 교사는 교실의 창문을 열어서 환기를 시킨다. 다음으로 전날 교실을 정리하면서 빨아 놓은 손걸레를 걷어서 수납장 안에 넣고, 책상이나 교구장에 수업과 관련 없는 자료들이 놓여 있는지 확인한다. 간혹 전날 작업에 사용했던 가위나 도구 등이 책상 위에 있을 때가 있기 때문이다. 피아노 위, 교사용 게시판, 책상 위 등 교실 곳곳의 정돈상태를 둘러본 김 교사는 창가 화분에서 시선을 멈춘다. 그리고 화초에 물을 주는 일을 자신이 할 것인지 아니면 유아들이 하도록 할 것인지를 생각하다가 일찍 등원한 유아에게 부탁하기로 결정한다. 그런 다음, 김 교사는 오늘의 일과 흐름을 점검한다. 그러기를 잠시, 창문 너머로 유아가 등원하는 모습을 보고 현관으로 가서 맞이한다.

Bad

박 교사는 아침부터 분주하다. 출근과 동시에 유치원 차량 지도를 나가야 한다. 유아들과 함께 차에서 내린 후에는 교사실로 가서 일과 운영에 필요한 물건들을 챙겨서 교실로 간다. 교실에는 이미 유아들이 등원하여 교사를 기다리고 있으며, 교실 입구에는 몇몇 유아의 겉옷이 떨어져 있다. 어깨에 가방을 멘 채 돌아다니는 유아들도 있다. 뛰어다니거나 복도에 나와 있는 유아들을 보면서 교사의 머릿속도 어수선해진다. 박 교사는 '오늘도 여지없이 유아들과의 전쟁이 시작되었구나.'라는 생각을 하면서 교실로 들어선다.

이 사례를 통해 유아와 교사 모두에게 즐겁고 편안한 하루의 시작 풍경은 어떠해야 할 것인지 생각해 보자. 일과의 시작 및 마무리 시간에 유아와 교사가 느끼는 정서는 유치원에서 함께 보내는 시간에 대한 기대감과 만족감, 그리고 유아의 유치원 적응을 결정하는 매우 중요한 요인으로 작용할 수 있다. 유아교사의 하루일과 중 자유놀이와 대ㆍ소집단활동, 급식 지도에 대해서는 다른 장에서 구체적으로 다룰 것이므로, 이 장에서는 하루의 시작과 마무리 단계에 교사가 수행하게 되는 업무의 내용을 상세하게 살펴보기로 한다.

1. 등원 전 준비

1) 차분하게 교사의 일과 계획하기

하루의 성공과 실패는 그날 아침의 분위기와도 상관이 있다. 차분하게 하루일과를 시작한 교사는 유아들이 등원하는 그 순간부터 유아들을 반갑게 맞이할 수 있다. 또한 유아들과 함께하는 일과에 더욱 집중할 수 있다. 반면, 쫓기듯이 분주하게 하

표 3-1 교실 환경과 수업 준비를 위한 점검표

순번	점검사항	체크	비고
1	교실의 환기를 시킨다.		
2	피아노, 교구장, 교사용 책상 위에 있는 수업과 관련 없는 자료를 유아들의 손이 닿지 않는 곳에 치운다.		
3	유아들의 안전을 위협할 수 있는 도구들도 교사실 또는 교사용 사물장 안에 넣는다.		
4	손걸레를 걷어서 수납장 안에 정리한다.		
5	화분에 물을 준다.		유아들과 함께할 계획이라면 유아가 교사의 도움 없이 할 수 있는지 점검한다.
6	과학영역의 동물 먹이를 주고 물을 갈아 준다.		
7	날짜판을 오늘 날짜로 바꾼다.		
8	하루일과표를 순서대로 정리한다.		
9	출석카드 도장 찍는 곳에 도장과 인주가 준비되어 있다.		
10	유아들이 가정으로 가져가야 할 편지 또는 활동 결과물들을 바구니에 담아서 정리한다.		
11	학급경영록의 일과 계획을 점검하고 수업의 흐름 및 유의점 등을 다시 한 번 점검한다.		
12	오늘 할 일의 우선순위와 일에 소요되는 시간 등을 고려하여 메모한다.		

출처: 신화식, 김명희(2010).

루를 시작한 교사는 마음이 분산되어 등원하는 유아들에게 집중하기 어렵다.

교사는 〈표 3-1〉의 점검표를 활용하여 교실 환경의 준비 정도를 하나하나 점검하면서 일과를 시작하도록 한다.

2) 동료교사들과 즐거운 분위기로 하루일과 시작하기

유치원은 작은 조직사회이기 때문에 인간관계를 잘 맺고 유지하는 것이 매우 중요하다. 인간관계의 시작은 인사로부터 시작된다. 초임교사의 경우 아침 출근과 동시에 교실 정리와 일과 준비 등의 업무를 분주하게 처리하다 보면 본의 아니게 상사나 동료교사에게 인사를 못하는 경우가 있다. 그러므로 업무를 보고 있는 중에 누군가 인기척을 느끼는 순간 바로 인사할 수 있도록 준비되어 있어야 한다. 뒤늦게 동료교사를 발견했다면 "안녕하세요. 제가 ~를 하느라 출근하시는 것을 못 봤어요."와 같이 인사를 건넨다.

2. 등원 지도

1) 유아를 맞이할 준비하기

유치원의 하루일과는 유아가 등원하면서 시작되는 것이다. 따라서 교사는 유아들이 등원하기 전에 교실로 가서 차분하게 유아를 맞이할 수 있도록 미리 준비해야 한다. 일찍 등원하는 유아를 교사실에서 맞이하고 교실에서 혼자 놀게 하는 일이 없도록 한다.

2) 유아를 따뜻하게 맞이하기

유아가 유치원에 등원했을 때 기분 좋은 정서를 느끼면 하루일과를 안정되고 편안하게 시작할 수 있다. 그러므로 등원시간에 원장이나 원감 또는 보조교사는 정문이나 현관에서 유아를 맞이하고, 교사는 각 교실에서 유아를 맞이하는 것이 좋다.

Good

A유치원에 다니는 ○○는 유치원 문을 들어서면 현관에서 원장선생님과 원감선생님이 따뜻하게 맞이해 준다. 교실 입구에서는 담임교사가 다정한 인사를 건네고 가방을 정리하고 옷걸이에 옷을 거는 것을 도와준다. ○○는 매일매일 환영받는 등원 경험을 통해 유치원에 대한 편안함을 가지고 하루를 시작하게 된다.

Bad

B유치원에 다니는 ○○는 현관에 도착했을 때 아무도 반겨 주는 사람이 없다. 교실에 들어가니 또래 유아들이 교실을 배회하고 있고, 몇몇의 유아는 이리저리로 뛰어다니며 잡기놀이를 하고 있다. 나중에 교사가 교실에 들어온 후에도 유아들을 조용히 시키고 교실 바닥에 떨어진 가방을 정돈하는 데 바빠서 유아들 가까이에서 이야기를 나눌 수 없다.

유아들이 등원하는 시간에 교사는 다음의 업무를 수행한다.

(1) 유아 맞이하기

개별 유아와 인사를 나누면서 반갑게 맞이하고 유아가 바른 인사예절을 배우고 익히도록 지도한다. 이때 교사는 유아와 눈을 맞추고 이름을 부르면서 반갑게 인사한다. 또한 유아의 기분과 건강 상태를 점검한다. 유아의 청결 상태와 얼굴 표정, 자세, 얼굴색 등을 살펴보면서 유아의 건강 상태를 파악할 수 있다. 이때 유아를 안아 주고 손잡아 주는 등 따뜻한 신체 접촉을 통해 유아가 정서적으로 더욱 안정되고 만족스러운 느낌으로 하루를 시작할 수 있도록 돕는다.

[그림 3-1] 유아를 따뜻하게 맞이하기

표 3-2 유아의 신체적 건강 상태에 관한 점검 항목

신체부위	점검해야 할 항목
일반적 외모	체중의 변화, 피로감이나 이상한 흥분의 징후, 피부색
머리	가려워 긁은 표시, 이가 있는지의 여부, 종기, 탈모, 청결 상태
얼굴	얼굴표정(두려움, 화, 즐거움, 근심 등), 얼굴색, 긁힌 자국, 멍, 뾰루지 등
눈	충혈 상태, 눈 부음, 빛에 대한 감수성, 눈 비빔, 다래끼, 상처, 눈물 등
귀	홍조, 소리를 듣거나 말을 걸었을 때의 반응
코	코 비비는 정도, 충혈 상태, 재채기, 콧물 등
입	치아 안쪽 상태, 충치, 상처, 입으로 호흡하는지의 여부
목구멍	편도선이 붓거나 붉은지의 여부, 숨 쉴 때의 이상한 냄새
목	갑상선이 부어 있는지 등
가슴	쌕쌕거리며 호흡하는지, 가래 끓는 소리가 나는지, 숨 가쁨, 기침 등
피부	가슴과 등의 피부색(창백한지 또는 붉은지), 뾰루지, 긁힌 자국, 타박상, 멍, 흉터, 심한 열, 땀 등

출처: 신화식, 김명희(2010).

(2) 기본생활습관 지도하기

일상의 자연스러운 상황에서 기본생활습관을 지도한다. 아침 시간에는 인사하기와 물건 정리하기, 출석카드 도장 찍기와 하루일과 계획하기 등을 집중적으로 지도하며 이를 구체적으로 알아보면 다음과 같다.

① 인사하기

유아가 교사와 또래유아들에게 바르게 인사하는 습관 및 언어 예절을 알고 행동으로 실천하도록 지도한다. 이때 교사가 먼저 "정미야, 안녕? 오늘 날씨가 참 좋지?"와 같은 인사말을 건네면서 인사행동의 모범을 보인 후 유아가 따라서 인사를 하도록 안내한다. 또한 유아가 또래유아와 인사를 나누도록 도울 수 있다. 교사는 "정미야, 동은이도 왔네. 동은이와도 인사하자."와 같이 유아가 자연스럽게 또래유아에게 관심을 가지고 인사를 나누도록 지도한다.

② 신발 벗어서 정리하기

유아들이 현관 앞에 한 줄로 줄을 서게 한 후 현관의 공간 크기를 고려하여 적정수의 유아가 동시에 신발을 벗을 수 있도록 지도한다. 연령이 어린 유아는 앉아서 신발을 벗고, 벗은 신발을 들어서 자신의 신발장에 정리하도록 한다. 연령이 높은 유아는 서서 신발을 벗은 후 뒤돌아서서 신발을 들고 신발장에 정리하도록 한다.

③ 출석카드 도장 찍기

교실에 들어온 후에는 유아 스스로 가방 안에서 출석카드를 꺼내어 도장 또는 스티커로 오늘 출석했다는 것을 표시하도록 한다. 날짜판은 교사 또는 아침에 일찍 온 유아가 그날의 날짜로 바꾸어 놓도록 한다. 출석카드에 도장을 찍는 것은 유아가 어제와 오늘, 내일 등 시간 개념을 학습할 수 있는 기회가 되며, 교사는 유아가 정확한 날에 도장을 찍는지 확인한다. 출석 도장을 찍은 후 출석카드는 유아 개인 가방에 넣거나 한 곳(바구니)에 모아두었다가 귀가 시 나누어 주면 된다. 출석판이 있는 유치원의 경우에는 유아의 사진이나 이름카드를 출석표시판에 표시하면 된다.

④ 옷과 가방 정돈하기

유아 스스로 가방을 사물함 안에 넣고 겉옷을 벗어서 옷걸이에 걸도록 한다. 학기 초부터 유아 혼자 익숙하게 할 수 있을 때까지 반복적으로 가르쳐 주고 연습하도록 돕는다. 학기 중이라도 필요한 경우 수시로 지도한다. 유아가 가방을 정리할 때 교사는 가정에서 보낸 편지나 물건은 없는지를 확인한다. 유아의 가정에서 알림장의 내용 혹은 투약의뢰와 같은 전달사항과 약, 책, 놀이자료 등을 보내기도 하므로 꼼꼼히 확인하도록 한다.

⑤ 하루일과 계획하기

유아가 반복적인 일과를 이해하고 예측할 수 있을 때 유아는 유치원 생활에 보다 안정적으로 적응하며 자신의 행동에 대한 조절력을 가질 수 있다. 따라서 교사는 교실 벽면에 오늘의 일과 순서를 그림이나 사진으로 게시해 주어 유아들이 그날의 일과 흐름을 알고 예측할 수 있도록 도와주어야 한다.

⑥ 조용한 놀이를 하며 기다리기

아침 모임이 일과의 첫 순서라면 모임을 시작하기까지 먼저 온 유아들이 조용한 놀이를 하면서 기다리게 한다. 만들기나 구성놀이, 판 게임 등을 할 경우 놀이를 마무리 짓고 정리하기까지 시간이 제법 걸리기 때문에 퍼즐놀이나 그림책 보기 등 간단하면서 쉽게 정리할 수 있는 놀이를 하는 것이 좋다.

(3) 개별 유아와 대화 나누기

교사를 가깝고 친밀한 대상으로 느낄 때 유아는 교실에서 더욱 안정감을 가지고 탐색활동에 적극적으로 참여한다. 따라서 교사는 일과 속에서 짬짬이 개별 유아와 함께하는 시간을 마련하고 유아와 대화를 나누도록 한다. 유아의 현재 기분이나 가족들과의 경험, 어제 있었던 일이나 교사의 경험 등이 대화의 소재가 될 수 있다. 유아들끼리 서로 즐겁게 대화를 나눌 수 있도록 중재하는 것 또한 교사가 수행하는 역할 중 하나이다.

[그림 3-2] 대화 나누기

정원: 나 어제 마트에 갔었어요.

교사: 누구와 마트에 갔었어?

정원: 엄마랑 아빠랑 셋이 갔었어요.

교사: 마트에 가서 무엇을 했어?

정원: 과일도 사고, 아빠가 내 장난감도 사 줬어요.

교사: 지현아, 어제 정원이가 장난감 샀대. 뭐 샀는지 물어보자.

지현: 뭐 샀는데?

정원: 변신 로봇.

교사: 로봇이 어떻게 변신하는지 궁금하네. 지현이가 정원이에게 물어볼까?

지현: 정원아, 로봇은 어떻게 변신을 해?

(4) 부모들과의 짧은 만남과 대화

등원 시간은 학부모와 비공식적인 만남이 이루어지는 시간으로 이때 교사와 학부모는 유아와 관련된 정보를 나눌 수 있다. 학부모는 오늘 유아의 건강 상태나 귀가 희망시간, 귀가 시 통학차량 이용 여부, 하차 장소, 투약 관련 내용 등을 구두 또는 간단한 메모 형태로 교사에게 전달한다. 이때 부모의 요청사항을 1차적으로 받은 교사는 반드시 담임교사와 담당교사에게 그 사실을 전달해야 한다. 학부모로부터의 전달사항을 잊지 않도록 게시판 또는 교실 입구에 메모를 붙여 놓는 것이 좋다.

등원 시간에 교사의 얼굴 표정이나 기분 상태는 유아뿐 아니라 부모의 정서에도 영향을 미친다. 교사가 밝고 명랑한 표정으로 유아를 맞이할 때 부모 또한 안심할 수 있다. 반면, 교사가 아파 보이거나 우울해 보일 때에는 자녀가 유치원에서 편안하게 하루를 보낼 수 있을지 염려하고 걱정하기도 한다. 따라서 교사는 단정한 옷차림과 밝은 얼굴로 유아와 부모를 반갑게 맞이하여 안정감과 신뢰감을 줄 수 있어야 한다.

(5) 특별한 요구를 지닌 유아 배려하기

기질적인 특성으로 인해 아침을 기분 좋게 시작하는 것이 어려운 유아가 있다. 부모와 헤어지는 것이 힘들거나 적응이 느린 유아도 있다. 등원 시간, 전이가 느리거나 소란스러운 행동을 하는 유아를 돕고 안내하는 방법은 다음과 같다.

① 전이가 느린 유아

기질적으로 느리고 적응이 느린 유아는 대부분 가정에서 유치원으로의 전이가 빨리 되지 않아 어려워하는 모습을 보인다. 예를 들면, 교실에 들어오지 않으려고 하거나 교실에 들어와서도 스스로 해야 하는 일들을 하지 않고 교실 한가운데 계속 서 있는 행동을 보인다. 교사는 우선 유아마다 적응 속도가 다를 수 있다는 것을 이해하고 수용하며 기다려 주는 마음자세를 가져야 한다. 다른 유아보다 더 천천히, 그러나 꾸준히 적응해 갈 것을 믿고 유아의 속도에 맞게 지지해 주고 안내해 주도록 한다.

전이가 느린 유아는 등원 시간에 부모와 헤어지는 데도 상대적으로 더 많은 시간을 필요로 한다. 따라서 교사는 부모가 5~10분 정도 유아와 함께 유치원 교실이나 현관, 복도 등에서 시간을 보낸 후에 헤어지도록 부모에게 안내하는 것이 좋다. 부모는 유아와 교실을 둘러보면서 함께 소지품을 정리하고 새로운 놀잇감이나 변화된 환경에 대해 이야기를 나눌 수 있다. 부모가 유치원을 떠날 때는 유아를 안아 주고 왜 떠나야 하는지를 차근차근 설명해 주도록 한다. 유아가 좋아하는 인형이나 물건, 부모를 생각나게 하는 물건 등을 유아가 소지할 수 있도록 허용해 주는 것도 점진적인 전이를 돕는 방법이다.

② 소란하거나 무기력한 유아

유아가 실내·외 공간에서 뛰거나 공격적인 행동을 하는 것은 유아 안전이나 일과 운영에 방해를 주는 행동이 되므로 원인을 파악하여 개선을 위한 지도를 하는 것이 좋다. 산만하고 공격적인 유아의 경우 〈표 3-3〉의 사항을 점검해 볼 수 있다.

만약 이와 같은 이유로 짜증을 내거나 산만한 행동을 한다면 유아를 통제하기에 앞서 공간 구성이나 시간 계획 등 환경을 변화시켜야 한다. 부정적 정서로 인해 공격 행동을 할 경우에는 먼저 유아의 감정을 공감해 주고 부정적 정서의 원인이 되는 문제를 해결해 줄 수 있다.

표 3-3 유아들이 소란스러울 때 점검할 사항

항목	점검사항	체크	비고
공간 및 자료 계획	너무 넓은 교실 환경(영역 구성이 되어 있지 않아서 중앙 공간이 넓은 경우)으로 유아들이 뛰어다닌다.		
	유아들이 밟고 올라갈 수 있는 교구장이 창턱 아래에 있다.		
	놀잇감의 놀이 방법을 몰라서 공격적 행동을 한다.		
	놀잇감이 없어서 몸싸움을 한다.		
시간 계획	기다리는 시간이 지루하여 산만한 행동을 한다.		
	빨리 움직이도록 재촉하였더니 유아들이 흥분하였다.		
유아의 신체	유아가 잠을 충분히 자지 못하여 짜증을 많이 낸다.		
유아의 기분	아침에 화가 나는 일이 있었다.		
교실의 온도	교실의 온도가 높아서 유아들이 흥분해 있다.		
	습도가 너무 높아서 유아들이 예민하다.		

〈표 3-4〉는 유아가 나른하고 무기력한 행동을 할 때 점검할 사항들이다. 교실에 준비된 놀잇감의 놀이 방법을 모를 경우 유아는 무료함이나 지루함을 느낄 수 있다. 유아가 배회하거나 아무것도 하지 않는다면 놀잇감의 종류와 파손 여부, 발달의 적합성 등을 고려해 보아야 한다. 책 읽기나 조용한 놀이를 하며 기다리는 시간이 길어질 경우 유아는 활동에 집중하지 못하고 배회하는 행동을 보일 수 있다. 이럴 때는 등원 시간에 유아가 할 수 있는 간단한 활동을 준비하거나 시간 구성 자체를 점검해 보아야 한다. 수면 또는 식사량이 부족할 때, 몸이 아플 때 유아는 무기력해질 수 있으므로 교사는 유아가 휴식을 취하거나 간단한 간식을 먹을 수 있도록 배려한다. 유아의 기분이 안 좋아 보일 때에는 개별적인 대화를 통해 어떤 일이 있었는지를 파악하고 공감해 주도록 한다.

표 3-4 유아가 무기력한 모습을 보일 때 점검할 사항

항목	점검사항	체크	비고
공간 및 자료 계획	놀잇감이 파손되어 놀이가 진행되지 않는다.		
	유아들이 놀이 방법을 모른다.		
	가지고 놀 놀잇감이 없다.		
	놀잇감이 없어서 몸싸움을 한다.		
시간 계획	아무것도 하지 않은 상태에서 기다리는 시간이 길다.		
유아의 신체	아침을 먹지 않았거나 식사량이 부족하여 기운이 없다.		
	잠을 충분히 자지 못했거나 잠이 덜 깼다.		
	감기 등으로 몸이 아프다.		
유아의 기분	집에서 또는 유치원 등원 길에 기분 안 좋은 일이 있었다.		
교실의 온도	교실의 온도 · 습도가 높아서 기운이 없다.		

등원 시간에 일어나는 다양한 일에 대처하기

김 교사가 교실에 들어왔을 때 지연이와 민혁이는 쫓고 도망가는 놀이를 하는 중이다. 수진이는 교사의 옷을 잡고 아프다고 하소연을 하고, 찬희는 가방 정리를 하지 않은 채 민혁이와 지연이의 놀이를 쳐다보고 있다. 이때 하은이의 어머니가 교실 입구에서 교사를 부르면서 할 말이 있다고 한다. 김 교사는 순간 어느 일부터 처리해야 할까 망설이고 있다.

위 사례는 어느 교실에서나 쉽게 접할 수 있는 상황이다. 이와 같이 아침부터 다양한 일을 동시에 처리해야 하는 상황이라면 어떤 일부터 처리하는 것이 좋을까? 동시다발적으로 업무를 처리해야 할 경우 우선순위는 유아와 관련된 일에 두어야 한다. 유아 관련 문제 중 안전과 관련되거나 적응과 관련된 문제를 먼저 처리하고 부모나 원장, 방문객에게는 기다려 달라고 양해를 구한다. 보조교사가 있다면 유아들의 생활지도를 부탁하고 부모의 요구를 들어줄 수도 있다. 만약 그럴 수 없다면 부모가 교사실의 다른 교사나 원장에게 전달사항을 말하도록 안내를 하거나 메모를 남기도록 할 수 있다. 또래유아가 도울 수 있는 일이라면 다른 유아에게 먼저 도움을 청하도록 할 수 있다. 유아들이 반복적으로 물어보는 질문에 대해서는 그림으로 그려서 유아가 혼자 해결하도록 안내할 수도 있다.

아동학대 의심 상황 신고하기

아동학대 의심 상황을 발견하거나 인지한 경우 즉시 112 또는 지자체에 신고해야 한다. 신고가 아닌 아동학대 관련 절차를 문의하거나 상담이 필요한 경우 보건복지상담센터(129), 지자체, 아동보호전문기관으로 전화하여 아동학대 관련 내용을 상담할 수 있다. 지자체 또는 아동보호전문기관에서 아동학대 상담 중 학대 의심 사실이 확인되어 즉각 출동이 필요한 경우, 즉시 수사기관에 통보되며 아동학대전담공무원(아동보호전문기관) 및 경찰의 현장출동이 진행될 수 있다.

아동학대 신고 시 신고 내용은 다음과 같다.

- 유아에 대한 폭력, 방임, 유기 등 아동학대 정황이 발견된 경우
- 출석이 확인되지 않거나 이유 없이 2일 이상 연락이 되지 않는 경우
- 보호자 연락, 영상통화, 가정방문 등으로 아동학대 의심이 해소되지 않는 경우
- 유아의 소재 파악이 불분명한 경우
- 학대행위자로부터 격리 등 유아의 보호가 시급한 경우
- 교직원의 아동학대가 의심되는 경우
- 기타 아동학대가 의심되는 경우

유치원 교직원은 유아의 결석 사유를 반드시 확인해야 한다. 부모는 교사에게 유선이나 스마트 알림장 등의 대화 방법을 통해 결석 사유를 유치원에 알려야 한다. 교사는 유아의 결석 당일부터 지속적으로 결석 사유를 확인한다.

아동학대 신고 시 신고 내용은 다음과 같다.

표 3-5 아동학대 신고 시 신고 내용

구분	신고 내용
피해(의심) 아동의 현재 상황	피해(의심) 아동의 안전 여부, 응급조치 필요 여부, 피해(의심) 아동의 심신 상태 등
피해(의심) 아동 인적사항	성명, 성별, (추정)연령, 주소, 전화번호 등 연락처
아동학대 행위(의심)자 관련사항	성명, 성별, (추정)연령, 주소, 전화번호 등 연락처, 피해(의심) 아동과의 관계, 피해(의심) 아동과의 동거 여부, 아동학대행위(의심)자의 특성 및 성향
신고자 관련사항	성명, 전화번호 등 연락처, 주소, 피해(의심) 아동과의 관계, 신고의무자 여부, 신고 목적(신고자의 욕구)
아동학대 의심 상황	아동학대 유형(구체적인 아동학대 행위), 아동학대의 정도 및 심각성, 아동학대 발생 빈도, 아동학대의 지속성, 최근 발생한 아동학대 상황
기타 사항	추가 아동 존재 여부(집단 내 다른 아동 또는 아동의 형제·자매 존재 여부), 아동학대 행위(의심)자의 현재 상황(심신 상태 등), 다른 기관과의 연계 여부, 기타 내용

※ 위의 정보를 모두 파악하지 못해도 신고는 가능하며, 가능한 한 많은 정보를 제공하도록 노력한다.

3. 아침 모임

　대·소집단활동 외에도 인사 나누기와 하루일과 계획, 하루생활 평가 등을 할 때 유아와 함께 모이는 시간을 가질 수 있다. 모임 시간은 하루 중 언제라도 할 수 있으며, 아침인사 나누기, 일과 계획하기, 주말 지낸 이야기 나누기 등의 활동을 한다.

1) 모이기를 위한 계획

- 그 주에 배운 노래를 부르거나 율동을 하면서 유아들이 자발적으로 모일 수 있도록 한다. 또는 먼저 모인 몇 명의 유아들과 수수께끼 문제 내기를 하거나, 끝말잇기, 유아의 이름을 넣어서 노래 부르기 등을 하면서 다른 유아들을 기다릴 수 있다. 이는 교사가 모이도록 말로 지시하는 것보다 효과적이다.
- 모임의 시간을 되도록 짧게 한다.
- 모이는 공간은 유아들이 다른 유아와 부딪히지 않고 앉을 수 있도록 충분한 공간이 확보되어야 하며, 유아의 주의집중을 위하여 모임 장소 근처에 매력적인 놀잇감이 없어야 한다.
- 아침 모임 시간의 신호를 정하는 것도 효과적이다. 교사가 피아노를 치면 모이는 시간이라는 것을 유아들이 알도록 지도할 수 있으며, 음악에 맞추어 유아들이 춤을 추면서 대집단 영역으로 모일 수 있다. 또는 악기로 신호를 주는 방법을 활용할 수도 있다.

2) 아침 모임활동

　아침 모임에서는 인사 나누기, 이야기 나누기, 소개하기 등 다양한 활동이 이루어질 수 있다.

- 유아들과 함께 인사 나누는 시간, 교사와 유아가 다 같이 인사할 수도 있고, 유아의 이름을 한 명씩 부르면서 서로서로 인사를 나누도록 격려할 수도 있다. 노래에 맞춰 인사를 나눌 수도 있는데, 예를 들어, 〈만나서 반갑다 내 이름은 ○○○〉(김성균 작사, 작곡) 노래의 가사에 유아들의 이름을 넣고 노래를 부르면서 인사한다.
- 유아들이 오늘의 날씨에 맞는 카드를 붙이고 날씨를 말해 보도록 한다. 또한 오늘은 몇 월 며칠인지 이야기하고 알맞은 날짜 카드를 걸어 보도록 한다. 이러한 활동은 유아가 자연현상과 시간의 흐름에 대해 관심을 갖도록 돕는다.
- 월요일 아침이라면 유아들과 주말 동안의 경험에 대해서 이야기 나누기를 한다. 주말 지낸 이야기 나누기는 유아가 자신의 경험을 다른 사람들 앞에서 말하고, 다른 사람의 이야기를 귀 기울여 듣는 기회가 된다. 수줍음이 많고 소극적인 유아들도 골고루 참여하도록 배려한다. 모든 유아가 발표할 경우 시간이 길어질 수 있으므로 소집단으로 운영하는 것이 적합하다.
- 아침 모임 시간에 지켜야 할 규칙에 대해서 다룬다. 손을 들고 발언권을 얻은 후에 발표하기, 다른 사람이 이야기하고 있을 때 잘 들어 주고 순서를 기다리기 등이다.
- 하루일과에 대해서 알아보는 시간에는 매일 규칙적으로 운영되는 일과 외에 대·소집단활동, 견학과 같이 특별한 활동을 소개한다.
- 아침 모임 시간에 그날의 당번이 수행하는 역할에 대해 설명할 수도 있다.

4. 하루 보내기

유치원의 일과는 인사 나누기, 놀이와 활동, 일상 경험들로 이루어진다. 유치원의 상황이나 유아의 연령, 발달 특성, 등원 시간 등을 고려하여 다양하게 일과를 계획할 수 있으며, 매일의 상황에 따라서 융통성 있게 운영할 수 있다. 유치원의 일과 운영 계획 시 〈표 3-6〉의 예시를 참고할 수 있다.

표 3-6 유치원의 하루일과 구성 예시

하늘반의 하루일과	바다반의 하루일과	구름반의 하루일과	
등원 및 인사 나누기	등원 및 인사 나누기	등원 및 인사 나누기	
활동	하루일과 계획	놀이	오전 간식
오전 간식	오전 간식		놀이
놀이	놀이		활동
정리정돈	정리정돈	정리정돈	
활동	점심식사 및 휴식	점심식사 및 휴식	
점심식사 및 휴식	바깥놀이	바깥 놀이	놀이
바깥놀이	활동		활동
귀가	귀가	귀가	

　앞에 제시된 하루일과는 예시안으로 교사가 유아의 생활을 잘 관찰하고 적합하게 계획하여 운영하도록 한다. 앞의 사례에서 하늘반은 등원 이후 활동을 먼저 하고 오전 간식을 먹은 다음에 놀이-활동의 순서로 일과를 운영하고 있으며, 매일 바깥놀이를 규칙적으로 하고 있다.

　바다반은 유아 등원 후 모여서 인사를 나누고 하루일과를 알아보는 시간을 갖는다. 유아가 놀이를 선택한 후 개별적으로 놀이에 참여하도록 한다. 놀이가 끝나면 정리정돈과 점심식사 및 휴식 시간을 가진 후 바깥놀이와 활동을 한다.

　구름반의 경우에는 유아 등원 후 바로 놀이시간으로 이어진다. 놀이 중 유아가 원할 때 오전 간식을 먹을 수 있으며, 놀이 과정에서 필요한 경우 소집단 또는 대집단의 활동을 할 수도 있다. 놀이를 정리하고 점심식사와 휴식을 하며 바깥놀이 시간 중 자유놀이 및 활동을 할 수 있다.

　하루일과의 흐름은 교사의 자율적인 판단에 의하여 조직할 수 있다. 이때 하루일과 중에서 놀이를 충분히 할 수 있도록 시간을 구성하여 실내 놀이의 경우 일일 1시간 이상을, 바깥놀이도 30분 이상 할 수 있도록 계획한다. 바깥놀이의 경우에도 실내 놀이 환경과 마찬가지로 다양한 선택이 가능하도록 구성하고 지원한다(제6장 '바깥놀이' 참고).

또한 견학 등 특별한 경험이 계획되어 있는 경우에는 놀이와 활동 시간의 순서 및 시간에 대한 조정이 가능하다. 종일반을 운영할 경우 하루일과는 또 달라질 수 있다. 종일반에서는 낮잠 및 휴식시간, 오후 실내 놀이와 오후 바깥놀이 시간을 계획하여 운영한다.

실내 놀이 공간으로는 언어, 과학, 쌓기놀이, 역할놀이, 음률, 미술, 수·조작놀이 영역이 있다. 실내 놀이 공간과 자료는 진행되는 주제와 관련이 있는 놀이 외에도 주제와 관련성은 없으나 유아들이 흥미를 보이는 놀이와 활동을 준비한다(제4장 '자유놀이' 참고).

활동의 예로는 이야기 나누기, 노래 배우기, 동시 및 동화 감상, 동극, 과학탐구, 수학적 활동, 미술, 신체표현, 악기 연주하기, 감상하기 등을 생각할 수 있다(제5장 '활동' 참고). 유치원의 하루일과에는 교육적 의미를 담은 놀이나 활동과 함께 일상 생활과 관련된 시간도 포함되며 급식, 화장실 다녀오기, 낮잠 등이 있다(제7장 '일상 생활' 참고).

5. 전이

유아 학급에서의 전이는 이전 활동과 다음 활동의 자연스러운 연결을 위해 실시하는 짧고 간단한 활동을 의미한다. 전이시간은 유아의 저항 행동, 또래 간 갈등, 약속을 어기는 것과 같은 문제가 자주 발생하는 시간이기도 하다. 따라서 교사는 전이를 위한 세심한 계획을 세울 필요가 있다(Melenfant, 2006). 특히 유아의 안전에 주의를 기울이고, 전이시간을 급하게 서두르거나 너무 길어지지 않도록 계획해야 한다.

1) 활동의 특성과 전이

(1) 집단활동에서 개별활동으로의 전이
유아들에게 다음 활동이 무엇인지 안내하고, 현재 활동을 어떻게 마무리할지 안내한다. 개별활동을 하기 위해 이동할 경우 유아의 이름을 한 명씩 차례대로 불러 주어 혼잡한 상황을 예방하도록 한다. 유아들이 이동할 때 뛰어가지 않도록 주의를 주며, 앉았던 자리를 정돈할 수 있도록 지도한다.

(2) 개별활동에서 집단활동으로의 전이

활동이 끝나기 5~10분 전, 잠시 후 활동이 마무리될 것임을 미리 알리고 집단활동을 위한 준비를 할 수 있도록 안내한다. 특히 쌓기놀이나 미술놀이와 같이 마무리를 하는 데 오랜 시간이 걸리는 영역은 유아들에게 미리 알려 주어야 한다. 교사는 유아들이 정리에 참여하도록 격려해 주고, 일찍 정리를 마친 유아가 다른 친구들을 도울 수 있도록 안내한다. 또한 활동 시작 전에 유아들이 화장실에 다녀오거나 물을 마실 수 있도록 한다.

(3) 실내활동에서 실외활동으로의 전이

실내에서 실외로 공간 이동을 할 때 먼저 유아들에게 실외활동을 할 것임을 알리고 화장실에 다녀오도록 한다. 화장실에 다녀온 유아들은 교사가 지정한 곳에 앉아서 다른 유아들을 기다리도록 안내한다. 모든 유아가 한번에 신발을 갈아 신게 되면 혼잡한 상황이 되므로 동시에 움직이는 것을 피하도록 한다. 신발을 신은 유아들은 교사 앞에 줄을 서도록 안내한다.

(4) 실외활동에서 실내활동으로의 전이

실외활동을 한 후 실내활동으로 전이하는 경우에는 유아들의 역동적인 활동 수준을 낮추어 안정적인 상태로 교실에 들어갈 수 있도록 도울 필요가 있다. 먼저, 놀잇감의 모래를 털어 정리하기, 퍼낸 웅덩이를 안전하게 메우기, 승용완구나 바퀴 달린 놀잇감을 제자리에 주차시키기 등 놀이에 사용한 도구를 정돈하도록 한다. 그런 다음 유아들 각자가 신발에 묻은 모래나 흙먼지를 털어 내도록 한다. 실내로 들어갈 때에는 현관 출입구의 폭을 고려하여 한번에 2~3명씩 신발을 갈아 신도록 한다. 실내로 들어온 유아는 화장실에서 용변을 보고 손을 깨끗이 씻은 후 물을 마시도록 안내한다.

(5) 정적 활동에서 동적 활동으로의 전이

조용한 활동 후에 움직임이 활발한 활동으로 전이를 하는 과정에서 갑자기 유아들의 흥분 정도가 높아져 안전상의 문제가 일어나지 않도록 주의한다. 이야기 나누기와 같은 정적 활동에서 게임과 같은 동적 활동으로 옮겨 갈 때에는 먼저 움츠렸던 몸을 충분히 풀어 주도록 간단한 체조를 하는 것으로 시작하여 점차로 움직임을 늘려 가는 것이 좋다.

(6) 동적 활동에서 정적 활동으로의 전이

움직임이 많은 활동을 한 뒤에는 휴식 시간을 충분히 갖도록 한다. 또한 유아들이 마음을 차분하게 가라앉히고 다음 활동을 준비하도록 돕는다. 예를 들어, 게임을 한 후라면 유아들의 흥분 수준을 가라앉힌 후 보다 안정된 상태에서 동화를 듣는 것이 적합하다. 화장실에 다녀오거나 물을 마시면서 몸과 마음을 안정시킬 수도 있다.

2) 상황에 따른 전이 전략

유치원에서의 전이는 주로 집단활동 시작 전 모이기, 주의집중하기, 정리정돈하기, 줄 서기, 기다리기, 이동하기 등의 상황에서 이루어지며 각 상황에 따른 효과적인 전이 전략을 살펴보면 다음과 같다.

(1) 주의집중 유도하기

활동을 시작하기 전에 주제와 관련된 전이활동을 하여 유아의 주의집중을 돕는다. 큰 목소리로 이야기하는 것보다는 유아가 주의를 기울여야 들을 수 있는 작은 목소리와 몸짓언어로 이야기하는 것이 효과적이다.

(2) 정리정돈하기

정리정돈이 시작되기 5~10분 전쯤 잠시 후부터 정리를 하게 될 것이라고 알려 줌으로써 유아들이 자신이 하던 놀이를 마무리하도록 한다. 정리 노래를 들려주어 유아가 정리 시간인 것을 알 수 있게 돕는다. 정리정돈이 시작되면 교사가 먼저 정리정돈하는 행동의 모델을 보여 주면서 유아와 함께 물건의 자리를 찾아서 정리하도록 안내한다.

- 정리정돈 시간을 피해 화장실 가는 유아 → 화장실에 다녀와서 정리하도록 책임 부여하기
  예: "○○가 놀이한 것을 이만큼 남겨 놓을 테니까, 화장실 다녀와서 정리하자."
- 하던 활동을 아직 다 못 끝냈다고 말하는 유아 → 다음에 다 함께 할 활동이 있다는 것을 알린 후 '아직 다 못했어요.' 통에 넣어 두고 다음에 이어서 할 수 있도록 하기

(3) 줄 서기

유아들에게 줄을 서는 장소와 순서를 미리 알려 주어 혼잡한 상황을 예방한다. 정해진 장소에서 순서대로 줄을 서도록 하며, 다른 유아들을 기다리는 동안 지루하지 않도록 간단한 놀이를 한다. 두 줄 서기를 할 경우 "얘랑 짝하기 싫어요."라며 짝을 거부하는 상황이 발생되기도 하는데, 이러한 상황을 예방하기 위해 놀이처럼 줄을 서고 짝을 정하는 방법을 고려해 볼 수 있다. 예를 들면, 퍼즐 조각을 유아들에게 나누어 주고 짝이 되는 조각을 맞춰 보게 하여 우연히 짝이 만들어지도록 하는 것이다.

줄을 서 있는 상태에서 교사가 있는 앞쪽을 보지 않고 뒤를 돌아보고 있는 유아에게는 그러한 행동으로 인해 일어날 수 있는 상황에 대해서 설명해 준다. 즉, 뒤를 돌아보고 있는 상태에서는 앞에서 교사가 무엇을 이야기하는지 잘 들을 수 없고, 교사와 다른 유아들은 출발했는데 자신과 그 뒤에 있는 유아들은 출발하지 못할 수도 있다는 것을 알려 주는 것이다. 줄에서 이탈하는 행동으로 인해 길을 잃을 수도 있고

순서를 정하는 효과적인 방법

- 구호를 이용한 이름 부르기
  예: 예쁘다 ○○○, 멋지다 ○○○, 선생님은 ○○○를 사랑해 등
- 유아가 또래 이름 부르기
  예: 유아가 앞으로 나와 다른 친구의 이름을 부르고 그 유아가 다음 유아의 이름을 부르기
- 이름 뽑기
  예: 유아들의 이름이 담긴 통에서 유아들의 이름을 뽑아 불러 준다.
- 이름 거꾸로 부르기
  예: 준비가 된 유아들의 이름을 거꾸로 불러주어 귀를 기울여 듣고 집중하도록 한다.
- 소리 안 내고 이름 부르기
  예: 소리를 내지 않고 이름을 불러 유아들이 집중하여 보도록 한다.
- 옷 색깔 말하기
  예: 유아들이 입은 옷의 특징이나 색깔을 말해 주면 해당하는 유아들이 준비하도록 한다.
- 집단 이름 말하기
  예: 집단별로 나누어 집단의 이름을 부르면 유아들이 자신의 집단을 기억하고 준비하도록 한다.

위험한 상황이 생길 수 있다는 것을 이해하도록 이야기해 준다.

(4) 활동 전 모이기

유아들이 한자리에 모여야 한다는 것과 모일 장소를 이야기한다. 또한 모인 후 이동할 것을 알리고 이동 경로나 이동 시 유의사항에 대해 알린다. 실내 대집단활동을 위해 모였을 경우, 바닥에 앉을 유아와 의자에 앉을 유아로 나누어 앉도록 한다. 실

외에서 모일 경우는 활동을 시작하기 전에 모든 유아들이 모였는지 더욱 세심하게 확인해야 한다.

(5) 기다리기

기다리는 시간이 지루하지 않도록 다음 활동에 대한 관심을 모을 수 있는 간단한 활동을 준비한다. 소집단으로 활동이 진행될 때 다른 집단은 효율적으로 시간을 보낼 수 있도록 한다. 기다리는 시간을 활용한 전이활동으로는 놀잇감 가지고 놀기, 책 보기, 간단한 게임, 손놀이, 동영상 시청 등이 있다.

(6) 이동하기

유아들이 질서를 지켜 천천히 이동하도록 안내하고 안전에 유의한다. 산책이나 현장학습과 같은 실외활동 중 교사는 전체 유아들을 보면서 이동하도록 한다. 유아들의 줄이 중간에 끊어지지 않도록 천천히 이동하며, 앞 친구와 적당한 거리를 두고 이동하여 연이어 넘어지는 일이 없도록 한다. 길의 너비를 고려해 한 줄보다는 2~3명이 짝이 되어 줄의 길이를 짧게 한다. 도중에 화장실이 가고 싶은 유아가 있을 때는 유아 혼자 다녀오게 해서는 안 된다. 교사 혼자 유아들과 이동하는 상황이라면 교사의 안내하에 학급 전체가 화장실을 다녀오도록 한다.

6. 귀가 지도

하루일과를 마무리하는 시간은 유아나 교사 모두에게 중요한 시간이다. 따라서 교사는 유아가 오늘의 활동을 잘 마무리하고 자연스럽게 가정생활로 전이가 이루어질 수 있도록 도와야 한다. 특히 유아들이 유치원에서 보낸 시간을 어떤 느낌으로 기억하는가는 귀가 직전의 정서와 밀접하게 관련된다. 또한 유아들과의 기분 좋은 마무리는 교사가 다음 업무로 편안하게 전환하도록 하는 데에도 긍정적인 영향을 미친다. 성공적인 귀가 지도를 위해 교사가 고려할 사항은 다음과 같다.

1) 유아 개별 소지품 챙기기

귀가 15분 전쯤 교사는 유아들이 자신의 개인 소지품을 챙길 수 있도록 안내하고, 소지품을 모두 정리한 유아는 함께 모이는 자리에 와서 앉도록 지도한다. 유치원 가방과 같이 항상 챙겨야 하는 물건이 있는가 하면, 경우에 따라 유아마다 챙겨야 할 소지품이 다른 경우도 있다. 따라서 이를 잘 기억할 수 있도록 교사는 유아들이 가정으로부터 가져오는 물건들이 무엇인지 날마다 세심하게 확인하고 목록을 메모해 두며, 귀가 시 이를 참고하여 잃어버린 물건 없이 귀가할 수 있도록 지도한다. 귀가 시간에 챙겨야 할 유아 개별 소지품의 예는 다음과 같다.

귀가시간, 깜박 잊은 것은 없을까?

- 유치원 가방
- 옷(외투, 모자, 목도리, 장갑 등)
- 우산
- 출석카드
- 투약보고서 및 먹이고 남은 약

- 도시락 용기
- 학급에 소개하기 위해 가정에서 가져온 물건
- 개인수첩
- 가정으로 보내는 안내문 등

---

2) 안내문 배부

유치원의 교육 안내 및 행사와 관련된 안내문은 발송 전날 유치원 가방에 넣을 수 있는 크기와 형태로 잘 접어서 바구니에 담아 준비해 둔다. 최근에는 온라인 도구를 활용하여 교육활동과 행사에 관한 안내문을 가정에 전하는 것이 일반적이다. 그러나 별도의 종이 안내문을 배부하는 경우도 있으므로 귀가 지도 시 유아들이 자신의 소지품을 챙겨서 모이면 유아의 이름을 한 명씩 부르면서 안내문을 나눠 주고 가방에 넣을 수 있도록 지도한다. 주간교육계획안은 일반적으로 매주 금요일 하원 시에 배부하므로 유아들과 함께 모이는 자리의 융판이나 칠판 근처에 미리 비치해 두어 눈에 잘 띄도록 하는 것이 좋다. 결석을 한 유아의 경우, 자칫 누락될 수 있으므로 안내문의 상단에 유아의 이름을 적어서 준비해 두고 다음 출석한 날 빠짐없이 챙겨 보낼 수 있도록 한다.

3) 하원 인사 나누기

유아들을 만나는 순간만큼이나 헤어지는 인사를 나누는 시간은 그날의 정서와 분위기, 기분을 결정하므로 중요하다. 헤어지는 시간의 좋은 기억은 유치원에 대한 긍정적인 느낌을 배가해 준다. 또한 밝은 표정으로 귀가하는 자녀의 모습을 보는 일은 부모의 마음에도 안정감과 만족감을 준다. 따라서 교사는 이 시간을 기쁘고 인상적인 시간으로 꾸미는 데 각별히 정성을 들여야 한다. 예를 들어, 유아들과 함께 그날의 가장 좋았던 일을 떠올려 보거나 어떻게 하면 내일 유치원에서 더 즐겁게 보낼 수 있을지에 대해 생각하면서 하루일과의 마침표를 찍을 수 있도록 돕는다.

4) 귀가 방법에 따라 유아 안내하기

종일반에 남게 되는 유아와 유치원 버스를 타고 귀가하는 유아, 도보로 귀가하는 유아를 구분하여 담당교사에게 안내한다.

(1) 종일반 유아

종일반 유아들이 해당 교실로 이동하도록 안내하며, 각 유아의 활동 및 특이사항이나 가정의 요청사항 등 필요한 정보를 종일반 담당교사에게 전달한다. 하루 중 귀가시간은 집으로 가는 유아들과 유치원에 남는 유아들이 나뉘어 생활 장면이 전환되고 다소 혼돈스러운 상황일 수 있으므로 교사는 예상되는 모든 안전사고에 각별히 유의해야 한다. 예를 들어, 유아들이 뛰거나 장난을 치면서 이동하다가 넘어지고 다치는 사고가 일어나지 않도록 종일반 유아들이 함께 모여서 천천히 이동하도록

지도한다. 또한 감독하는 어른 없이 유아들만 교실에 남는 일이 없도록 방과후 과정
이나 돌봄교실 담당교사에게 유아들을 인계하도록 한다.

(2) 통학버스로 귀가하는 유아

버스를 타는 유아들은 각 코스마다 정해진 장소로 모여서 버스가 출발하기 전까
지 안전하게 대기하도록 한다. 차량 지도교사는 유아들의 안전한 탑승을 위해 한 명
씩 천천히 버스에 오르고 자리에 앉는 것을 도우며 서두르거나 재촉하지 않는다. 차
량 지도 시 교사가 유의해야 할 사항은 다음과 같다.

차량 지도 시 이것만은 꼭!

- 안전하고 효율적인 차량 지도를 위해 교사는 편안한 복장 및 낮은 신발을 착용한다.
- 졸거나 맥없이 앉아 있는 모습을 보이지 않도록 유의한다.
- 유아들이 모두 차량에 탑승한 후 안전벨트를 하도록 지도하고 꼼꼼히 확인한다.
- 운행 중에는 창밖으로 손을 내밀지 않고 제자리에 앉아 있도록 지도한다.
- 정차 시 버스 문이 열리면 뒤에서 오토바이가 오는지 확인한 후 승하차 지도를
  한다.
- 정차하는 곳마다 반드시 몇 명의 유아가 승차·하차하였는지 기억할 수 있도록
  명단을 참고하여 확인해야 한다.
- 각 유아의 귀가동의서상의 보호자인지 확인 후 유아를 내려 보호자에게 인계한
  다. 보호자와 만나면 웃는 얼굴로 눈을 맞추고 밝고 다정한 음성으로 인사한다.
- 하차 후 길을 건너야 하는 유아는 교사가 함께 길을 건너 주고 돌아와서 출발한다.
- 하차 지점에 대기하여야 할 보호자가 없으면 유아를 하차시키지 않는다. 원으로
  다시 데리고 와서 보호조치를 하고 보호자에게 연락을 하여 유아가 안전하게 원
  에서 기다리고 있음을 안내한다.
- 승차 인원과 하차 인원의 수가 정확하게 일치하였는지 확인하여야 한다. 모든 유
  아가 하차하였는지 혹시 차량 안에 잠든 유아가 남아 있지는 않은지 꼼꼼히 확인
  하고 차량 지도를 마무리한다.

(3) 도보로 귀가하는 유아

걸어서 집에 가는 유아들은 유치원 버스가 출발한 후 담임교사 또는 담당교사가 인솔하여 안전하게 귀가할 수 있도록 지도한다. 길을 건너는 유아의 경우 반드시 교사가 함께 길을 건너가 안전한 위치에서 귀가하도록 한다.

가정으로부터 그날의 귀가 방법을 바꾸고 싶다는 요청이 있었을 경우(예: "오늘은 아빠가 데리러 갈 테니까 유치원 버스 태우지 말아 주세요."), 교사는 이를 잘 메모해 두었다가 귀가 시에 착오가 없도록 지도한다. 또한 유아를 데리러 오는 보호자가 갑자기 바뀐 경우에는 반드시 상황을 확인한다. 유아는 안면이 있는 주변 사람들을 쉽게 이모나 삼촌이라고 부르는 경우가 있으므로 약속된 보호자 이외의 사람이 유아를 데리러 왔을 경우, 보호자에게 사실을 확인하여 검증된 사람에게만 유아를 인계하도록 한다.

기분 좋은 귀가를 돕기 위한 아이디어

• 숫자를 알아맞혀 보세요.

함께 모여 앉은 자리에서 한 유아씩 앞으로 나오게 하여 교사가 검지손가락으로 등에 숫자를 써 주면 어떤 숫자인지를 유아가 알아맞히는 놀이로 등을 긁어 주는 것 같은 신체접촉을 통해 기분 좋게 귀가하도록 돕는 방법이다.

• 손등에 사인해 주세요.

한 유아씩 앞으로 나와 교사와 유아가 서로의 손등에 사인을 주고받는 놀이로 애정 어린 신체접촉을 통해 긍정적인 정서를 증가시켜 줄 수 있다.

• 노래 속에 누가 있을까?

교사가 노랫말 속에 유아의 이름을 넣어서 불러 주면 그 유아의 순서대로 귀가 준비를 할 수 있다. 예를 들어, 한번에 3~5명씩 이동할 경우에는 〈무슨 옷 입었니?〉와 같은 노래—무슨 옷 입었니? 무슨 옷 입었니? 오늘은 무슨 옷 입었니? 빨간색 옷 입은 사람 일어나, 빨간색 옷 입은 사람 걸어가—를 불러 주어 해당 유아가 이동하도록 도울 수 있다. 그런가 하면 유아 한 사람 한 사람의 이름을 노래로 불러 주면서 차례로 이동할 때에는 '선생님은 ○○를 사랑하고' '새 달력에 ○○ 생일이 들어 있다' 등과 같은 노랫말을 활용하는 것이 적합하다.

- 누구일까요? 입 모양을 보고 알아맞혀 보세요.

  교사가 유아의 이름을 호명할 때 일부분을 소리 내지 않고 입 모양으로만 보여 주어 누구의 이름인지 유아들이 알아맞히는 놀이다. 즉, 유아의 이름이 '김철수'일 경우 교사가 '김-철(입 모양만)'과 같이 이름의 첫 글자를 입 모양으로만 보여 주면 유아들이 나머지 글자를 추측하여 "김철수"라고 소리 내어 불러 준다. 유아들이 다른 또래유아들의 이름을 알고 활동에 익숙해지면 입 모양으로만 보여 주는 부분을 늘려 가면서 나중에는 이름의 모든 글자를 소리 내지 않고 입 모양으로 보여 주고 알아맞히는 놀이로 발전시켜 갈 수 있다.

- 이름카드 뒤집기

  교사가 준비된 이름카드 중 한 장을 뒤집은 다음 나온 유아의 이름을 모든 유아가 한 소리로 읽어 주고, 호명된 유아가 다음 유아의 이름카드를 차례로 뒤집는 릴레이 방식의 놀이다. 놀이에 익숙해지면 유아의 가족 이름카드로 변형하여 놀이를 진행할 수 있다.

- 재미있는 우리말놀이

  - 끝말잇기: 제시된 낱말의 마지막 글자를 이어서 새로운 낱말을 만드는 놀이다. 바나나-나비-비옷-옷걸이 등으로 말하기가 이어지는 활동이다.

  - 수수께끼: 교사나 유아가 수수께끼를 내면 정답을 알아맞힌 유아가 나와서 새로운 수수께끼를 내고 나머지 유아들이 차례차례 알아맞히는 방식으로 놀이를 진행한다.

  - '○' 자로 시작하는 말, '○' 자로 끝나는 말 등과 같은 말놀이를 한다.

- 칭찬스티커를 붙여 주세요.

  유아들과 하루 동안 있었던 일들을 회상하면서 유아들이 친구의 좋은 점을 찾고 생각하여 말해 주도록 격려해 준다. 칭찬받은 유아의 얼굴이나 손에 스티커를 붙여 주고 칭찬을 이어 가는 방식으로 놀이를 진행한다.

• 속닥속닥~ 세상에서 가장 행복한 비밀 이야기

교사가 유아 한 사람 한 사람에게 귓속말을 들려주는 놀이다. 칭찬해 주고 싶은
이야기나 사랑을 전하는 이야기로 귓속말을 해 준다. 이때 교사는 유아의 존재
자체만으로도 기쁘고 행복한 느낌이 잘 전달될 수 있도록 유아를 따뜻하게 감싸
안아서 귓속말을 해 주도록 한다.

7. 교실 정리정돈 및 청소

아직까지 유치원의 업무에 서툰 초임교사일 경우, 바쁘게 움직였음에도 불구하
고 효율적이지 못한 시간 관리로 어려움을 느낄 수 있다. 유아가 귀가한 이후 교사
가 퇴근하기 전까지의 시간은 그날 하루에 대한 정리정돈 및 평가, 다음 날을 위한
계획과 준비 그리고 유치원 공동 업무를 수행하는 차원에서 알차게 시간 관리를 해
야 한다.

1) 교실 청소: 먼지, 오염 부분 제거하기

교실 바닥과 책상을 깨끗하게 닦고 먼지를 제거하는 일은 그 공간에서 생활하는
유아와 교사의 건강을 위해 매우 중요하게 다루어져야 할 교사의 업무다. 따라서 교
사는 다음을 참고하여 효율적인 교실 정리 및 청소를 할 수 있도록 한다.

(1) 교실 청소

• 교실 창문을 활짝 열고 책상 위에 의자를 올리고, 바닥 깔개나 카펫은 청소기로
  먼지를 제거한 후 책상 위에 올린다.
• 빗자루나 청소기를 이용하여 바닥의 먼지를 제거한다.
• 깨끗이 빨아 놓은 대걸레로 바닥을 닦는다. 물기가 잘 마른 상태인지 확인 후

카펫과 의자를 정리한다.
- 의자를 내려서 책상 밑으로 넣어 정리한다.
- 손걸레로 책상, 의자, 교구장, 신발장에 쌓인 먼지를 닦는다.
- 마른걸레로 책상, 의자, 교구장, 신발장을 한 번 더 닦는다.
- 교실 안에서 유아의 손이 닿는 부분(칠판 테두리, 교실 문의 손잡이, 창틀 등)을 손 걸레로 닦아 먼지를 제거한다.
- 교실에 비치되어 있는 각종 교구의 먼지를 닦는다.
- 청소 도구를 정리한다(걸레는 깨끗이 빨아서 정해진 자리에 놓아둔다).

(2) 화장실 청소

- 양치 컵과 칫솔을 깨끗이 헹군 후 자외선 소독기에 넣어 소독한다.
- 비눗물을 묻힌 수세미와 솔을 이용하여 세면대와 변기를 닦고 물을 뿌려 헹군 후 마른걸레로 물기를 제거한다.
- 젖은 수건으로 거울을 닦고 마른걸레로 한 번 더 닦아 물기를 제거한다.
- 사용한 수건은 세탁물 통에 넣고 깨끗한 수건으로 교체하여 걸어 놓는다. 치약 의 남은 용량을 확인하여 필요하면 보충한다.

(3) 기타

- 에어컨이나 공기청정기의 필터는 월 1회 이상 청소한다.
- 정기적으로 대청소를 실시한다(주 1회).

2) 교실 환경 내 안전사항 확인하기

책걸상 모서리나 교구장 및 창틀 등에 못이나 가시가 있어 유아가 다치는 일이 발생하지 않도록 청소를 하면서 수시로 점검하고 확인하며, 필요한 경우 즉시 보수하도록 한다.

3) 놀잇감과 활동 자료 점검(보충)하기

교실 놀이장에 비치되어 있는 놀잇감의 상태를 매일매일 점검하여 부서지거나 망가진 부분에 대한 보수 작업을 실시하도록 한다. 또한 유아들의 놀이를 관찰한 기록을 토대로 놀이가 더욱 다양하고 풍성하게 확장되는 데 도움이 될 수 있는 놀잇감이 무엇인지 파악하여 준비한다. 놀이 재료를 보충해야 할 경우, 유치원에서 정해진 기간에 신청하여 불편이 없도록 처리한다.

4) 유아 개인 파일 관리 및 작품 전시

유아의 개인 파일(개인기록지, 평가서, 설문조사서, 상담일지, 유아발달 관찰기록지, 작품 모음집)에 추가해야 할 내용을 반영하여 그날그날 정리하여 밀리지 않게 한다. 또한 유아의 작품을 이용하여 교실 환경을 구성할 경우 계획한 내용에 맞게 각 유아의 작품을 정리하여 게시한다.

5) 교실에서 기르는 동식물 관리하기

교실에서 기르는 동물의 습성을 고려하여 동물 우리를 정리정돈해 주고 환경을 정비해 준다. 햄스터 우리에 톱밥을 새로 갈아 주거나 오염물을 치워 주고 좋아하는 장난감을 비치해 주는 것을 예로 들 수 있다. 또한 동물이나 식물의 영양 상태를 확인하고 필요한 조치를 취하도록 한다.

8. 일과 평가 및 내일 일과 계획

1) 일과 평가 및 일지 작성하기

일과의 마무리 단계에서 교사가 꼭 챙겨야 할 업무는 그날 하루에 대해서 평가를 하고 개선 및 환류 사항을 확인하는 것이다. 오늘 유아들이 흥미를 보인 놀이가 무엇인지, 놀이가 어떠한 방향으로 진행되었는지, 유아들이 놀이를 하면서 더 필요로 한 자료가 있었는지, 놀이 확장을 위해 필요한 자료를 충분히 지원했는지, 내일의 놀이가 어떤 방향으로 흘러갈지 예상해 보고 필요한 지원사항을 꼼꼼히 반성하는 작업은 다음 날의 일과 운영을 보다 효율적이고 알차게 하는 기초가 될 수 있기 때문이다.

교육과정 개정에 따라 교사가 미리 계획하는 방식이 아닌 하루일과를 자유로운 방식으로 기록하고 다음 날의 지원사항을 계획해 보는 형태의 일지를 작성하도록 한다. 일과 평가의 과정에서 교사가 고려할 점은 [그림 3-3]과 같다.

2) 내일의 일과 운영 준비하기

일과 평가 결과를 바탕으로 다음 날의 일과 운영에 반영할 사항을 정리한다. 특히 오늘 이루어진 유아 놀이 맥락에서 더 보충하고 지원해 주어야 할 사항을 확인하여 내일의 역할 수행 내용으로 반영하고 일과 운영을 위해 필요한 준비를 한다.

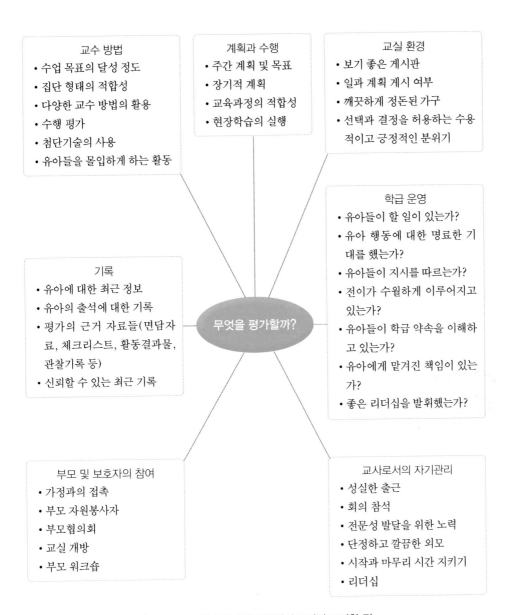

교수 방법
- 수업 목표의 달성 정도
- 집단 형태의 적합성
- 다양한 교수 방법의 활용
- 수행 평가
- 첨단기술의 사용
- 유아들을 몰입하게 하는 활동

계획과 수행
- 주간 계획 및 목표
- 장기적 계획
- 교육과정의 적합성
- 현장학습의 실행

교실 환경
- 보기 좋은 게시판
- 일과 계획 게시 여부
- 깨끗하게 정돈된 가구
- 선택과 결정을 허용하는 수용적이고 긍정적인 분위기

학급 운영
- 유아들이 할 일이 있는가?
- 유아 행동에 대한 명료한 기대를 했는가?
- 유아들이 지시를 따르는가?
- 전이가 수월하게 이루어지고 있는가?
- 유아들이 학급 약속을 이해하고 있는가?
- 유아에게 맡겨진 책임이 있는가?
- 좋은 리더십을 발휘했는가?

기록
- 유아에 대한 최근 정보
- 유아의 출석에 대한 기록
- 평가의 근거 자료들(면담자료, 체크리스트, 활동결과물, 관찰기록 등)
- 신뢰할 수 있는 최근 기록

무엇을 평가할까?

부모 및 보호자의 참여
- 가정과의 접촉
- 부모 자원봉사자
- 부모협의회
- 교실 개방
- 부모 워크숍

교사로서의 자기관리
- 성실한 출근
- 회의 참석
- 전문성 발달을 위한 노력
- 단정하고 깔끔한 외모
- 시작과 마무리 시간 지키기
- 리더십

[그림 3-3] 일과 평가의 과정에서 교사가 고려할 점

9. 전화 상담

유아들이 귀가한 이후 교사는 하루일과를 정리하면서 상담이 필요한 유아를 파악하여 부모와 전화 상담을 한다. 유아의 행동이나 기분, 사소한 사건 등에 대해 부모에게 정보를 전할 수도 있고 부모의 의견을 들을 수도 있다. 전화 상담은 부모와 교사의 필요에 따라 수시로 이루어질 수 있으며, 면대면 상담보다 시간이나 공간적 제약과 부담이 적다는 점에서 유용하다. 그러나 상대방의 얼굴이 보이지 않는 상황으로 인해 자칫 오해가 빚어질 수도 있다는 점에서 각별한 주의가 필요하다. 전화 상담을 실시할 때 고려할 사항은 다음과 같다.

1) 상담이 필요한 유아 파악하기

유아의 유치원 생활 및 발달에 대한 정보를 나누기 위해 정기적으로 유아의 부모와 전화 상담을 할 수 있도록 기본적인 계획을 세워 두는 것이 좋다. 매일 3~4명씩 전화 상담을 진행하되, 그날 문제가 있었던 유아의 경우에는 반드시 부모와 통화하도록 한다.

2) 전화 상담이 필요한 경우

전화 상담은 일상에서 교사와 부모가 유아교육에 대한 정보를 나누고 협의하는 가장 간편한 의사소통 방법으로 전화 상담이 필요한 경우 및 상담을 통해 주로 다루어지는 내용을 구체적으로 살펴보면 〈표 3-7〉과 같다.

표 3-7 전화 상담이 필요한 경우 및 상담 내용

전화 상담 사례	전화 상담의 구체적인 내용
유아의 긍정적인 행동이나 성취, 변화에 대해서 부모와 공유함으로써 유아를 지지해 주고자 할 때	선생님과 친구를 도와주거나 정리정돈을 잘하는 등 바람직한 행동에 대해 칭찬받은 경우, 새로운 친구를 사귀었거나 새로운 영역에 대한 관심을 표현하는 것, 놀이나 발표에 적극적으로 참여한 모습, 생일파티, 소풍, 현장학습 등에서의 긍정적인 행동 등에 대해 부모와 정보를 공유함으로써 연계교육의 효과를 기대할 수 있다.
일과 중 속상한 일이 있었던 유아에 관해 설명이 필요할 때	또래친구와 서로 의견이 맞지 않아 다투었거나 부적합한 행동으로 교사에게 꾸중을 들은 유아의 부모가 유아의 말만 듣고 상황을 오해하거나 서운해하지 않도록 전화 상담을 통해 구체적인 정보를 제공하고 가정의 협력을 요청한다.
부모가 관심을 가지고 궁금해하는 내용에 대해 실제적인 정보를 제공할 때	유아의 친구관계 등 부모가 궁금해하고 걱정하는 부분에 대해 학급에서 관찰 기록한 내용 및 교사의 지도 사례에 관해 구체적인 정보를 제공해 줄 수 있다.
집중적인 부모상담 및 가정 연계 지도가 필요할 때	기관 적응 및 식습관, 수업 중 부적절한 행동이나 기본생활습관 문제, 틱, 자위, 자해 등 개선이 필요한 행동이 반복적으로 관찰되어 부모와의 지속적인 상담이 필요하다고 판단될 경우, 전화 상담을 통해 지속적인 면담의 필요성을 설명하고, 부모의 의향을 확인한 후 향후 일정을 논의하도록 한다.
유아가 일과 중에 다쳤을 때	다친 정도가 경미한 경우에는 유아 하원 후 바로 부모와 전화 통화를 하여 다치게 된 상황 및 이후 처치에 대해서 설명하며, 필요한 경우 후속 조치를 취할 수 있도록 정보를 제공해 준다. 그러나 많이 다친 경우에는 곧바로 가정에 상황을 알려야 하며, 필요한 경우 응급처치를 한 후 병원 치료를 받도록 한다.
유아의 건강 상태가 좋지 않을 때	등원 시 유아의 건강 이상을 확인하였는데 가정으로부터 어떤 정보를 받지 못했을 경우, 일과가 시작되기 전에 부모와 전화 통화를 하여 유아의 건강 상태에 관한 구체적인 정보를 확인할 필요가 있다. 법정전염병에 해당되는 경우에는 지체 없이 부모와 연락하여 귀가 및 병원 진료를 받을 수 있도록 안내한다. 유아의 상태를 지속적으로 관찰하는 과정에서 발열이나 통증이 심해지는 경우에는 가능한 한 빨리 부모에게 알리고 후속 조치에 대해 의논을 하도록 한다.
가정에 협조를 구해야 할 사항이 있을 때	유치원행사(어린이날, 민속의 날, 소풍 등)에 학부모의 참여가 필요한 경우, 또는 진행되는 주제와 관련된 물건을 가정으로부터 수집하고자 할 때 가정통신문을 통한 협조 요청과 함께 전화 상담 시에도 홍보를 할 수 있다. 또한 유아가 유치원에 장난감, 사탕, 스티커 등을 가지고 오는 경우 학급 운영에 지장이 될 수 있음을 설명하고 가져오지 않도록 협조를 요청한다.

가정에 감사 인사를 전하고자 할 때	가정에서 주제와 관련된 물건 등을 지원해 주어서 유아가 친구들에게 소개하고 즐겁게 놀이했음을 알리고, 감사의 인사를 전할 수 있다.
가정의 요구에 관한 구체적인 정보를 얻고자 할 때	등원 시 유아의 가방에 약은 있으나 투약의뢰서가 없어 약의 보관방법이나 투약시간을 모르는 경우에는 즉시 해당 유아의 가정으로 전화를 하여 정확한 정보를 확인하도록 한다.
기타	• 유아가 결석했는데 결석한 이유를 모르는 경우 • 실내화, 칫솔, 빌려 간 책 등 준비물을 가지고 오지 않는 경우

3) 전화 상담 시 유의할 점

효과적인 전화 상담을 위해 교사가 유의해야 할 사항은 다음과 같다.

• 학기 초 유아의 적응과 관련된 관찰기록을 토대로 교사가 먼저 부모와의 전화 대화를 시도한다. 부모는 교사가 유아에게 관심을 갖고 있다고 생각함으로써 안정감을 느낄 수 있다.
• 반가움과 존중의 느낌이 담긴 어투와 억양으로 대화한다. 이때 교사 자신의 습관적인 어투로 상대방이 불쾌감을 느끼지 않도록 조심한다(예: 말꼬리를 흐리거나 반말처럼 말하는 것 등).
• 특정 유아의 가정에만 전화 상담이 집중되지 않도록 기본적인 계획을 세우고 균형을 유지하도록 한다.
• 부모와 주요 용건을 나눈 후에는 반드시 유아와 통화하여 교사의 관심과 사랑을 표현하도록 한다.
• 부모가 어떤 사항을 요구하는 경우 일단 수용적인 태도로 경청하고, 답하기 어려운 내용은 원장에게 보고 및 의논한 후 연락드리겠다고 한다.
• 부모와의 상담 내용은 반드시 상담기록부에 기록해 둔다.

10. 교사회의 및 공동 업무

교사가 자신에게 맡겨진 학급을 알차게 운영하는 것도 중요하지만, 유치원이라는 전체 조직의 운영이 원활하게 이루어지기 위해서는 교사들 간의 협력적인 유대가 매우 중요하다. 따라서 교사는 개인적인 업무와 전체 업무 수행을 위한 시간 계획을 체계적으로 세우고 이를 실천함으로써 균형을 유지할 수 있어야 한다.

요일별 주요 업무(예)

- 매일: 당직일지 기록(당직교사), 출근시간 기록, 업무일지(상담기록, 출결사항, 일화기록) 기록, 유아 출석카드 확인, 수업 준비와 평가, 각 교실 청소, 담당구역 청소, 조회
- 월요일: 전체 교무회의(교사실), 기본생활습관 지도
- 화요일: 홈페이지(SNS) 관리, 교구 제작 및 수업 준비
- 수요일: 연령별 교육협의회
- 목요일: 교육계획안 구성 및 보고, 물품 신청
- 금요일: 대청소, 홈페이지 관리, 주간 마무리 회의

1) 교사회의

전체 교사회의는 주 1~2회, 주로 월요일과 금요일 오후 시간에 이루어지며, 연령별 교육협의회 또한 주 1회 진행되는 것이 일반적이다. 유치원의 교육과정과 행사 운영에 관한 전달사항 안내 및 교육연구 진행 보고, 공동 공간 사용에 대한 스케줄 협의 등이 이러한 회의를 통해 이루어지게 된다. 회의 안건과 관련하여 협의되는 내용과 결정되는 사항을 꼼꼼히 기록하여 학급 운영 시 반영하도록 한다.

2) 자료 및 비품 관리

사용한 교재·교구는 다른 학급에서도 사용할 수 있도록 보관했던 자리에 신속히 가져다 놓고, 망가진 부분은 보수하여 원래의 상태로 복구해 놓는다. 또한 유치원의 모든 물품을 아껴서 사용하고, 필요한 자료나 비품은 정해진 기간에 맞추어 담당교사에게 신청하여 구입한다. 개인이나 유치원 정보가 담겨 있는 유인물은 파쇄기를 이용하여 확실히 폐기 처분하도록 한다.

3) 벽면 환경 구성 및 교구 제작

생활주제, 절기, 계절, 유아들의 흥미와 관련하여 벽면 환경을 심미적으로 구성하며, 교실 이외의 공간에 게시되어 있는 환경 구성물들이 훼손되거나 떨어져 있을 경우 즉각 복구하도록 한다. 많은 유치원에서 교육과정 운영에 필요한 교구를 교사들이 함께 협력하여 제작하는 날을 정하여 운영하고 있으며, 주로 금요일 오후 시간을 이용하여 공동 작업을 진행하는 경우가 많다. 따라서 교사는 개별 학급의 일정과 중복되지 않도록 계획을 조율하며, 공동의 일에는 반드시 참여하여 협력하도록 한다.

11. 퇴근 전 점검

출근시간을 지키는 것만큼 퇴근시간을 잘 지키는 것은 매우 중요하다. 퇴근 10분 전부터 화장을 고치거나 책상 위에 가방을 올려놓는 행동은 그날 하루 종일 교사가 애쓰고 노력했던 시간들을 무색하게 만들어 버릴 수 있다. 따라서 바쁘게 퇴근을 서두르기보다는 유치원을 나서기 전 확인해야 할 사항들을 꼼꼼히 챙겨 보고, 모든 것이 제대로 되어 있는지를 최종적으로 점검하여 하루일과 전체를 깔끔하게 마무리하도록 한다.

퇴근 전 교사가 점검해야 할 사항은 다음과 같다.

- 다음 날의 일과 운영에 대해 계획하였는가?
- 유아를 위한 놀이 자료 및 활동 자료를 준비해 놓았는가?
- 원장실에서 가져간 서류는 반납했는가?
- 냉 · 난방장치의 전원 장치를 차단하였는가?
- 수돗물 잠금 상태를 확인하였는가?
- 가스안전밸브 잠금 상태를 확인하였는가?
- 교실 및 활동실 창문의 잠금 상태를 확인하였는가?
- 소등하였는가?
- 방범안전장치를 확인하였는가?

활동 1

아침 모임시간에 유아들이 모이는 방법에 대해 김 교사와 이 교사는 다음과 같이 의견이 다릅니다. 만약에 내가 교사라면 어떤 방법을 선택할지에 대해 토의해 봅시다.

김 교사: 모이는 시간에 아이들이 여기저기 흩어져 앉으면 산만해 보이고 뒤에 앉은 유아는 앞이 안 보인다고 불평을 하거나 바로 앞에 앉은 유아와 싸우기도 해요. 모두 모여 이야기 나누는 중간에 자리를 옮겨 앉느라 방해 행동을 하기도 하지요. 시간도 오래 걸리고 유아들 간의 분쟁도 많기 때문에 자리를 정해 주는 것이 빨리 조용히 모일 수 있는 방법이라고 생각해요. 저는 모임 자리에 유아가 앉을 수 있도록 테이프를 붙여 놓고 자리를 정해 줘요. 그러면 자리를 고르는 데 드는 시간을 절약할 수 있거든요.

이 교사: 모이는 데 시간이 걸리더라도 유아들이 원하는 자리를 선택해서 앉아야 한다고 생각해요. 자기가 좋아하는 친구 옆에 앉을 수도 있고, 교사 가까이 앉을 수도 있고요. 만약 모이는 시간이 너무 오래 걸린다거나 여기저기 산발적으로 앉아 있다면 모이는 시간의 약속을 정해서 서서히 지도할

수도 있지 않을까요?

김 교사처럼 자리를 정해 주어 신속하게 모이도록 하는 것이 좋을지, 아니면 이 교사처럼 유아들이 자유롭게 자리를 선택해서 앉는 것이 좋을지에 대한 의견을 토의해 봅시다.

✿ 활동 2

유아들이 교사에게 의존하지 않고 하루일과를 스스로 할 수 있도록 그림과 간단한 설명을 적어서 벽에 붙여 놓을 수 있습니다. 아침시간 유아들이 스스로 해야 할 일의 목록을 만들고, 간단한 그림과 글을 적어 봅시다.

유아가 혼자 해야 할 일의 목록

책을 보면서 기다려요

(예: 책 보기에 대한 그림과 설명)

제4장

자유놀이

좋은 교사는 ······

1. 놀이의 교육적 가치와 의의를 이해하고 유아의 놀이를 존중하는 태도를 지닌다.

2. 유아의 놀이를 관찰하고 놀이를 지원 또는 확장한다.

3. 놀이 환경 제공자, 놀이 관찰자, 놀이 참여자, 문제해결을 위한 안내자로서의 교사의 역할을 한다.

4. 유아의 놀이과정을 평가하여 놀이 계획에 반영한다.

제**4**장

자유놀이

자유놀이는 유아가 자발적으로 선택하여 자신만의 방식으로 수행하는 배움의 역동적인 과정이다. 도전거리가 다양하고 실패에 대한 두려움 없이 주도적으로 참여하는 분위기에서 충분히 놀이할 수 있다면, 유아들은 놀이의 꽃을 활짝 피우며 즐겁고 행복한 시간을 보낼 것이다. 만일 스스로 원하는 놀이를 할 수 없게 되거나, 교사의 부적절한 개입으로 방해를 받게 된다면 유아들은 어떤 반응을 보이게 될까? 다음의 사례를 살펴보자.

만 4세 승연이가 미술영역에서 색종이를 오려서 연결하고 있다.

교사: 승연이 뭐 하는 거예요?

승연: (색종이 오리기를 멈추고 교사를 쳐다본다.)

교사: 승연이 만들기 해요?

승연: (고개를 좌우로 흔든다.)

교사: 아! 우리 비행기 접을까? 색종이 새것으로 하나 줄게.

승연: (색종이를 받아서 책상 위에 놓는다.)

교사: 승연아! 여기 봐. 반 접어 볼까요?

승연: (색종이를 두 손으로 잡고 있다.)

교사: (승연이의 손을 잡아 주며) 반 접어 보세요. 반 접어 주세요. (교사는 승연이의 종이를 가져다가 반을 접어서 다시 승연이 앞에 놓는다.)

교사: 다시 펴 보세요.

승연: (색종이를 펴고 교사를 본다.) ……중략……

교사: 승연아! 다른 거 또 접어 볼까요?

승연: (고개를 젓는다.)

교사: 다른 놀이 하고 싶어요?

승연: (고개를 끄덕인다.)

교사: 그럼, 다른 놀이 하러 가세요.

—미술영역에서의 교사의 놀이 개입

이 사례에서 교사는 유아의 놀이에 적극적으로 개입하며, 유아와 상호작용을 시도하고 있다. 유아에게 친절하면서도 존중하는 언어를 사용하고 있으므로 누가 보아도 유아에게 친절한 교사, 교육적인 교사라고 평가할 수 있을 것이다. 그러나 승연이는 교사를 어떻게 느끼고 있을까? 승연이의 시각에서 다시 이 상황을 해석해 보자. 자기 스스로 종이를 오려서 꾸미는 놀이에 집중하고 있는데, 색종이 접기를 권유하는 교사가 방해꾼처럼 느껴지지는 않았을까? 친절한 목소리와 청유형의 대화를 시도하지만, 승연이는 존중과 배려받는다는 느낌보다는 압박감을 느끼지 않았을까?

자유놀이가 유아에게 어떤 의미인지 잘 알고 있는 교사라면, 유아의 놀이를 지원할 때의 교사의 역할에 대해 숙지할 필요가 있다. 따라서 이 장에서는 유아교사의 놀이관찰과 놀이 지원을 중심으로 살펴보고자 한다.

1. 놀이의 가치

일반적으로 놀이란 유아가 실내 · 실외에 마련된 다양한 놀잇감과 자료를 선택하여 자신의 개별적인 흥미나 욕구에 따라 스스로 경험을 주도하는 과정을 말한다. 하루일과 중 놀이는 유아의 발달적 특성, 프로그램의 운영 철학과 내용에 따라 조금씩 다른 형태를 취하지만, 약 60분 이상의 시간을 배정하여 유아 스스로 충분히 몰입하도록 하는 것이 바람직하다. 시간이 짧으면 놀이가 중단되고 높은 수준의 사회인지적 놀이가 일어나기 어렵기 때문에 충분한 놀이 시간이 필요하다.

놀이는 유아가 자신의 흥미에 따라 학습 경험과 속도를 조절할 수 있는 가장 효과적인 배움의 과정이다. 타급 학교인 초 · 중등학교와는 달리 유아교육과정의 가장 두드러진 특징 중의 하나라 할 수 있는 놀이의 의의는 다음과 같다.

- 유아에 의한 자발적이고 능동적인 경험이다.
- 유아 개인의 흥미와 수준을 고려한 지원이 가능하다.
- 다양한 영역의 통합으로 유아의 전인적 발달이 가능하다.
- 또래와 협력하면서 대인관계의 기술을 획득할 수 있다.
- 놀이와 놀이 자료를 선택하여 놀면서 자율감과 책임감을 기른다.
- 자유로운 분위기의 놀이는 유아에게 가장 즐거운 경험을 제공한다.

이러한 중요한 의미를 가지는 놀이는 대부분의 유치원에서 하루일과의 많은 시간을 차지한다. 놀이는 유아의 개별적인 흥미와 욕구를 최대한 존중해 주는 시간이며, 유아의 능동적인 자기선택의 기회를 통해 자유로움과 즐거움을 느낄 수 있어야 한다. 이를 위해서 교사는 유아의 흥미를 면밀하게 관찰하고 지원할 수 있어야 하며, 유아의 놀이과정에 대한 반성적인 평가 등이 필요하다.

2. 놀이 관찰 및 계획

교사는 유아의 놀이에 대한 관심을 관찰하고 이를 확장하기 위한 놀이를 계획하여야 하며, 적절한 공간 및 자료를 지원할 수 있어야 한다. 교사는 놀이를 시작하기 전에 안전한 환경인지 살피고 위험한 요소를 제거하여 사고를 사전에 방지하여야 한다. 또한 청결, 채광, 환기, 조명, 실내온도 등이 위생적으로 잘 유지되고 있는지 살펴보아야 한다. 아울러 새로운 놀이 자료는 유아의 사전 경험 및 지식을 고려하여 유아가 흥미를 느낄 수 있도록 준비하되, 다양한 수준의 놀이를 유아가 선택할 수 있도록 한다.

놀이 시간에 유아는 놀이 영역, 놀이 자료, 놀이 친구, 놀이 방법을 자유롭게 선택할 수 있어야 한다. 필요한 경우에 교사는 유아들과 새로운 놀이 자료나 놀이 방법에 대한 이야기를 나눌 수도 있다. 이때 고려할 사항은 다음과 같다.

- 유아가 흥미를 보이는 새로운 놀이 자료의 이름, 방법과 안전 규칙 등을 대·소집단 또는 개별적으로 알아보도록 한다.
- 유아의 사전 경험과 자료의 특성을 탐색해 볼 수 있도록 한다. 놀이가 풍부해지려면 놀이와 관련된 경험이 필요하다. 놀이 및 놀이 자료 탐색 시 유아가 다양한 경험을 이야기할 수 있는 기회를 제공한다.
- 늦게 등원한 유아들이 놀이에 자연스럽게 참여하도록 개별적으로 놀이 공간을 탐색하고 흥미 있는 놀이를 선택할 수 있도록 한다.
- 놀이 공간과 놀잇감의 수를 고려하여 영역에서 놀이할 수 있는 인원수를 유아들과 함께 정할 수도 있다.
- 미술, 언어, 수·과학 등의 영역의 경우에는 유아들의 작품을 전시, 보관할 수 있는 공간에 대한 계획을 세워 유아들에게 안내하거나, 유아들과 의논하여 결정할 수도 있다.
- 놀이 시간에 교사는 유아의 작품에 이름을 적거나 제목 또는 내용을 받아 적어

줄 수 있다.
- 글씨 쓰기에 관심을 보이는 유아는 스스로 적을 수도 있으므로 용지와 쓰기 도구를 비치한다.
- 쌓기놀이, 역할놀이 등에서의 협력적인 놀이는 동영상이나 사진 자료를 남겨 유아들이 회상할 수 있는 자료로 활용한다.

3. 놀이 및 놀이 지원

놀이 시간에 교사는 유아들이 자신의 흥미에 따라 놀이를 선택하고 놀이에 참여하는지를 관찰하고 교사의 놀이 지원이 필요한지의 여부를 판단한다. 또한 유아들이 안전하게 놀이하는지의 여부와 또래 간의 갈등 없이 놀이에 집중하는지도 관찰한다.

교사는 유아의 놀이 환경과 자료에 대한 관심, 유아의 놀이 집중, 놀이 수준, 놀이의 주제, 또래관계 등을 관찰하여 놀이가 확장되도록 한다. 유아의 놀이를 지원하기 위하여 교사에게 요구되는 역할을 살펴보면 [그림 4-1]과 같다.

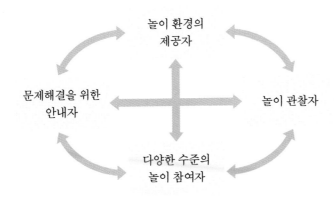

[그림 4-1] 놀이 지원을 위한 교사의 역할

1) 놀이 환경 지원

유아의 놀이 환경은 놀이에 가장 큰 영향을 주는 요인이다. 교사는 유아의 놀이가 더욱 창의적으로 심화, 확장되는 데 필요한 자원과 공간 활용을 포함한 물리적 환경을 지원한다. 또한 교사는 유아가 자신의 흥미에 맞는 놀잇감과 자료들을 주도적으로 발견하고 자신만의 방식으로 통합하여 활용할 수 있도록 독려한다. 유아들의 역동적인 놀이 상황에 따라 필요한 공간과 재료 등이 다를 수 있으므로 교사는 유아의 놀이 흐름을 잘 관찰하고 요구되는 놀이 환경을 적절하게 지원할 수 있어야 한다. 유아의 놀이를 지원하고 확장하기 위하여 교사가 고려할 사항은 다음과 같다.

- 놀이를 위한 충분한 공간이 확보되어 있는가?
- 유아의 발달에 적합한 놀이 자료를 제공하였는가?
- 유아의 생활 경험과 흥미를 고려한 놀이 환경인가?
- 유아가 단순한 탐색과 기능의 반복에서 벗어나 점차 심화된 놀이를 할 수 있는 자료인가?
- 놀이 공간은 유아들의 놀이 흐름이나 유아들의 제안에 의해 통합 또는 축소, 확장되는가?
- 교실의 놀이 공간 외에도 유치원의 다양한 공간을 놀이의 환경으로 지원하는가?
- 놀잇감은 유아 스스로 정돈할 수 있도록 배치되었는가?
- 성, 장애, 인종의 차별이 없는 놀이 자료와 환경을 지원하는가?
- 장애를 가진 유아도 자신의 발달 수준에 적합한 놀이가 가능한 환경인가?

놀이 환경 구성 시 고려사항

- 쌓기놀이: 다양한 블록과 소품을 구비한다. 유아들이 주로 앉아서 활동을 하므로 매트나 카펫을 깔아 보온을 유지하고 소음을 방지하도록 한다. 가급적 습기가 없는 곳에 배치한다. 무겁고 큰 쌓기 블록은 교구장의 아래쪽에 두며, 위로 갈수록 가볍고 크기가 작은 쌓기 블록을 바구니나 상자에 보관하여 이용이 용이하도록 한다.

- 역할놀이: 유아 주변의 생활환경을 옮겨 놓은 듯 편안한 분위기에서 놀이가 자연스럽게 일어나도록 한다. 유아 간의 상호작용이 많고, 움직임이 많은 놀이이므로 가급적 여유 있고 넓은 공간을 확보한다. 유아들의 가작화를 위해서 일상생활 용품, 주제와 관련된 소품, 동화·동극의 자료 등 다양한 놀잇감을 제공한다. 정리 정돈이 용이하도록 교구장에 소품별 사진이나 밑그림을 그려 부착하거나 같은 놀잇감끼리 바구니에 담아 정리하도록 한다.

- 미술놀이: 생활 속에서 예술 표현과 감상의 욕구를 가지게 하는 모든 매체는 미술 활동의 재료가 된다. 기본적 미술재료, 자연물, 재활용품 및 기법과 특성에 따른 새로운 미술재료들을 체계적으로 정리정돈해 두어서 유아들이 손쉽게 재료들을 탐색, 활용하여 표현에 몰입할 수 있도록 한다. 명화를 감상하거나 친구의 작품을 감상할 수 있는 전시공간을 확보하고, 미완성된 작품을 보관하는 장소도 마련한다. 미술활동을 하기 전후에 유아 스스로 정돈하는 것이 용이하도록 정리의 방법과 경로를 안내하는 표시와 물품이 필요하다.

- 음률놀이: 소리탐색, 악기놀이, 음악감상, 동작표현 등이 이루어지므로 가급적 정적인 활동영역과 다소 구분되어 떨어진 곳에 둔다. 리듬악기, 관악기, 건반악기 및 전통악기 등 악기의 특성과 종류를 고려하여 제공하며, 미디어 기기와 스피커 등의 음악감상을 위한 기기들도 배치한다. 자신의 동작표현을 볼 수 있는 안전 거울과 리듬막대, 스카프, 신체 표현을 돕는 소도구 등을 비치하여 유아들의 창의적 표현을 독려한다.

- 수 · 조작놀이: 소근육의 협응력 발달, 수학의 기초 개념을 탐색하는 영역으로 가급적 소음이 적고 유동이 적은 조용하고 한적한 곳에 위치하는 것이 바람직하다. 논리수학적 사고를 촉진할 수 있는 게임, 과제완성형 교구와 활동 등을 제공하여 수학적 경험(수, 연산, 분류, 도형, 패턴, 측정, 통계 등)을 할 수 있도록 한다. 또한 퍼즐조각, 게임 카드, 주사위 등의 자료들이 분실되지 않도록 교구별 구성요소, 사용 방법 등을 표기하여 유아들의 정리습관 형성을 돕도록 한다.
- 과학놀이: 햇볕이 잘 들고 밝으며 조용한 곳에 식물을 키우거나, 동물의 경우에는 습성을 고려하여 환경을 구성하는 것이 바람직하다. 계절과 주제에 따라 호기심을 가지고 관찰하기, 실험하기, 책에서 정보 검색하기 등을 위한 환경을 구성한다.
- 언어놀이: 유아의 생활경험과 관련된 듣기, 말하기, 읽기, 쓰기의 네 가지 범주의 놀이와 활동이 통합적으로 이루어질 수 있도록 구성한다. 유아들의 언어 자신감을 고취하고 의사표현 능력을 향상시킬 수 있는 발음 연습하기, 낱말과 문장 만들기, 읽기 자료 및 쓰기 도구와 자료 등을 구비한다.
- 책 보기: 유아들이 직접 채광보다는 간접 조명으로 조용한 곳에서 책 읽기에 몰입할 수 있도록 한다. 책꽂이는 벽 쪽에 붙여 쓰러질 위험이 없도록 하며, 책의 크기, 내용 및 성격에 따라 책을 비치하고, 유아들의 정리정돈이 용이하도록 한다. 유아들이 즐겨 읽는 책의 작가나 책을 소중히 다루도록 하는 내용의 약속을 벽면에 게시하여도 좋다.

2) 놀이 관찰

유아의 놀이를 확장하고 발전시키기 위해서 교사는 놀이를 관찰하여야 한다. 관찰을 통해 놀이 확장을 위한 지원의 순간을 포착할 수 있기 때문이다. 교사는 유아가 흥미를 보이는 놀이의 유형, 놀이의 주제와 놀이 기술 등을 관찰하여 교육과정 운영과 개별 유아를 이해하기 위한 근거 자료로 활용할 수 있다. 유아 관찰 시 교사는 일화기록법, 체크리스트, 평정 척도법, 사진자료 등을 적절하게 사용하여 관찰한다.

　교사는 진행되는 주제와 관련하여 계획한 놀이에 대한 유아의 흥미와 놀이 진행과정을 관찰할 수 있다. 이때 교사는 주제에 대한 유아의 관심과 흥미를 파악하고 유아가 알고 있는 지식과 기술이 놀이에 어떻게 반영되어 나타나는지 관찰하여 교육과정 구성을 위한 기초로 삼아야 한다. 교사는 주제와 관련성은 없으나 개별적인 유아의 관심과 흥미에 의해 발현되는 놀이를 관찰하고 유아의 놀이가 지닌 의미를 분석할 수 있어야 한다. 유아에 의해 제안된 놀이 관찰의 자료는 다음 날의 놀이 계획의 근거가 되기도 한다.

　또한 교사는 놀이를 통한 유아의 변화와 진보의 과정을 관찰할 수 있어야 한다. 관찰은 모든 놀이 공간에서 할 수 있으며 교사는 유아의 현재 발달 수준과 능력에 대해 이해에 근거하여 성장의 증거를 관찰하도록 한다. 예를 들어, 미술영역에서는 그리기 발달 수준이나 소근육 협응 능력을, 쌓기놀이영역에서는 공간 개념을, 언어영역에서는 문해 능력을, 수·과학영역에서는 수 개념을, 역할놀이영역에서는 사회적 기술을 관찰하여 유아의 변화를 분석할 수 있다. 다음은 놀이 관찰자인 교사가 유의해야 할 사항들이다.

- 놀이는 교실의 전 공간에서 활발하게 일어나고 있는가?
- 모든 영역에서 안전하게 놀이가 진행되고 있는가?
- 놀이에 필요한 놀잇감, 자료들이 충분한가?
- 유아는 스스로 선택하고 놀이에 집중하는가?
- 또래와 함께 놀이하는가? 주로 혼자 놀이하는가?
- 하나의 놀잇감만 가지고 노는가? 다양한 놀잇감을 선택하여 노는가?
- 또래와 갈등을 어떻게 해결하는가?
- 놀이과정의 문제를 해결하기 위하여 노력하는가?
- 놀이를 통하여 유아는 몰입, 호기심, 탐색과 탐구, 협력 등을 경험하는가?
- 유아는 놀이를 통하여 누리과정의 5개 영역의 어떠한 경험을 주로 하는가?

3) 놀이 참여

유아의 놀이는 유아의 자발적 배움의 과정이기도 하다. 교사는 주의 깊은 관찰뿐만 아니라 관찰에 기초한 사려 깊은 놀이 참여를 할 수 있어야 한다. 유아는 교사 곁에서 병행놀이를 할 수도 있고, 교사와 함께 극화놀이를 할 수도 있다. 교사는 사물의 가작화, 상황의 가작화, 역할의 가작화 등의 전략으로 놀이 지원을 해 줄 수도 있다. 교사가 유아의 놀이에 참여하는 목적을 살펴보면 〈표 4-1〉과 같다(Trawick-Smith, 2010).

앞서 설명한 바와 같이 유아의 놀이를 성공적으로 지원하기 위해서는 우선적으로 놀이 상황을 잘 관찰하여야 한다. 놀이 참여자의 욕구, 놀이의 주제, 놀이의 수준, 놀이의 맥락과 전개 양상 등의 파악은 관찰을 통해서 더욱 분명해진다. 놀이 지

표 4-1 교사가 유아의 놀이에 참여하는 목적

목적	예시	비고
유아의 놀이 참여와 사회적 기술 증진	교사: 우리 같이 밥 먹자. 계란말이랑 오징어 맛있겠다. 유아: 좋아요.	놀이 참여 제안하기
유아의 놀이 기술 증진	교사: 불이야! 여기 불! 불이야! 도와주세요. 여기 호스가 있어요. 좀 잡아 줄래요? 유아: 좋아요. 지금 물을 뿌릴게요!	가작화
학습의 결정적 순간으로 이용	교사: 네가 그 큰 블록을 위에 놓으면 어떤 일이 일어날까? 유아: 쓰러질까요? 교사: 어머나! 어떻게 되었니? 유아: 제 생각에는 너무 큰 것을 놔서 쓰러진 것 같아요.	유추와 추론
개별적인 접촉 갖기	유아: 자, 이제 우리는 이혼놀이 한다고요. 선생님은 우리하고 따로 사는 아빠예요. 어린 딸을 보려고 멀리서 왔어요. 교사: (유아의 놀이에서 표현되는 염려와 불안에 대해 주의 깊게 듣는다.)	애착 형성

출처: Trawick-Smith (2010).

원의 적절한 순간을 포착하기 위해서 교사는 유아들의 놀이 관찰자로서 자연스러운 주변인이 되어야 한다.

관찰하여 얻은 정보를 통해 유아들의 놀이에 어떻게 지원할 것인지 지원의 유형을 결정해야 한다. 농구경기장에서 코치가 선수들에게 경기를 지도하는 것처럼 놀이자로 참여하지 않고 놀이 밖에서 유아들의 놀이를 위한 제안과 설명을 한다면 이는 외적 개입에 해당한다. 예를 들어, 처음에 시작된 유아들의 병행놀이가 서로 연결되어 사회적 놀이 수준이 증진되도록 배려하는 것을 들 수 있다.

이와는 반대로 유아의 놀이에 참여하여 놀이에서 필요한 역할 중 하나를 맡을 수도 있다. 이는 교사의 모델링으로 유아들이 새로운 기술을 습득하도록 돕는 데 매우 효과적이지만, 잘못 개입하면 유아들의 놀이를 방해하거나 놀이를 와해시켜 끝나게 할 수 있다는 무리가 따른다.

성공적 놀이 지원은 무엇보다 교사가 유아들의 놀이를 가치 있게 여기며 놀이를 수용적으로 대하는 태도를 가져야 한다. 유아들이 원할 때는 기쁘게 동참하여 놀이의 상대 역할을 해 주어야 한다. 성인의 권위를 내려놓고, 교사는 놀이 친구가 될 적절한 순간을 포착해야 한다. 예를 들어, 유아가 가작화의 역할에서 벗어나 있을 때, 문제해결을 위해 놀이가 중단되었을 때, 다음에 무엇을 할지 유아들이 의논하고 있을 때를 들 수 있다.

아울러 유아들의 놀이가 단절되지 않고 풍부하게 일어나게 되면 교사는 점진적으로 놀이 장면에서 후퇴하여야 한다. 유아들의 놀이에서 교사가 성공적으로 빠져나오기 위해서는 교사의 놀이 이탈이 놀이 해체로 이어지지 않도록 해야 한다. 유아들끼리 보다 집중적으로 상호작용할 수 있도록 격려하면서 자연스럽게 빠져나와야 한다. 또한 유아들끼리 놀이에 몰입하여 놀이가 일어난다면 아무 말 없이 빠져나오는 것이 바람직하다. 교사의 역할이 축소되도록 다른 가작화로 전환하여 놀이를 이어 가는 것도 좋은 전략이 될 수 있다. 그러나 유아들이 "선생님, 가지 마세요!"라고 반대한다면, 놀이에서 나가는 이유를 설명하면서 유아들끼리도 놀이가 재미있게 이루어질 수 있다고 격려하고 당분간 관찰자로 있으면서 관심을 보이도록 한다.

4) 문제해결 지원

놀이과정에서 유아들이 교사에게 도움을 요청하면 무슨 일이 있었는지 먼저 상황을 살피고 유아들의 의견을 들어 본 후 교사의 도움이 필요한지를 판단한다. 그러나 또래 간 갈등이 발생할 때마다 교사가 해결해 주면, 유아는 더 이상 자신들 스스로 문제를 해결하도록 노력하기보다 교사에게 해결을 요청하거나 교사의 지시를 따르려는 수동적 습관을 형성하게 된다.

놀이 시 일어나는 갈등 상황을 예방하기 위해서는 사전에 자율적인 규칙을 정하는 것이 좋다. 또한 유아 간의 다툼이나 문제 상황이 일어나지 않도록 발달 특성을 잘 파악하고, 충분한 놀잇감 및 교구·교재를 마련해 주는 등 사전에 예방을 하는 것이 바람직하다.

놀이 시 문제나 갈등이 생기면, 안전을 위해 유아들이 물리적으로 일정 거리를 유지하게 하고 함께 이야기를 나눈다. 무엇보다 갈등해결 과정에서 교사가 온화한 모습과 마음의 평온을 유지하는 것이 중요하다. 교사가 유아 간의 다툼이나 문제 상황에 개입하는 문제해결 과정에서 객관적 중재자로서 고려할 점은 다음과 같다.

- 유아가 타인의 입장을 이해하고 자신의 행동을 되돌아볼 수 있는 상호작용을 한다(예: "친구가 울고 있네. 아픈지 물어볼까? 얼마나 아프니?").
- 유아들이 자신의 입장을 이야기하고 상대방의 이야기를 들을 수 있는 기회를 제공한다(예: "저런, 다투었구나! A도 B도 모두 속상하구나. 선생님과 함께 이야기해 보자." "A는 무엇을 하려고 했니?" "B는 무엇을 하려고 했니?" "B야, A의 기분이 ~것 때문에 나빴겠구나." "A야, B는 ~해서 화가 난 것 같지?" "그럼 이제 어떻게 할까?" "너희끼리 의논해 볼까? 선생님도 같이 의논할까?").
- 바람직하지 못한 행동이나 갈등 상황에서는 유아가 스스로 긍정적으로 해결할 수 있는 대안을 제시한다(예: "어떻게 하면 기분이 좋아질까? 그럼 우리 이렇게 하는 건 어떨까?").

놀이 관찰 및 지원 팁

- 유아들이 서로 컴퓨터를 하려고 다투거나, 한 유아만 놀이를 계속하려고 해요.
  - 놀이시간과 순서를 함께 정한다.
  - 목록을 만들어 차례대로 놀이를 할 수 있도록 한다.
  - 모래시계와 같은 도구를 사용하여 정해진 시간 동안 놀이를 할 수 있도록 한다.
  - 약속한 시간이 지나면 다른 유아에게 자리를 비켜 줄 수 있도록 안내한다.
- 놀잇감을 빼앗고 싸워요.
  - 먼저, 유아들의 놀이를 멈추게 한 다음, 두 명의 이야기를 차례로 듣는다.
  - 이야기를 듣고 난 후 유아들의 감정을 공감해 준다.
  - 문제의 원인, 상황, 해결책에 대해 이야기를 나누고 같이 해결하도록 돕는다.
- "넌 안 시켜 줄 거야!"라고 말하며 놀이에 참여시켜 주지 않아요.
  - 유아를 왜 놀이에 참여시켜 주지 않는지 상황을 관찰한다.
  - 교사는 거절을 당한 유아에게 놀이에 참여하려면 어떻게 해야 하는지 물어본다.
  - 교사가 유아들에게 친구를 못 들어오게 한 이유에 대해서 물어보고 유아들의 이야기를 듣는다(예: 파티에 오려면 초인종을 누르고 허락을 받고 들어오기로 했는데, 민수가 벽을 넘어서 그냥 들어오려고 했기에 같이 놀이하지 않으려고 했다).
  - 거절당한 유아에게 그 이유에 대해 설명하고 유아들이 정한 규칙대로 놀이를 해 본다.
  - 또래들과의 놀이 규칙을 지키는 것의 중요함을 이야기 나눈다.
- 또래들과 함께 놀이하지 않고 교사의 뒤만 따라다니며 떨어지지 않으려고 해요.
  - 유아가 놀이의 기술이 부족해서인지 유아의 기분이 좋지 않아서인지 아니면 또래와 상호작용하는 것에 어려움을 느껴서인지 관찰한다.
  - 유아가 흥미를 보이는 놀이를 함께 시작하다가 또래와 함께할 수 있도록 상호 작용한다.

- 모든 것을 교사에게 해 달라고 요구해요.
  - 유아가 어려워하는 부분이 어떤 것인지 먼저 확인한다.
  - 유아의 발달상 어려울 수 있는 부분이라면 교사가 모델링을 보여 주거나 교사가 함께하면서 도움을 준다.
  - 유아가 모든 것을 교사에게 의존하는 경우에는 스스로 할 수 있도록 상호작용해 주며, 또래와 어울릴 수 있는 놀이를 소개하고 함께할 수 있도록 격려한다.
- 놀잇감으로 칼 등을 만들어서 위험한 놀이를 해요.
  - 유아들에게 블록을 사용하여 칼싸움을 하면 그 놀잇감으로 다른 친구들이 다칠 위험이 있다고 이야기한다.
  - 유아들의 흥미를 끌 수 있는 병정놀이 장난감을 배치하여 유아들의 시선을 안전한 놀잇감으로 대체하도록 한다.

4. 놀이의 마무리

한창 놀이에 열중하고 몰입한 유아들에게 놀이의 종료를 알리고 정리정돈을 하도록 지도하기는 쉽지 않다. 그러나 유아들은 시작한 놀이는 마무리가 있음을 매일의 일과 속에서 경험하여야 한다. 또래와 협력하며 정리정돈을 하도록 하면 더욱 즐겁게 책임 있는 행동을 배우게 될 것이다.

정리정돈은 개별적인 것과 전체적인 것으로 나눌 수 있다. 개별적인 정리정돈은 일과 중에서 정해진 규칙에 따라 자기가 하던 작업이나 놀이를 끝내고 다른 놀이로 이동할 때 앞서 했던 놀이와 교구를 자리에 정돈하여 다른 친구가 그 놀이를 불편함 없이 할 수 있게 하는 것을 말한다.

전체적인 정리정돈은 놀이에 참여하던 모든 유아가 함께 정리하는 것이다. 유아들은 놀이에 전념하고 몰두한 가운데 정리정돈의 시간이 되면 매우 아쉬워하며, 정리정돈을 좀 더 뒤로 미루어 줄 것을 요구하기도 한다. 교사는 놀이 중에 정리시간을 미리 알려 주거나, 왜 놀이를 마무리 지어야 하는지 설명해 주어야 한다. 교사는 정리정돈의 방법을 시범 보이며 안내한다.

정리정돈 시 교사가 유아들에게 정리정돈을 명령하고 시키는 권위주의적인 태도를 가지는 것은 바람직하지 않다. 교사도 유아들과 마찬가지로 학급의 한 구성원이자 놀이 파트너로서 놀이의 정리정돈도 충실히 하는 모델링을 보여 주는 것이 효과적이다.

교사는 놀잇감을 종류별로 분류하게 하기, 놀잇감의 자리를 기억하는지 묻기, 놀잇감의 짝을 지어 주게 하기, 노래를 부르며 정리하기, 유아의 정리하는 행동을 읽어 주는 말을 하기, 얼마큼 정리가 되었는지 피드백 해 주기 등의 여러 가지 전략을 사용할 수 있다.

유아 스스로 정리정돈을 하는 습관을 기르도록 하기 위하여 쓰레기통, 빗자루 등 필요한 물품을 한곳에 마련해 두는 것이 좋다. 정리할 것이 많은 놀이의 경우에는 놀이 마무리하기 5분 전쯤 미리 정리정돈을 할 것을 알려 주어 진행 중인 놀이를 마

표 4-2 | 정리정돈 시 유아의 행동과 교사의 상호작용 전략

유아의 정리정돈 행동	교사의 상호작용 전략
• 자신이 하던 놀이를 마무리하기	• 놀이를 더 하고 싶은 욕구 인정하기
• 같은 종류의 놀잇감을 모으기 • 바구니에 해당 놀잇감을 담기	• 놀잇감의 색깔, 크기, 형태 등을 인식시키기 • 바구니 표시와 놀잇감의 대응을 인식시키기
• 정리 신호에 반응 보이기 • 정리 노래 부르기	• 정리시간이 더 필요할 경우 미리 알리기 • 정리 노래의 가사와 음악의 의미를 공유하기
• 완성(미완성)한 작품을 정해진 곳에 두기	• 유아가 작품에 부여한 의미 공유하기
• 책상과 의자를 정리하기	• 물리적 현상에 대한 지각력 높이기
• 자료와 물건을 제자리에 두기 • 뚜껑이나 놀잇감 세트 맞추기	• 시범 보이기 • 귀결을 경험시키기
• 놀이 영역의 이름표 정리하기	• 자기 인식 및 자기 물건 소중히 다루기 지도
• 자유놀이 평가하기	• 계획과 실행의 비교하기 • 평가의 근거 확인하기

무리하도록 안내한다. 유아가 완성한 작품은 전시할 공간을 마련해 주거나 개인 사
물함에 정리하도록 하고, 완성하지 못했을 경우는 다음 날 연계하여 놀이할 수 있도
록 격려한다. 놀이를 더 하고 싶어 하는 유아에게는 그 마음을 공감해 주고, 다음에
언제 놀이를 할 수 있는지 이야기를 해 준다.

〈표 4-2〉는 유아들이 정리정돈을 할 때 보이는 행동과 이에 대한 교사의 상호작
용 전략을 보여 준다.

정리정돈을 위한 팁

• 정리시간 알리기
  예: 시계를 가리키며 정리할 시간을 알린다.
• 정리 노래 들려주기
  예: 정리정돈 할 시간을 알려 준 뒤 시간이 되면 노래를 들려주어 유아들이 스스
      로 정리하도록 한다.
• 정리할 영역 나누기
  예: 자신이 놀이했던 영역을 정리하도록 한다. 또는 정리가 오래 걸리는 영역(미
      술, 쌓기 등)은 서로 도울 수 있도록 안내한다.
• 정리 짝 정하기
  예: 정리를 위해 협력할 친구를 선택하여 짝이 되어 정리하도록 한다. 두세 명의
      유아가 한 영역을 맡아 정리해 보도록 한다.
• 정리 도구 정하기
  예: 자신이 정리할 때 필요한 도구와 용품(빗자루, 쓰레받기, 손걸레, 쓰레기통,
      바구니, 상자 등)을 정하여 정리하도록 한다.

5. 놀이의 평가

교사는 유아가 자신의 놀이 경험을 회상하며 이야기해 보도록 한다. 교사는 다음과 같은 내용으로 유아들의 평가를 도와줄 수 있다.

- 특별히 어떤 놀이가 즐거웠는가?
- 놀이를 통해 새로이 알게 된 점이 있는가?
- 놀이를 하면서 규칙이 필요하다고 느낀 적이 있는가?
- 친구들에게 소개하고 싶은 작품이나 이야기 소재가 있는가?

놀이 평가는 다양한 방식으로 전개할 수 있다. 매일 하는 놀이 평가의 시간은 자칫 유아들에게 지루한 시간일 수 있다. 그러므로 평가의 방법을 다음과 같이 다양하게 적용해 볼 수 있다.

- 함께했던 놀이에 대해 친구들과 함께 토론하기
- 얼굴 표정 그림카드로 놀이에 대한 느낌 표현하기
- 교사가 놀이시간에 찍은 사진을 함께 보며 어떤 놀이였는지 소개하기
- 다음 놀이를 위해서 필요한 것을 이야기해 보기

이와 같은 방법으로 교사는 유아들과 함께 놀이를 평가하고, 이를 기록·분석하여 다음 날의 놀이 계획의 기초 자료를 구한다.

활동 1

  우리들은 종종 놀이 시간에 교실을 뛰어다니거나 복도에서 잡기놀이를 하는 유아들을 만나곤 합니다. 왜 이 유아들은 교실에 마련된 놀이를 하지 않고 교실을 탈출하여 아웃사이더로 지내려 하는 걸까요? 유아들이 진정으로 원하는 자유는 무엇일까요? 이에 대해 토론해 봅시다.

 활동 2

  놀이 시간에 유아들에게 놀이를 하라고 한 후 자신의 일을 하는 교사들이 있습니다. 행사 알림판을 꾸미거나, 생일잔치를 위한 카드를 만들거나, 교구를 수리하거나, 유아들의 작품을 전시하거나 하는 등의 업무를 하는 교사가 있습니다. 놀이 시간은 교사의 자유시간 혹은 다른 업무를 하는 시간입니까? 이러한 교사의 행동이 가지는 문제점은 무엇인지 토론해 봅시다.

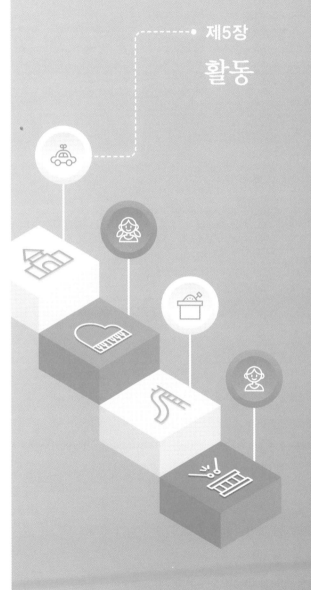

제5장

활동

좋은 교사는 ……

1. 유아 중심·놀이 중심 교육과정에서 활동이 갖는 의미와 교육적 가치를 이해한다.

2. 놀이를 지원하기 위해서 유아의 흥미와 욕구, 의도를 고려하고 놀이 맥락 안에서 활동을 계획한다.

3. 활동을 운영할 때 유아가 주도하는 놀이의 내용과 연계하여 유아가 즐겁게 배울 수 있도록 지원한다.

4. 유아의 놀이가 자신이 계획한 활동과 다르게 이루어지더라도 유아의 놀이를 존중하여 자율적 판단에 의해 계획된 활동을 변경할 수 있다.

제**5**장

활동

활동은 놀이를 지원하기 위해서 교사가 유아의 흥미와 욕구, 의도를 고려하고 놀이 맥락 안에서 계획을 실행하는 것으로 유아가 놀이를 통한 배움을 확장해 갈 수 있도록 돕는 교사의 지원이다. 활동이 유아의 흥미와 욕구를 반영하여 놀이 맥락 내에서 이루어지고 여기에 즐거움이 더해진다면 이전 놀이를 확장시키거나 유아에게 새로운 놀이로의 출발점이 될 수 있다. 따라서 교사는 유아가 주도하는 놀이를 지원하기 위해 필요에 따라 활동을 계획하여 운영할 수 있다.

활동은 유아들이 대집단 혹은 소집단으로 함께 모여서 다양한 형태로 이루어지며 교사는 활동의 종류, 일과 운영, 교사 대 유아의 비율 등을 고려하여 대집단으로 활동할지 소집단으로 활동할지를 결정하게 된다. 활동은 자유놀이에 비해 교사 참여가 크지만, 유아들이 적극 참여하여 아이디어를 교환할 수 있도록 하고, 유아 스스로 놀이와 연계된 활동으로 놀이를 확장·심화시킬 수 있는 기능을 한다. 특히 대집단활동은 유아에게 공동체를 경험하면서 집단 속에서 질서와 규칙을 지키며 다른 사람을 배려하고 협동하는 것을 배울 수 있는 기회를 제공하며 소집단활동은 대집단에 비해 유아가 활동에 집중하면서 적극적으로 활동할 수 있는 기회를 제공하

는 장점이 있다. 따라서 교사는 담당 유아들의 특성과 놀이를 반영하여 놀이가 확장
되거나 새로운 놀이의 출발점이 될 수 있도록 계획하고 운영하여야 한다.

　　모의수업에서 대집단활동을 할 때, 교사의 발문을 아무리 열심히 외웠어도 막상 수업을 시
작하면 머리가 하얗게 되는데, 무슨 말부터 해야 할지 모르겠어요. 간신히 몇 가지 질문이 생
각나서 발문을 했는데, 제가 기대했던 대답이 안 나오고 엉뚱한 대답들이 나오면 정말 그다음
부터는 어떻게 해야 할지 모르겠더라고요. 그렇게 모의수업을 망치고 나면 내가 과연 좋은 교
사가 될 수 있을까 좌절감이 들어요. 때로는 계획안대로 진행하면 교수님이 유아들의 흥미나
관심이 반영되지 않아 너무 일방적이라고 지적하시고, 유아들의 반응에 따라서 진행하면 너
무 계획이 부족한 것이 아니냐고 하시고, 도대체 어떻게 하는 게 교수님이 말씀하시는 유아들
의 흥미나 요구를 반영하면서 융통성 있게 진행하는 수업인지 잘 모르겠어요.

-예비교사의 인터뷰 내용 중에서

　　활동은 유아가 놀이를 통한 배움을 확장해 갈 수 있도록 돕는 교사의 지원으로 교
사의 교수 역량에 따라 유아들에게 미치는 활동의 의미와 가치가 달라질 수 있다.
또한 놀이 지원을 위한 활동 운영 능력은 교사로서의 자신감・효능감에도 크게 영
향을 미친다. 따라서 이 장에서는 『2019 개정 누리과정 해설서』(교육부, 보건복지부,
2019a), 『2019 개정 누리과정 놀이이해자료』(교육부, 보건복지부, 2019b), 『2019 개정
누리과정 놀이실행자료』(교육부, 보건복지부, 2019c) 내용을 바탕으로 활동의 계획,
실행, 평가 시 고려할 점은 무엇인지 등을 살펴보고자 한다.

1. 활동 계획

　　교사는 유아의 놀이를 관찰하고, 놀이가 활발하게 이루어질 수 있도록 지원하는
과정에서 필요한 경우 유아가 놀이에 충분히 몰입하고 진정한 배움이 일어날 수 있

도록 이야기 나누기, 노래, 동화, 게임 등 적절한 유형의 활동을 연결하여 유아의 놀이를 지원하는 활동을 계획할 수 있다. 활동 계획 시 전체 또는 개별 유아가 진행하고 있는 놀이에 초점을 두되 유아가 생활 속에서 경험하고 있는 크고 작은 관심사, 일상생활을 편안하게 유지하기 위하여 필요한 경험, 계절이나 날씨와 같은 자연적인 현상, 기관의 특별한 행사 등을 반영하여 계획할 수 있다. 활동은 교사가 계획하여 실시하되 유아가 주도적으로 즐겁게 참여하는 활동으로 진행하는 것이 중요하다. 이를 위해서 교사는 유아의 놀이나 일상생활을 잘 관찰하고 이와 연계할 수 있는 활동을 실시하는 것이 필요하다. 활동 계획 시 고려할 사항은 다음과 같다.

- 활동은 교사가 계획하여 제안할 수도 있고, 유아가 준비할 수도 있다.
- 활동에 참여하는 유아는 학급 전체가 될 수도 있고 관심 있는 소집단 유아가 될 수도 있다.
- 활동 시간은 교사가 계획하여 실시하거나 놀이의 흐름을 위해 놀이 중간에 잠깐 모여서 활동을 실시하고 다시 놀이로 연결할 수 있다.
- 활동 내용은 놀이를 지원하거나 놀이 중 문제를 해결하기 위한 것으로 구성하는 것이 좋다.
- 활동 방법은 유아들이 즐겁게 참여할 수 있는 교수 방법을 사용하는 것이 좋다.
- 계획된 활동이라 하더라도 유아의 흥미, 놀이 진행 상황에 따라 내용과 방법을 변경하거나 운영하지 않을 수도 있다.

교사는 앞의 고려사항들을 유념하여 놀이 지원을 위한 활동이 이루어질 수 있도록 일차적으로 활동을 선정하고 활동 유형에 적합한 집단의 크기와 대형을 계획해야 하며, 유아들이 흥미를 갖고 능동적으로 참여할 수 있는 활동계획안을 구성하고 매력적인 교수 자료를 준비해야 한다. 활동 계획의 전반적인 과정을 살펴보면 [그림 5-1]과 같다.

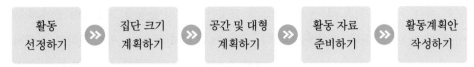

[그림 5-1] 활동의 준비과정

1) 활동 선정하기

활동의 대표적인 유형으로는 이야기 나누기, 동화 및 동시 감상, 동극활동, 음률활동, 신체활동, 게임 등이 있으며, 그 밖에 실험활동, 요리, 창작, 미술 등이 있다. 진행되는 놀이를 확장하고 심화하기 위해 유아의 놀이와 연계하여 어떤 활동이 가장 적합한지 활동을 선정해야 하며, 각 활동들의 내용과 순서도 계획해야 한다. 그러나 계획된 내용과 순서대로 반드시 실행해야 하는 것은 아니다. 실행의 과정에서는 항상 유아의 관심과 흥미의 방향을 관찰하여 적합한 내용과 순서로 재구성하거나 변경할 수 있다. 일상에서 많이 운영하는 활동 중심으로 활동 선정 시 유의점을 각 활동 유형별로 살펴보면 다음과 같다.

(1) 이야기 나누기

이야기 나누기는 교사와 유아가 함께 모여 앉아 서로 정보를 교환하거나 서로의 생각을 들어 보거나 의사결정을 하는 활동이다. 이야기 나누기의 주제는 교사가 제안할 수도 있고 유아가 제안할 수도 있으며, 만일 예상하지 않았던 상황이 발생했을 때는 그와 관련된 주제를 선정할 수도 있다. 이야기 나누기를 계획할 때 교사는 다음을 고려하여야 한다.

- 이야기가 진행되고 있는 놀이와 맥락적으로 연계되는가?
- 유아들의 사전 생활 경험이나 앞으로 하게 될 경험과 연계되는가?
- 유아의 발달에 적합한가? 즉, 유아의 집중시간, 내용의 이해 정도, 경험의 범위를 고려하였는가?

(2) 동화 및 동시 감상

유아는 동화 및 동시와 같은 문학작품을 경험하므로 언어의 울림과 리듬, 소리의 아름다움을 알고 즐기며 사고력, 상상력, 어휘력을 넓힐 수 있다. 유아는 문학작품을 통해 등장인물들이 경험하는 감정을 동일시하며 정서를 순화하고 다른 사람의 입장을 이해하고 마음을 읽는 능력을 키운다. 또한 전개되는 이야기 속에서 간접적으로나마 다양한 사회적 맥락과 문화를 접하게 되며, 다양한 언어적 표현을 학습하게 된다. 동화 및 동시 감상을 계획할 때 교사는 다음을 고려하여야 한다.

- 동화의 주제가 간단 명료하며 유아에게 친숙한 사건으로 구성되어 있는가?
- 동화의 내용이 교육적이며 편견적 요소가 없고 문학적으로 가치가 있는가?
- 동시의 주제가 유아의 생활, 자연 현상, 신비함과 환상, 유머 등 다양한가?
- 동화와 동시가 반복과 운율이 있어 리듬감이 있고 쉽게 기억할 수 있는 것인가?

(3) 동극활동

동극은 동화의 내용을 중심으로 극화해 보는 활동이다. 동극은 줄거리가 간단하면서도 재미있는 행동 중심의 이야기를 들려준 후 이야기에 나오는 등장인물의 역할을 분담하고 간단한 무대를 만들어 공연해 보는 것인데, 유아는 동극을 준비하거나 공연하면서 그들의 느낌이나 생각, 상상 등을 충분히 표현할 뿐 아니라 동화의 내용이나 상황을 재현함으로써 사고력과 표현력을 기르게 된다. 동극을 보거나 동극을 보여 주기 위해 직접 준비하는 과정에서 무대, 의상, 음악, 소품 등의 종합적인 예술 경험을 할 수 있으며, 함께하는 즐거움과 중요성도 알게 된다. 동극활동을 위한 동화를 선정할 때 교사는 다음을 고려하여야 한다.

- 내용이 간단하고 반복적이며 움직임이 명확한 동화인가?
- 동화에 대사나 동작이 재미있거나 반복적인 내용이 포함되어 있는가?
- 유아가 등장인물을 동일시할 수 있는 동화인가?
- 전개과정이 뚜렷하며 절정이 있는 동화인가?

(4) 음률활동

음률활동은 노래 부르기, 음악 감상하기, 악기 연주하기, 소리 탐색하기 등의 활동을 말한다. 유아는 즐겁게 노래를 부를 수도 있고, 조용하게 음악 감상을 할 수도 있으며, 신체나 리듬 악기를 사용하여 간단한 리듬 패턴을 만들어 볼 수도 있다. 음률활동을 통해 유아는 즐거움을 느끼며, 소리의 빠르기 · 세기 · 장단 · 높낮이 · 리듬과 멜로디와 노랫말 등을 경험하며, 자신의 생각과 느낌을 표현할 수 있다. 또한 다른 사람과 함께 음률활동을 하며 즐거움을 공유하고 다른 사람의 음악적 표현을 존중하게 된다. 음률활동을 계획할 때 교사는 다음을 고려하여야 한다.

- 노래 부르기 곡의 음역이 유아에게 적절하고 유아들의 놀이 경험과 연계되는가?
- 노래 부르기 곡의 가사와 리듬이 반복적이고 노래 길이가 적절한가?
- 음악의 종류가 동요, 전래동요, 민요, 국악, 서양 고전 음악, 왈츠 등 다양한 문화권의 다양한 음악을 포함하는가?
- 음률활동 시간이 유아들이 피곤하거나 흥분되지 않고 적극적으로 참여할 수 있는 적합한 시간인가?

(5) 신체활동

신체활동이란 몸을 움직이는 활동으로, 크게 기본운동활동과 창의적 신체표현을 포함한다. 기본운동활동은 걷기, 뛰기, 빠르게 걷기, 빠르게 뛰기, 팔을 아래위로 흔들며 걷기 등 공간을 이동하며 하는 활동과 손뼉 치기, 무릎 굽혔다 펴기, 한 발 위로 들어 올리기, 두 팔 위로 뻗기, 앉아서 머리 위로 손뼉 치기, 엎드려서 엉덩이 들어 올리기 등의 유아 체조나 몸짓 등 제자리에서 하는 활동이 있다. 기본운동활동을 통해 유아는 몸을 조절하거나 도구와 운동 시설을 활용하여 신체조절력과 균형감, 리듬감 등을 기를 수 있다.

창의적 신체표현이란 움직이면서 또는 제자리에서 할 수 있는 모든 운동 동작 및 몸짓을 활용하여 사물이나 동물, 자연 현상 등을 표현해 보거나 자신이 생각하고 느낀 것을 상상하여 창조적으로 표현하는 것이다. 이를 통해 유아는 신체조절력과 균형감, 유연성, 리듬감 등과 함께 상상력과 창의적인 몸의 표현력을 기를 수 있다. 신체활동을 계획할 때 교사는 다음을 고려하여야 한다.

- 선정하는 동작활동이 유아의 신체발달에 적절한 동작인가?
- 신체활동이 놀이와 연계되어 있는가?
- 산책을 포함한 신체활동이 매일 이루어지는가?

(6) 게임

게임에는 다양한 종류가 있으나, 대·소집단활동으로 활용하기 좋은 게임으로는 편게임과 원게임이 있다.

편게임은 집단을 나누어서 하는 경기로 승자와 패자라는 결과가 있는 놀이이다. 편게임은 유아의 운동 능력을 발달시키고 자제력이나 올바른 운동 정신을 가지게 한다. 또한 집단의 일원으로서 규칙을 지키고, 공통된 목적을 달성하기 위해 같은 편의 유아들과 협력하는 기회도 가진다. 편게임에서 가장 중요한 요소는 규칙인데, 규칙을 어떻게 정하는지에 따라 과도한 경쟁이 발생할 수도 있고 친밀한 협력이 강화될 수도 있다. 따라서 승패를 가르는 기준을 유아들의 능력에 두지 않고 규칙을 지키려는 노력에 두도록 하는 것이 좋다. 또한 유아들이 이기고 지는 것에 지나치게 집착하지 않도록 경쟁하는 게임보다 유아가 협동하여 할 수 있는 게임을 많이 제공하는 것이 바람직하다.

원게임은 술래를 정해서 하는 놀이로 술래가 다른 유아를 쫓거나 선택하여 새로운 술래로 바꾸는 것을 계속하는 놀이이다. 술래를 정해서 하는 놀이에는 수건돌리기, 꼬리잡기, 고양이와 쥐 등이 있다. 게임을 하는 동안에는 유아가 게임의 결과보다 과정에 관심을 가지며 협동하고 규칙을 잘 지킬 수 있도록 지도한다. 학기 초에는 놀이 방법이 단순하거나 규칙이 적은 놀이를 계획하고 점차 규칙이 많은 게임을 계획하는 것이 효과적이다. 게임을 계획할 때 교사는 다음을 고려하여야 한다.

- 게임이 유아의 놀이와 연계되어 있는가?

- 게임이 유아가 흥미 있어 하는 것인가?
- 게임이 유아의 발달 수준에 적합한가?

2) 집단 크기 계획하기

집단의 크기는 학급 전체를 대상으로 하는 대집단 크기와 전체 집단을 2~4개의 집단으로 나눈 소집단 크기가 있다. 교육활동의 특성, 교사 대 유아의 비율, 유아의 흥미나 욕구, 일과 등에 따라 집단의 크기가 달라질 수 있는데, 집단의 크기를 구성하는 기준은 다음과 같다.

(1) 소집단 구성

소집단활동은 전체 집단을 2~4개의 집단으로 나눈 정도의 크기로 이루어지는데, 일반적으로 5~10명 내외로 이루어지는 활동을 말한다. 보조교사나 부모 지원자가 있을 경우에는 각 집단마다 다른 교사가 동시에 같은 활동을 지도할 수도 있고, 같은 교사가 다른 집단의 유아들을 서로 다른 시간에 교대하며 지도할 수도 있다. 소집단활동은 유아에게 집중하여 적극적으로 활동에 참여할 수 있는 기회를 줄 수 있다. 학급이 시간차 운영[1]을 한다거나, 요리나 실험활동과 같이 유아의 적극적 참여가 요구되거나 안전을 위한 교사의 개입이 요구될 때는 소집단으로 활동을 진행하는 것이 효율적이다.

(2) 대집단 구성

대집단활동은 모든 유아가 한자리에 모여 하는 활동을 말한다. 대집단활동은 일반적으로 15~30분 정도로 계획하고 운영하되, 유아들의 흥미와 욕구 및 상황에 따

---

1) 주로 유아들이 등원하는 차량의 시간대가 다를 경우, 시간차에 의해 학급을 크게 두 집단으로 나누어 집단 크기를 줄여 유아들의 의사소통을 좀 더 활발하게 이끌어 내는 학급운영 방법을 말한다. 집단 크기가 작아짐에 따라 유아들의 참여와 주도성이 좀 더 살아날 수 있는 반면, 학급 전체 유아의 생각을 모으는 데 다소 어려움이 있기도 하다.

라 융통성 있게 운영할 수 있다. 대집단활동에 알맞은 공간 및 집단의 형태는 활동의 특성, 유아 집단의 크기, 교재·교구의 특성에 따라 다르다. 교사를 중심으로 카펫 위에 모여 앉을 것인지, 의자를 놓고 앉을 것인지, 책상에 모여 앉을 것인지, 원형 또는 반원형으로 앉을 것인지 등 효과적인 공간과 형태를 고려해야 한다.

3) 공간 및 대형 계획하기

활동 시 고려해야 할 중요한 요인 중 하나는 적합한 공간과 모이는 대형이다. 일차적으로 유아들이 편안히 앉을 수 있고 움직일 수 있는 공간으로 장소를 정하고, 교사가 모든 유아와 눈을 마주칠 수 있으며, 교사가 제시하는 교구나 교재를 잘 볼수 있는 공간인지 확인한다. 모이는 장소와 유아의 수, 활동의 내용을 고려하여 반원형, 원형, 두 줄 반원형, 자유로운 대형 중 어떤 대형이 가장 적합한지 결정한다.

표 5-1 대·소집단활동을 위한 공간 및 대형의 사례

교실 한가운데를 이용하여 충분한 공간을 확보하여 유아들이 활동에 집중할 수 있도록 돕는 대형이며, 교사와 유아들과의 간격이 적당하다.

유아들이 발표할 때, 교사는 앉아 있는 유아들의 시선이 교사에게 오지 않도록 옆에 위치하고 유아들 간의 의사소통이 활발히 이루어지도록 지원할 수 있다. 앉아 있는 유아들의 경우 앞뒤 간격을 유지할 수 있도록 바닥에 줄을 그려 줄 수 있다.

유아반의 경우, 바닥에 앉은 유아와 의자에 앉은 교사의 눈높이가 맞지 않은 경우가 있다. 소집단으로 보다 친밀감을 형성할 필요가 있을 경우, 교사가 바닥에 앉아 눈높이를 맞추며 활동을 진행할 수 있다.

매체의 크기가 집단의 크기에 적합해야 하며, 바닥에 앉은 유아도 안정적으로 감상할 수 있도록 눈높이를 고려하여 매체를 제시한다.

음률활동에서 교사는 피아노보다는 키보드를 이용해 유아들과의 눈맞춤을 유지하고, 집단 크기에 적합한 가사판을 제시해 준다.

신체적 움직임이 많은 신체활동이나 게임은 넓은 공간을 확보하여 진행한다. 편게임의 경우 유아들이 양쪽 대형으로 앉으며, 규칙을 잘 지킬 수 있도록 바닥에 출발선·응원석 등을 색테이프로 표시해 놓을 수 있다. 교사는 출발신호 악기, 점수판과 게임자료를 준비한다.

공간적 여유가 부족하여 유아들이 여러 줄로 길게 앉으면 뒷줄에 앉은 유아는 시야가 가로막히게 되고, 맨 앞줄의 유아는 교사와의 간격이 너무 가까워 교사와의 상호작용의 질이 떨어지게 된다. 이럴 때는 과감히 교구장을 옮기고, 대집단 활동 공간을 교실 중앙으로 이동하여 유아의 대형을 넓게 만들 필요가 있다.

대형을 만들 때 유의할 점은 대집단일 경우에 여러 줄로 겹쳐 앉지 않도록 하는 것이다. 카펫에 여러 줄로 겹쳐 앉으면 뒤편에 앉은 유아들은 소외되기 쉬우며, 시야가 확보되지 않아 활동에 적극적으로 참여하기 어려우므로 공간을 충분히 확보하여 활동하도록 배려해야 한다.

4) 활동 자료 준비하기

활동을 효과적으로 전개하기 위해서는 수업 자료를 계획하고 준비하는 것이 매우 중요하다. 대표적 활동 자료로는 그림 자료, 사진 자료, 융판 자료, 자석 자료, 책, 화보, 비디오 자료, 실물 등이 있다. 각 활동 유형과 유아발달 수준에 적합한 자료를 미리 준비하여 정보가 충분히 공유될 수 있도록 해야 하며, 제시되는 자료의 크기는 집단 크기에 맞도록 준비한다.

선정된 활동의 목적을 가장 잘 전달할 수 있는 효과적인 매체를 정하는 것이 매우 중요하며, 추상적 자료보다는 실물과 같은 구체적 자료가 보다 적합하다. 또한 활동의 연속성을 고려하여 한 자료로 여러 활동에 활용할 수 있도록 융통성을 높이는 것도 바람직하다. 예를 들어, 음률활동의 가사판은 글과 그림이 적절히 섞여 있어 혹시 글씨를 모르는 유아라도 그림을 통해 단서를 찾아 노래를 부를 수 있도록 구체적 자료를 제공하고, 새 노래 배우기 이후에 가사 창작활동을 한다면 유아들이 가사를 바꾸어 부를 수 있도록 가사판의 일부를 떼었다 붙일 수 있는 자료로 제작한다.

5) 활동계획안 작성하기

활동 실행을 위한 사항들이 준비되었다면, 그 내용을 활동계획안으로 작성한다. 계획안의 형식과 내용은 교사의 재량과 판단에 따라 자율적으로 작성할 수 있다. 원활한 활동 전개를 위해서는 교사의 발문, 전개 방향, 매체 선정 및 제시 등을 계획한다. 그러나 활동을 전개하면서 활동 목표와 방향을 잃지 않으면서도 유아의 흥미와 주도성을 잘 살려서 유아가 놀이를 확장하고 새로운 놀이를 발견하도록 안내하는 융통성과 섬세함이 요구된다. 활동 전개에 대한 큰 맥락과 주요 발문은 준비하되, 그 과정은 유아가 주도적으로 이끌 수 있도록 하는 것이 전개활동의 핵심이다. 따라서 활동계획안을 작성할 때, 지나치게 주도면밀하고 구체적인 시나리오 형태로 만

표 5-2 교사의 활동계획안 예시

잘못된 활동계획안 사례	바람직한 활동계획안 사례
교사: 노래를 들려줄테니 잘 들어 보세요. (노래를 부른다.) 교사: 노래를 들으니 어떤 느낌이니? 유아: 이상해요. 노랫말이 없어요. 교사: 노랫말이 없는 노래를 들으면 어떤 생각이 드는데? 유아: 무슨 노래인지 알 수가 없어요. 교사: 그럼 이번에는 박수를 치면서 들어 볼까? 교사: 고개를 끄덕이면서 움직이는 건 어때? 교사: 노래를 이렇게 부르고 나니 어떠니? 유아: 재밌어요. 신나요. 교사: 이 노래에 맞춰 엄마 하면 떠오르는 가사를 만들어 보자.	1. 노랫말이 없는 곡을 피아노로 멜로디만 들어 본다. 　－노래를 들으니 어떤 느낌이 드니? 　－노랫말이 없는 노래를 들었는데 어떤 생각이 드니? 2. 다양한 방법으로 노래를 감상한다. 　－노래에 맞추어 박수를 쳐 볼까? 　－고개를 끄덕이며 움직여 보자. 3. '엄마'에 대한 생각을 선율에 어울리는 노랫말로 표현해 본다. 　－'엄마'에 대한 생각을 노래에 담아 본다면, 어떤 노랫말을 만들고 싶니? 　－○○와 △△의 생각을 합쳐 보면 이런 노랫말이 될 수 있겠구나. 4. 유아의 표현을 수용하여 완성된 노랫말로 노래를 부른다. 　－너희의 생각이 담긴 노래를 함께 불러 볼까?

들기보다는 핵심적인 교사의 발문을 중심으로 전개활동의 맥락이 보일 수 있는 정도의 최소화된 계획안을 작성한다.

2. 활동 실행

교사가 활동을 실행할 때 유아가 주도하는 놀이의 내용과 연계하여 유아가 즐겁게 배울 수 있도록 지원하는 것이 중요하다. 따라서 활동 실행 시 미리 계획한 활동이라고 해서 유아의 흥미나 관심 등을 고려하지 않은 채 그대로 진행하는 것은 바람직하지 않다. 그러므로 교사는 미리 계획한 활동을 모두 해야 한다거나 정해진 순서대로 일과를 운영해야 한다는 부담을 내려놓고 유아가 주도하는 놀이의 흐름에 따라 융통성 있게 활동을 실행하는 것이 중요하다. 만일 교사가 유아의 놀이를 지원하기 위해 다양한 활동을 계획했더라도 이는 유아의 관심과 흥미에 따라 얼마든지 수정할 수 있다. 활동 실행은 크게 도입, 전개, 마무리로 구성되는데, 각 단계별 지도방법과 유의점은 다음과 같다.

1) 도입

도입의 목적은 전개될 활동에 대해 관심과 흥미를 유도하는 것이다. 유아가 교육내용에 흥미를 가질 때는 자신의 놀이와 연계되며 경험과 관련이 있을 때, 확산적 사고를 자극할 때, 구체물로 오감각을 자극할 때 등이다. 따라서 수수께끼 풀기나 부분을 보고 알아맞히기 등을 할 때 과거의 자신의 경험과 도식을 활발하게 돌이켜 사고하게 되며 흥미를 느끼게 된다. 또는 손인형이 들려주는 이야기를 듣고 감정을 이입하며 인형의 질문에 대답하면서 전개될 내용에 관심을 가질 수 있다. 어떤 형태의 활동으로 도입을 하건 활동의 정확한 목표를 인식하고, 유아의 놀이와 연계하고 경험을 연결해 줄 때 활동에 대한 가장 큰 내적 동기를 부여할 수 있음을 아는 것이 중요하다.

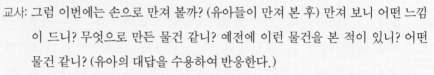

궁금이 상자를 활용한 활동의 도입

교사: (궁금이 상자를 보여 주며) 오늘 선생님이 너희에게
      보여 줄 특별한 물건을 이 상자에 넣어서 가져왔어.
      이 안에 무엇이 들어 있는지 어떻게 알 수 있을까?
유아: 흔들어 봐요. 손을 넣어 봐요. 냄새를 맡아 봐요.
교사: 그래, 그럼 돌아가면서 한 번씩 흔들어 볼까? (흔든
      후에) 소리를 들어 보니 안에 어떤 물건이 들어 있는 것 같아?
유아: 막 시끄러운 소리가 나요. 쇠 같은 게 있을 거 같아요.
교사: 그럼 이번에는 손으로 만져 볼까? (유아들이 만져 본 후) 만져 보니 어떤 느낌
      이 드니? 무엇으로 만든 물건 같니? 예전에 이런 물건을 본 적이 있니? 어떤
      물건 같니? (유아의 대답을 수용하여 반응한다.)
교사: (안에 있는 물건을 꺼내 보이며) 그래, 너희가 생각한 탬버린이야. 오늘은 탬
      버린을 가지고 어제 배운 노래를 연주해 볼 거야. (전개활동으로 이어 간다.).

유아의 주의를 집중시키기 위해 활용할 수 있는 활동의 도입으로는 말 잇기, 손가
락 인형, 노래 부르기, 수수께끼 풀기, 부분 보고 전체 상상하기, 유아의 관련 경험
상기시키기 등의 방법이 있다.

2) 전개

여기서는 이야기 나누기, 동화 및 동시 감상, 동극활동, 음률활동, 신체활동, 게임
등 활동 유형별로 각 활동을 전개하는 주요 맥락과 유의점을 살펴본다.

(1) 이야기 나누기

이야기 나누기를 진행할 때 교사는 일방적으로 가르치고 지시하는 시간이 아니
라 유아가 자신의 경험을 이야기하고 의견을 제시하며 결과를 함께 생각해 보는 시

[그림 5-2] 교사가 유아들과 이야기 나누기를 하는 모습

간이 되도록 유아 주도적인 학습이 일어나도록 도와야 한다. 교사는 유아의 발표를 인정해 주고 발표와 관련된 자료 등을 제시해 줌으로써 자신들의 발표가 의미 있는 과정임을 스스로 인식할 수 있도록 도울 수 있다.

어떤 주제를 중심으로 토의하기를 할 때 자신의 관점과 다른 사람의 관점이 다를 수 있음을 수용할 수 있도록 지도하고, 갈등 상황이 너무 쉽게 끝나 버리지 않도록 논쟁점을 주지시켜 주거나 반론을 제안하기도 해야 한다. 또한 의사결정을 해야 하는 경우에는 서로의 의견을 존중하고 갈등을 이해하며 상대방의 입장이 되어 생각해 보고 한 사람의 의견이라도 무시하지 않고 존중하며 조정할 수 있도록 지도한다.

이야기 나누기에 필요한 그림, 사진, 책, 영상 등 다양한 자료를 미리 준비하여 필요한 정보가 충분히 공유될 수 있도록 해야 하며 준비한 교수 매체는 적절한 시기에 제시하여 유아가 주의 집중 상태를 지속할 수 있도록 지원하도록 한다. 교수 매체를 제시할 때, 교사의 태도와 손짓 등은 가능하면 간결하게 하여 유아의 관심을 분산시키지 않도록 유의해야 한다. 집단활동이다 보니 때로는 유아의 산만한 행동이 학급의 전체적인 분위기를 해치는 경우가 있다. 이때는 활동 전개에 교사가 더욱 몰입하여 흥미진진하게 이끌어 가며 유아가 대답할 수 있는 발문을 통해 집단의 활동으로

끌어들인다. 교사는 다양한 관점으로 수렴적 발문과 확산적 발문을 적절히 활용하여 유아가 다양하게 사고하고 이야기하도록 돕는다. 발문을 한 후에는 유아가 충분히 생각해 볼 수 있는 시간적 여유를 주고 기다려 주기(waiting-time)가 매우 중요하다. 이야기 나누기를 전개할 때 고려할 몇 가지 사항은 다음과 같다.

- 유아들이 이야기 나누기의 주체로 자신의 생각을 자유롭게 이야기하도록 격려한다.
- 다양한 질문과 의견을 제시하도록 격려한다.
- 자유롭게 이야기할 수 있는 수용적인 분위기를 만들어 준다.
- 유아들의 다양한 반응을 유도하기 위해 적절한 질문을 한다.
- 발문을 한 후에는 유아가 충분히 생각해 볼 수 있는 시간적 여유를 준다.
- 유아들의 질문에 종합, 확장, 정보 제공, 수정 등의 반응을 보인다.
- 수수께끼, 동화, 자료 설명, 경험 회상과 같은 다양한 방법을 사용한다.

(2) 동화 및 동시 감상

동화를 들려줄 때는 교사가 직접 구연을 통해 들려주는 것이 좋으며, 그림동화나 융판 등 매체를 활용할 경우 동화의 내용에 적합한 매체를 선택해야 한다. 배경이 계속 바뀌는 동화라면 그림동화가 적합하지만, 배경은 동일한데 등장인물이 순차적으로 등장한다면 융판이나 자석, 테이블 동화가 적합하다. 가급적이면 동화에 적합하고 다양한 매체를 사용하여 들려주는 것이 바람직하며, 모든 유아가 잘 볼 수 있도록 제시해야 한다. 예를 들면, 그림동화의 경우에는 그림의 크기가 집단 크기에 적절해야 하며 테이블 동화는 바닥에 앉은 유아도 잘 볼 수 있도록 매체의 위치를 낮게 해야 한다.

동화를 들려줄 때는 내용을 완전히 이해해야 하며, 시선을 유아들에게 고루 나누어 주면서 유아의 반응을 살펴야 한다. 정확한 발음과 속도로 들려주어야 하고, 등장인물의 성격에 따른 적절한 성대모사로 몰입도를 높여야 한다. 동화를 들려줄 때 문학적 내용의 동화는 유아들이 작품의 감동을 스스로 느끼고 그 여운을 가질 수 있

[그림 5-3] 교사가 그림동화를 들려주는 모습

도록 세부적인 질문은 하지 않는 것이 바람직하다. 한편, 기본생활습관이나 갈등 상황에 대한 동화 등 논의를 필요로 하는 동화는 유아가 사고할 수 있도록 하는 적절한 질문을 통하여 함께 생각해 보고 이야기 나누는 시간을 갖는 것이 좋다.

동화나 동시 감상 후 들은 내용을 다시 회상해 보도록 할 수도 있고, 그 내용과 관련된 유아의 경험이나 느낌 등을 자유롭게 이야기해 보는 시간을 가질 수도 있다. 또한 유아가 동화나 동시의 내용을 부분적으로 바꾸어 볼 수도 있고, 뒷이야기 짓기를 할 수도 있다. 때로는 유아들에게 매우 인상 깊은 경험, 예를 들어 비 오는 날의 산책, 눈 오는 날의 경험, 낙엽더미 구르기 등의 경험 후 유아들이 자신의 느낌이나 생각을 이야기하고 교사는 이를 받아 적어 동시로 완성하는 것도 좋은 방법 중 하나이다. 동화 및 동시 감상활동을 전개할 때 고려할 몇 가지 사항은 다음과 같다.

- 동화를 들려주기 전에 흥미로운 도입으로 동화 감상에 대한 동기를 유발한다.
- 동화의 제목을 듣고 어떤 내용일지 추측해 보도록 한다.
- 동화를 들려줄 때는 손이 매체를 가리지 않도록 유의해야 한다.
- 유아들의 이해 속도에 맞추어 동화를 들려준다.

- 동시 감상 시, 적절한 음악을 배경으로 들려주는 것도 좋다.
- 동시 감상은 교사가 낭송해 줄 수도 있고, 교사와 유아가 함께 읽을 수도 있다.
- 동화 감상이 다 끝나고 난 후에는 그림만 보며 동화의 내용을 회상해 본다.

(3) 동극활동

　동극을 통해 유아들이 몸짓과 대사를 표현하며 이야기의 주인공이 되는 즐거움을 가지도록 하기 위해서는 준비를 철저히 하고 실행과정에서도 운영의 묘가 필요하다. 동극활동을 전개할 때 교사가 숙지해야 할 몇 가지 사항은 다음과 같다.

- 동극을 하기 전에 동화를 대본으로 만드는 과정에서 설명을 삭제하고 화법을 직접화법으로 수정한다.
- 유아들이 등장인물의 정확한 대사와 극의 흐름을 이해하도록 동화를 회상하며 대본을 다 같이 연습해 본다.
- 동극의 배경이 되는 무대를 유아와 함께 꾸미고 소품을 만든다.
- 동극의 배역 수가 적으면 동극에 크게 무리가 없는 한도에서 원하는 유아들이 참여할 수 있도록 유아들과 협의하여 배역의 수를 늘린다.

[그림 5-4] 유아들이 즐겁게 동극을 하는 모습

- 동극을 시작하기 전, 관람객이 지켜야 할 약속을 유아들과 함께 정한다.
- 불을 껐다 켜거나 신호음악을 틀어 동극이 시작됨을 알린다.
- 동극이 끝난 후에는 등장인물들이 나와서 자신이 맡은 배역을 소개하며 인사한다.
- 동극에 대해 좋았던 점, 개선하면 좋을 점 등을 이야기 나누며 평가한다.
- 개선점을 반영하여 재공연을 한다.
- 유아의 흥미가 지속된다면 여러 번 반복해서 공연할 수 있고, 자유놀이 시간에도 재표상할 수 있도록 자료를 제공해 줄 수 있다.

(4) 음률활동

유아가 다양한 음률활동을 경험하고 이를 통해 자신의 느낌이나 표현을 확장하기 위해서는 자유롭게 표현해 볼 수 있는 기회가 제공되어야 하며 그 과정에서 교사는 유아의 다양한 표현을 격려해 주어야 한다. 이를 위해 교사는 효과적인 음률활동 전개를 위한 구체적인 수업과정을 계획하고 실행해야 한다. 음률활동을 전개할 때 교사가 숙지해야 할 몇 가지 사항은 다음과 같다.

- 유아가 음률활동에 대한 흥미와 호기심을 가질 수 있도록 유아의 놀이와 연관 지어 볼 수 있게 하거나 다양한 시청각 교수 매체를 사용한다.
- 유아가 즐겁고 자유롭게 음률활동을 충분히 경험할 수 있도록 교사는 유아의 활동에 민감하게 반응해 주고, 언어적으로 지원하면서 적절한 상호작용을 제공한다.
- 유아와 함께 음률활동에 참여하고 느낀 것을 회상하고, 음률활동에 대해 평가해 본다.
- 전문가를 교실에 초청하여 악기연주를 들려주거나 음악회를 여는 등 음악을 감상할 수 있는 기회를 제공할 수 있다.
- 음률활동이 노래 부르기 외에도 악기연주, 감상, 신체표현, 소리 탐색과 같은 다양한 음률활동이 이루어질 수 있도록 한다.

• 악기연주와 같이 다소 소란한 활동은 연주의 시작과 끝을 알리는 신호를 정해 주의 집중을 잘할 수 있도록 한다.

(5) 신체활동

신체표현활동은 가장 자유로우면서도 잘 통제되어야 하는 활동으로 초임교사에게는 쉽지 않은 활동이다. 따라서 수업계획을 철저히 하고 활동을 진행하기 전에 교사의 설명이 유아에게 제대로 전달되었는지 확인하는 것이 필요하며, 계획과 다르게 전개된다 해도 유아의 욕구와 표현을 수용하는 융통성이 요구된다. 신체표현 과정에서 교사는 충분한 탐색과 창의적 표현이 이루어질 수 있도록 유아의 생각들을 격려하며, 활동에 참여하기를 꺼리거나 중도에 그만두는 유아가 생길 경우 그들을 배려하여 모든 유아가 흥미를 갖고 활동에 참여할 수 있도록 유도하는 것이 바람직하다.

기본신체활동은 가능하면 체계적으로 정확하게 하는 것이 좋으며, 창의적 신체표현은 기본신체활동보다는 자유롭게 표현하도록 유도하고 음악과 소품을 사용하여 효과를 높일 수 있다. 신체활동은 한 번만 하고 그만두기보다는 유아들이 익숙해

[그림 5-5] 도구를 활용하여 신체표현을 하는 모습

질 때까지 여러 번 계속하는 것이 더 효과적이며 유아의 발달 수준을 고려하여 간단한 움직임에서 시작하여 좀 더 복잡한 움직임으로 진행하는 것이 유아의 적극적인 참여를 유도할 수 있으며 유아 스스로 성취감을 느끼게 하는 데도 도움이 된다. 신체활동을 전개할 때 교사가 숙지해야 할 몇 가지 사항은 다음과 같다.

- 다양한 매체를 통해 흥미로운 도입활동을 한다.
- 음악을 듣고 느낌을 언어로 표현해 본다.
- 노랫말대로 움직이는 패턴 율동일 경우, 우선 노래를 배운다.
- 앉아서 손과 팔, 어깨, 목 등을 이용해 표현 동작을 해 본다.
- 유아 혹은 교사가 시범을 보인다.
- 집단을 반으로 나누어 표현하는 역할과 감상하는 역할을 하도록 한다.
- 움직임의 방향, 속도, 공간 확보 등에 주의하며 유아의 안전을 고려한다.
- 참여하고 싶어 하지 않는 유아나 장애유아를 배려한다.

(6) 게임

게임은 주로 신체활동으로 하기 때문에 교실보다는 유희실이나 강당과 같은 넓은 공간에서 진행하도록 한다. 때로는 바깥놀이터에서도 진행할 수 있는데 게임을 진행하기에 안전한 공간인지 그리고 유아들이 활동할 수 있는 충분한 공간인지를 확인한다.

편게임의 경우 양쪽 편이 마주 앉아 게임의 진행과정을 지켜볼 수 있도록 병렬식으로 대형을 구성한다. 바닥에 유아가 앉을 자리, 출발선, 돌아오는 위치 등을 테이프로 표시하고 응원할 때도 선을 넘어서 게임이 진행되는 공간으로 들어오지 않도록 약속을 정한다. 특히 편게임 시 편을 나누어 응원할 때 지나친 경쟁심을 유발하기보다는 서로를 응원하고 격려하는 태도를 갖도록 지도하는 것이 중요하다. 게임이 한 번 끝난 후에는 중간평가시간을 가져 잘된 점과 부족한 점을 이야기하고 좀 더 재미있는 게임을 하기 위해 어떻게 해야 할지 등에 대한 충분한 이야기를 나눈 후 게임을 다시 하는 것이 필요하다. 게임을 진행할 때 교사가 유념해야 할 점들은

[그림 5-6] 유아들이 편게임을 하는 모습

다음과 같다.

• 원형 또는 병렬형 등 게임하기에 적절한 대형으로 앉는다.
• 편게임일 경우, 인원수를 확인한다.
• 게임 방법을 소개할 때 연령이 높은 유아의 경우, 자료만 보고 유아들이 게임 방법을 추측하도록 한다.
• 게임 규칙을 유아와 함께 정한다.
• 편게임일 경우 각 팀의 이름을 정하고 응원을 만든다.
• 과도한 경쟁이 되지 않도록 '이겨라!'보다는 '잘해라!'로 응원을 지도한다.
• 게임 진행 시 유아들이 규칙이나 질서를 잘 지키고 끝까지 게임에 참여하는 것이 더 중요하다는 분위기를 조성한다.
• 릴레이 게임이 아니라면 한 번씩 게임을 진행하고 난 후 속도, 규칙 지키기, 관전 태도 등을 고려하여 결과를 제시해 주고 점수판에 결과를 기록한다.
• 유아들의 흥미에 따라 게임을 반복하거나 중단한다.

3) 마무리

마지막으로 활동의 마무리는 전개에서 다루어진 내용을 다시 한 번 확인하고, 활동을 하고 난 후에 새로 알게 된 점, 어려운 점, 좋은 점 등에 대해 이야기를 나누며 유아들이 활동에 대해 어떤 생각을 갖고 있는지, 활동을 통해 어느 정도 배움이 일어났는지 등을 점검한다.

3. 활동 평가

활동을 마친 이후에는 활동계획안을 다시 점검하여 활동의 목표가 어떻게 달성되었는지 확인하고 평가하는 시간을 가져야 한다. 계획한 것과는 다르게 수업이 전개되었다면 원인이 무엇인지 파악하여 기록하고, 기대하지 않았으나 유아들이 성취하게 된 내용이 있다면 그것도 기록해서 다음 수업을 계획하는 데 활용해야 한다. 활동을 진행한 후에는 주기적으로 다음과 같은 준거로 활동이 교육적 가치가 있었는지 점검한다.

① 활동이 놀이와 연계되어 이루어졌는가
활동이 유아의 흥미와 욕구를 반영하여 놀이 맥락 내에서 이루어졌는지, 활동이 이전 놀이를 확장시키거나 유아에게 새로운 놀이로의 출발점이 되었는지 확인해 본다.

② 활동 방법은 유아들이 즐겁게 참여할 수 있는 방법을 사용하였는가
활동은 유아들이 좋아하고 즐겁게 참여할 수 있도록 유아 주도로 진행되었는지, 직접적인 경험이 이루어지도록 하였는지, 유아의 생각이 반영되었는지, 다양한 활동 형태로 이루어졌는지 등을 확인해 본다.

③ 자료의 크기와 제시 방법이 적합하였는가

제시되는 자료의 크기가 집단의 크기에 적합한지 살펴본다. 예를 들어, 진행되고 있는 놀이와 연관된 작은 크기의 동화책이 있다면, 대집단활동 시 동화책을 그대로 보여 주며 읽어 주는 것이 바람직한지 아니면 인터넷의 동화 자료를 활용하거나 스캐너, 실물화상기, 모니터 등을 이용하여 좀 더 큰 크기로 자료를 제공하는 것이 바람직한지 생각해 본다.

④ 활동이 유아의 흥미와 발달 수준에 적절하게 진행되었는가

만 3세 영아를 대상으로 한 이야기 나누기 활동을 구체물도 없이 30분 이상 진행하지는 않았는지, 이야기 나누기 후에 동화 감상이나 토의활동 등을 연속적으로 진행하여, 유아의 생리적 욕구와 흥미에 맞지 않는 활동을 계획한 것은 아닌지 살펴본다. 또한 같은 연령의 유아들일지라도 흥미, 관심, 경험, 발달, 가정의 문화 등 많은 부분에서 차이가 있으므로, 유아가 자신에게 적합한 방식으로 놀이할 수 있도록 조정하여 운영하였는지 생각해 본다.

⑤ 소극적인 유아를 수용하며 점진적인 참여를 격려하였는가

유아의 개별적 욕구와 발달적 차이를 고려하고, 모든 유아를 무리하게 활동에 참여하도록 강요하지 않았는지 생각해 본다. 만약 대집단활동을 힘들어하는 유아가 있다면 그 유아의 관심과 선호도를 파악하여 자신의 경험과 지식을 다른 유아들과 나눌 수 있는 기회를 제공해 주어 점진적으로 활동에 참여할 수 있도록 도와야 한다.

⑥ 성, 신체적 특성, 장애, 가족 및 문화적 배경 등으로 인한 차별이 없었는가

유아가 다른 사람을 대할 때 자신과 상대와의 다른 점을 틀린 것이 아니라 다른 특성으로 받아들이고 편견 없이 대할 수 있도록 지원해야 한다. 따라서 교사는 유아가 성, 신체적 특성, 장애, 종교, 가족 및 문화적 배경 등으로 인해 차별받지 않고 서로 배려하는 마음을 가지도록 운영하였는지, 유아에게 고정적인 성 역할과 특정 종교를 강요하지는 않았는지, 유아들에게 다양한 가족 형태 및 문화적 배경을 이해할

수 있는 경험을 제공하여 다양성을 존중하고 배려할 수 있도록 지원하였는지 등을
확인해 본다.

⑦ 활동은 융통성 있게 운영되었는가

교사가 미리 계획된 활동이라 하더라도 유아의 흥미나 놀이 진행 상황이 달라짐
에 따라 내용과 방법을 적절히 변경하며 진행하였는지, 유아의 관심과 흥미가 없는
경우 준비한 활동을 진행하지 않는 결정도 하였는지 등을 생각해 본다.

활동 1

다음의 상황을 잘 읽고 김 교사가 준비한 활동의 문제는 무엇인지, 문제를 해결하기 위
해 어떤 점을 수정해야 할지 토의해 봅시다.

> 만 3세 반을 맡고 있는 김 교사는 유아들이 집에서 파리를 잡아 본 경험을 이야기하며
> 교실에서 파리채로 파리 잡는 놀이를 하는 것을 보고 유아들의 놀이와 연계하여 '해충 잡
> 기' 게임을 계획하였다. 두 편으로 나누어 융판에 붙어 있는 다양한 해충을 벨크로가 붙
> 어 있는 파리채를 이용해 한 마리씩 잡아서 돌아온 후 다음 유아에게 파리채를 전달해
> 주면 다음 유아가 또다시 같은 방식으로 잡아 오는 릴레이 게임이다. 모든 유아가 게임
> 에 참여하면서 마지막에 빨리 들어오는 팀이 승리하는 것으로 규칙을 정하고, 유아들에
> 게 게임 방법을 시범 보였다. 그리고 자기 순서가 아니면 게임장으로 뛰어 들어가지 않는
> 약속도 정하고, 팀 이름과 팀 응원까지 정하고 게임을 진행하였다. 그런데 게임을 진행할
> 때 유아들이 자기 순서에 제대로 나오지 못해서 김 교사는 각 팀에 가서 일일이 순서가
> 된 유아를 일으켜 세워 출발선으로 이동시키느라 진땀을 뺐고, 생각보다 스릴 넘치는 릴
> 레이 게임이 진행되지 않았다. 게임활동을 마친 후, 김 교사는 빨리 들어온 A팀이 승리라
> 고 정리하고 있는데 B팀의 한 유아가 아까 게임에서 자기가 분명 A팀 친구보다 먼저 들
> 어왔는데 왜 A팀이 이긴 거냐면서 질문하였다. 김 교사는 마지막 들어온 사람이 빨라야
> 이기는 거라고 설명했지만, 그 유아는 이해하지 못한 표정으로 김 교사에게 자기가 이겼
> 다는 말만 반복한다.

1. 앞의 활동에 대해 다시 생각해 봅시다.

• 게임 방식은 연령에 적합했는가?

_____

_____

_____

_____

_____

• 게임활동이 주제와 연관성이 높은가?

_____

_____

_____

_____

_____

• 교사가 설정한 교육목표의 달성을 위해 가장 적합한 활동이었는가?

_____

_____

_____

_____

_____

• 유아의 경험과의 관련성이 높은가?

_____

_____

_____

_____

_____

_____

2. 보다 흥미롭고 교육적인 게임활동으로 다시 계획한다면 어떤 점을 어떻게 수정하
   는 것이 좋을지 토론해 봅시다.

_____

_____

_____

_____

_____

_____

제6장

바깥놀이

좋은 교사는 ……

1. 다양한 바깥놀이 환경을 마련해 주고, 충분한 바깥놀이 시간을 제공하며, 유아 간에 활발한 놀이가 이루어질 공간과 자료를 준비한다.

2. 다양한 상호작용을 통해 바깥놀이를 지원한다.

3. 바깥놀이에 대한 평가를 통해 유아의 바깥놀이와 경험이 확장되도록 지원한다.

제**6**장

바깥놀이

    바깥놀이는 실외에서 이루어지는 모든 놀이를 말한다. 바깥놀이는 하루일과 중 유아에게 가장 의미 있고 즐거운 시간이다. 자연에서 자신의 몸을 자유롭게 움직이며 유아 간의 다양한 사회적 관계를 자연스럽게 경험할 수 있기 때문이다. 교사는 바깥놀이를 하기에 앞서 충분한 바깥놀이 시간을 계획하고, 유아가 가지고 있는 호기심과 탐구심을 확장하며 자유롭게 놀이할 수 있는 안전하고 교육적인 바깥놀이 환경을 마련해 주어야 한다. 또한 바깥놀이에 나갈 때부터 다시 교실에 들어올 때까지의 교사 역할에 대해 실천적 지식을 가지고 있어야 한다.

교사: 오늘 유치원에 와서 무엇을 하고 지냈는지 순서대로 이야기해 볼까?

유아 1: 자유놀이하고요, 이야기 나누기하고요, 바깥놀이 했어요.

교사: 그래, 많은 것을 기억하고 있구나. 바깥놀이 후에는 무엇을 했었지?

유아 2: 손 씻고, 밥 먹고 그리고…… 음…… 동화 들었어요.

교사: 그래, 오늘 하루 동안 우리가 한 일이 많구나. 오늘의 일과 중에 가장 재미
      있었던 것은 무엇이니?

유아들: (다 같이) 바깥놀이요.

이 대화는 하원 지도 전에 교사와 유아가 하루일과를 회상하며 이야기를 나누는 장면이다. 교사가 늘 고민하고 연구하면서 하루일과를 계획하고 운영하여도 하루 일과를 회상할 때 유아들에게 가장 재미있었던 놀이는 단연 바깥놀이다.

실외에서 이루어지는 바깥놀이는 넓게 펼쳐진 환경 속에서 유아가 모든 놀이의 주도성을 가지고 자신의 욕구에 따라 자유롭게 자신의 신체를 조절하는 놀이로 놀이의 본질 그 자체다. 유아들은 바깥놀이를 통해 실외에서 달리고 뛰고 오르는 등의 신체적 움직임을 통해 대근육을 발달시킬 수 있고 맑은 공기를 호흡하고 햇빛을 받으며 건강하게 성장할 수 있다.

이 장에서는 『2019 개정 누리과정 해설서』(교육부, 보건복지부, 2019a), 『2019 개정 누리과정 놀이이해자료』(교육부, 보건복지부, 2019b), 『2019 개정 누리과정 놀이실행 자료』(교육부, 보건복지부, 2019c), 『3~5세 연령별 누리과정 교사용 지침서』(교육부, 보건복지부, 2015) 내용을 바탕으로 바깥놀이의 실제적 지도를 위해 교사가 해야 할 주요한 실무에 대해 살펴보고자 한다.

1. 바깥놀이 계획

바깥놀이가 효율적으로 이루어지기 위해서는 적절한 공간 구성과 바람직한 기구 준비, 그리고 교사의 적절한 지도가 필요하다. 따라서 교사는 바깥놀이를 하기 전에 바깥놀이의 유형, 공간 및 시간 안배, 안전점검, 자료, 교사의 역할 등을 계획하고 준비해야 한다.

1) 바깥놀이 환경 구성

바깥놀이 공간은 유아가 마음껏 뛰어놀며, 자연과 계절의 변화를 만나고 탐색할 수 있는 놀이 환경이다. 교사는 유아가 몸을 충분히 움직여 즐겁게 놀이하고 위험으로부터 자신을 안전하게 보호하는 능력을 기를 수 있도록 지원해야 한다. 바깥놀이 환경은 유아가 안전하게 놀이할 수 있는 공간으로 구성해야 하며 유아들이 활발한 신체 움직임을 바탕으로 모험과 도전을 하면서 궁금한 것을 찾아 자유롭게 탐색하며 다양하게 경험할 수 있는 놀이 환경으로 구성하여야 한다. 실외 자투리 공간, 텃밭, 통로, 작은 마당 등은 공간의 특성과 안전을 고려하여 놀이 환경으로 구성하며, 유치원의 상황에 따라 인근 공원과 놀이터 등도 놀이 공간으로 활용할 수 있다.

(1) 공간 구성 원리

교사는 바깥놀이 환경 구성 시 유아의 안전을 고려하면서 유아가 다양한 놀이와 활동의 경험을 통해 놀이가 최대한 활성화되도록 구성하여야 한다. 바깥놀이가 효율적으로 이루어지기 위해서는 바깥놀이터도 실내 영역과 마찬가지로 몇 개의 영역으로 나누어 배치하는 것이 바람직하다. 바깥놀이 공간을 구성할 때 기본적으로 고려해야 할 원리는 다음과 같다.

- 바깥놀이 공간의 1/3 정도는 정적 놀이 영역으로 구성하고, 나머지 공간은 동적 놀이 영역으로 구성한다.
- 정적 놀이를 위한 공간에는 그늘을 만들어 주어 조용히 휴식하거나, 동화 듣기, 극놀이, 미술놀이 등을 할 수 있게 해 준다.
- 동적 놀이 공간과 정적 놀이 공간이 인접하지 않도록 배치하여 서로의 놀이가 방해받지 않도록 한다. 달리기, 뛰기 등과 같은 격렬하고 적극적인 대근육활동이 포함될 때는 동적 놀이로, 모래놀이, 물놀이, 책 읽기, 동식물 관찰하기, 휴식하기 등은 정적 놀이로 구분하여 배치한다.
- 동적 놀이 영역에는 그네, 미끄럼틀, 복합 놀이기구 등 놀이기구를 발달 수준에 맞추어 배치한다.
- 고정된 놀이시설을 신중하게 고려하여 설치해야 하는데, 복잡하고 다양한 기능을 가진 기구를 선택하여 놀이기구들이 서로 간의 놀이를 통합할 수 있도록

배열한다(예: 모래놀이는 물과 인접하게 배치하여 놀이 간의 통합을 이룬다).

- 물, 모래, 흙을 준비해 주며, 동식물을 관찰하거나 기를 수 있는 공간을 준비한다.
- 바깥놀이 공간은 유아의 연령과 욕구, 동선 등을 고려하여 배치한다.
- 통로를 분명하게 구분한다. 통로가 구분되지 않으면 놀이기구에서 활동하고 움직이는 데 방해를 받게 되며, 이는 유아 간 갈등의 원인이 된다.
- 유아들의 놀이와 이동을 용이하게 해 줄 수 있도록 충분히 넓은 공간을 확보한다. 충분히 넓은 빈 공간에서는 교사의 계획에 따라 다양한 활동이 이루어질 수 있다.
- 모든 공간의 구성과 시설물의 배치는 장기적으로 재조직하기가 용이하게 구성되어야 한다. 시설을 첨가·제거·재배치할 때 사용이 편리하도록 구성해 주어야 하며, 모든 바깥놀이의 감독이 용이하도록 구성되어야 한다.
- 유아의 오감각을 모두 자극하도록 다양한 자료로 만들어져야 한다. 모래, 콘크리트, 꽃, 잔디, 나무 등 다양한 재료로 구성하며, 이러한 재료들이 미적으로 잘 조직되어야 한다.

(2) 바깥놀이 영역 구성

바깥놀이의 각 영역별로 구비되어야 하는 환경과 시설에 대해 살펴보고, 각 영역

[그림 6-1] 효율적인 바깥놀이 영역 구성

에서의 놀이를 계획할 때 고려해야 할 점에 대해 살펴보면 다음과 같다.

① 운동놀이영역

운동놀이에는 운동기구를 이용하는 놀이와 작은 도구를 사용하는 놀이, 몸을 활용하는 놀이가 있다. 운동기구를 이용하는 놀이란 일반적으로 미끄럼, 그네, 그물망, 흔들다리, 오름판, 시소 등을 이용하여 노는 놀이를 말한다. 작은 도구들을 사용하여 노는 놀이로는 타이어 굴리기, 공 굴리기, 자전거 타기, 굴렁쇠 굴리기, 사방치기, 줄넘기, 비석치기, 땅따먹기, 제기차기, 고무줄놀이, 널뛰기, 쌓기놀이 등이 있다. 몸을 활용하는 놀이로는 술래잡기, 잡기놀이, 손으로 힘겨루기, 배로 힘겨루기, 그림자놀이 등이 있다. 유아는 이러한 운동놀이를 하며 바른 자세를 형성하고 기본적인 운동 능력과 기초 체력을 키우며, 몸의 균형을 유지하고 몸을 조정하여 움직일 수 있는 과정을 경험하게 된다. 또한 유아는 운동놀이를 통해 긴장감을 해소하고 즐거움을 느끼게 된다.

운동놀이영역은 대근육 운동 능력을 기르고 기구를 이용하는 방법을 습득할 수

[그림 6-2] 운동놀이영역에서 놀이하는 유아들

있도록 하기 위해 기어오르기, 매달리기 등 다양한 운동놀이를 규칙적으로 할 수 있는 놀이시설이 필요하며, 작은 놀이기구들과 놀이를 할 수 있는 공간도 필요하다. 흙을 만져 보고 밟아 보며, 타이어 굴리기, 공굴리기, 사방치기, 줄넘기, 비석치기 고무줄 놀이 등 다양한 놀이를 할 수 있는 흙마당이 있으면 더욱 좋다. 큰 기구를 이용한 운동 놀이와 작은 도구를 이용하는 흙마당은 인접해 있는 것이 좋다. 미끄럼, 오름판, 그네 등의 놀이기구 외에도 주변 환경을 잘 활용하면 더 큰 즐거움을 맛볼 수 있다. 마당에 큰 나무가 있다면 그네를 맬 수도 있고, 밧줄을 매서 밧줄 타기를 할 수도 있으며, 경사진 곳이 있다면 미끄럼을 탈 수 있다. 또한 경사진 곳에 작은

표 6-1 운동놀이영역

여러 명이 함께 사용할 수 있는 오름판, 시소 등을 설치하여 자연스러운 사회적 상호작용이 발생하도록 돕는다.

바깥놀이에서 전래놀이의 경험을 해볼 수 있게 다양한 환경을 마련해 줄 수 있다. 바닥에 고정적으로 제시할 수도 있고 그림을 그려 활동하도록 할 수 있다.

복합 놀이시설은 고정적인 것보다는 모험심을 가지고 다양한 형태로 변형할 수 있도록 오르기, 매달리기, 흔들기, 다리 건너기 등의 신체적 도전감을 자극하는 것으로 구성하고, 안전을 위해 충격을 흡수할 수 있는 바닥재를 사용해야 한다.

사다리를 만들어 주면 사다리 오르내리기를 할 수도 있다. 나무토막이나 큰 플라스틱 우유 상자 등을 활용해 쌓기놀이를 할 수도 있다.

운동놀이는 규칙적으로 하되, 매일 다른 놀이로 바꾸어 가며 다양하게 해 볼 수 있다. 반대로 한 가지 놀이를 여러 날에 걸쳐 반복하는 가운데 그 놀이에 익숙해지고 신체조절 능력이나 놀이 전략이 확장될 수도 있다. 운동놀이를 안전하게 하려면 도구의 안전한 사용 방법을 지도해야 하며, 유아와 함께 놀이 시 지켜야 할 규칙도 만들어야 한다. 또한 운동놀이 시 기구와 공간 바닥 등의 안전성을 정기적으로 점검하도록 한다. 운동놀이영역 구성의 연령별 유의점은 〈표 6-2〉와 같다.

표 6-2 운동놀이영역 구성의 연령별 유의점

연령	유의점
만 3세	• 미끄럼이나 오름틀은 경사가 완만하고 길이가 짧은 것을 제공한다. • 자전거 등 탈것은 소형을 제공한다.
만 4세	• 미끄럼이나 오름틀은 신체 조건에 적합한 것을 제공한다. • 신체조절 능력, 평형감각, 지구력 등을 길러 주는 놀이기구를 비치한다. • 안전규칙을 잘 지키도록 한다.
만 5세	• 모험놀이를 비치해도 좋다. • 놀이 기구를 다른 용도로 활용하는 아이디어를 내어 보도록 한다. • 달리기, 구르기, 균형 잡기, 뛰어내리기 등 다양한 신체 경험을 해 보도록 한다. • 한 가지 놀이를 지속적으로 하여 신체나 기구를 다루는 데 더 익숙해지게 한다. • 스스로 안전규칙을 만들어 보도록 한다.

② 물 · 모래놀이영역

유아들은 물놀이와 모래놀이를 하면서 물과 모래의 특성을 파악하고, 물과 모래를 혼합하여 형태뿐 아니라 성질이나 촉감도 변화한다는 것을 경험한다. 물과 모래를 다양한 모양이나 크기의 용기에 붓고 옮기는 과정을 통하여 형태나 양에 대한 경험을 하며 눈과 손의 협응력을 기른다. 또한 어떤 물체가 물에 뜨고 가라앉는지 구분하고, 그 이유를 생각해 보는 등의 사고 능력도 발달한다. 특히 물놀이나 모래놀

[그림 6-3] 물·모래놀이영역에서 놀이하는 유아들

이는 유아의 긴장감을 해소해 주는 좋은 놀이다. 따라서 바깥놀이에 모래놀이터나 흙마당, 흙더미를 제공하는 것이 좋다. 또한 물놀이는 흙·모래놀이와 함께 연계될 때 더욱 확장되어 매우 흥미롭고 다양하게 이루어지므로 물놀이터는 흙·모래놀이 터 내에 설치하거나 가까운 곳에 설치하는 것이 바람직하다. 흙을 파서 물을 부어 물구덩이를 만들거나 긴 도랑을 만들어 물이 땅속으로 스며드는 것을 볼 수 있으며, 종이나 나뭇잎을 띄워 볼 수도 있다. 도랑 위에 댐이나 다리를 만들어 볼 수도 있다. 호수로 물을 뿌려 비 오는 놀이를 해 볼 수도 있고 무지개를 경험할 수도 있다. 경사 진 곳에 물을 부어 물이 위에서 아래로 흐르는 것을 경험할 수 있으며, 여러 가지 모 양의 용기로 물을 담고 쏟는 놀이를 해 볼 수도 있다.

그 밖에도 몇몇의 유아가 들어갈 수 있을 정도의 용기에 물을 담고 물속에 들어가 놀 수도 있다. 유아는 물에 발을 담그거나 몸에 뿌리며 즐거워하고, 또래에게 물장 난을 하며 매우 즐거워한다. 가까운 곳에 개울이나 계곡이 있는 유치원이라면 물속 도 들여다보고 물속 모래와 돌도 건져 보고 송사리도 잡아 보는 등 더욱 흥거운 놀이 를 계획할 수 있다. 물·모래놀이영역 구성의 연령별 유의점은 〈표 6-4〉와 같다.

표 6-3 물·모래놀이영역

물놀이영역은 배수에 신경 써야 하며, 모래놀이와 함께 배치할 때는 수반에 모래가 쌓이는 것을 대비하여 쌓이는 모래를 처리하기 쉬운 구조로 제작해야 한다.

유치원에 물놀이영역을 갖추기 어려우면 가까운 계곡이나 냇물에 가서 생태를 관찰하고 자연을 활용한 물놀이를 계획해 볼 수 있다. 또는 여름철에 유치원에서 물총, 수영풀 등을 준비하고 즐거운 물놀이를 계획할 수 있다.

모래놀이영역은 충분한 양질의 모래를 갖추고 모래놀이를 자극할 수 있는 도르래, 물레 등의 기구를 설치할 수 있다. 모래는 정기적으로 점검하여 이물질이 없는지, 벌레 유충은 없는지 확인하고 주기적으로 교체해 준다.

다양한 종류의 삽, 채, 모양틀, 양동이, 물뿌리개, 모형 포크레인, 모형 트럭 등 다양한 모래놀이 소품을 구비하여 확장된 놀이가 나올 수 있도록 준비한다.

표 6-4 물·모래놀이영역 구성의 연령별 유의점

연령	유의점
만 3세	• 다양한 종류의 그릇, 고무인형, 공 등을 준비한다. • 모래를 탐색하는 놀이를 많이 하므로 모래를 그릇에 담고 섞기, 모양 찍기, 손으로 뿌리기 등을 할 수 있도록 한다. • 물과 모래를 다른 사람에게 뿌리지 않도록 지도한다.
만 4세	• 물의 특성을 알아볼 수 있는 다양한 도구를 제공한다. • 모래를 탐색하는 활동 외에 소꿉놀이 도구, 인형, 교통기관, 플라스틱 블록 등을 첨가하여 여러 가지 놀이로 확장하도록 한다. • 돌멩이, 풀 등 자연물과 함께 구성하여 놀이하도록 한다.
만 5세	• 물의 양을 측정할 수 있는 다양한 계량 도구를 비치한다. • 물과 모래를 이용한 여러 가지 실험을 해 볼 수 있는 교재 및 교구를 준비한다. • 수로용 플라스틱 관, 투명 호스 등을 제공하여 물·모래놀이가 확장되도록 한다.

③ 동식물 기르기영역

동식물 관찰하기와 기르기는 실내에서도 할 수 있지만, 바깥놀이터, 텃밭, 꽃밭, 화분, 동물 사육장, 흙마당 등에서 보다 효과적이다. 유아는 동식물을 관찰하고, 물을 주고, 동식물의 먹이, 모양, 색, 소리 등의 특성과 성장과정 및 한살이, 동식물과 사람과의 관계, 잘 기르는 방법, 소중함 등에 대해 관심을 가지며 탐구하는 태도를 기른다.

식물 관찰하기와 기르기는 햇볕이 잘 들고 통풍과 배수가 잘되는 쪽에 텃밭이나 꽃밭을 만들거나 화분을 활용하여 채소와 꽃을 가꾸면서 할 수 있다. 꽃과 채소는 계절별로 적합한 것을 선정하여 여러 가지 식물을 관찰하고 가꾸어 볼 수 있는 기회를 제공한다. 또한 심고 가꾸지 않아도 저절로 나고 지는 민들레, 제비꽃, 망초 등과 같은 들풀도 잘 관찰하고 소중히 여길 수 있도록 지도한다. 나무를 심을 수 있는 공간이 있는 유치원이라면 지역의 기후와 토양에 적합한 유실수나 꽃을 피우는 나무를 계절별로 안배하여 심고, 계절마다 다른 종류의 꽃과 열매를 관찰할 수 있도록 하는 것이 좋다. 바깥 공간이 협소한 유치원이라면 작은 공간을 활용하여 창문 앞에

[그림 6-4] 사육장의 토끼에게 먹이를 주는 유아

나팔꽃을 심어 줄기가 어느 쪽으로 감아 올라가는지, 꽃은 하루 중 언제 활짝 피고 언제 봉우리를 닫는지 관찰하고, 지붕으로 수세미나 박을 키워 올려 수세미와 박이 자라 가는 과정을 관찰하면서 가을에 수확하여 수세미와 바가지를 만들어서 일상 생활에서 활용해 보도록 한다. 상추와 오이 등의 채소를 수확해 먹어 보면서 각각의 독특한 맛과 향이 있음을 경험하게 할 수 있다.

　동물 관찰하기와 기르기는 햇볕이 잘 들고 통풍과 배수가 잘되는 쪽에 동물 사육 장을 만들어 할 수 있다. 유치원에서 작은 공간으로 기를 수 있는 동물에는 병아리, 토끼, 새 등이 있다. 병아리를 키우며 모이와 물을 먹는 모습과 병아리 머리의 작은 벼슬이 점점 커지고 빨갛게 변해 가는 과정을 관찰할 수도 있고, 병아리가 자라서 어미 닭이 되었을 때 낳은 달걀과 우렁찬 닭 울음소리를 경험하게 해 줄 수 있다. 토 끼를 키워 토끼가 잘 먹는 채소는 무엇인지 등을 조사해 보고, 토끼는 땅을 파서 굴 을 만들고 그 속에서 사는 것을 좋아한다는 것을 볼 수 있다. 또한 벌과 나비, 개미 나 지렁이 등을 발견하고 이들을 관찰하며 유아가 "벌이 왜 꽃에 앉아 있어요?" "저 대롱은 뭐예요?" "개미들이 줄지어 어디 가는 거예요?" 등 동물에 관심을 가지고 탐구하는 환경과 분위기를 만들어 주는 것이 바람직하다.

  동식물 기르기영역 구성의 연령별 유의점은 〈표 6-6〉과 같다.

표 6-5 동식물 기르기영역

 	햇볕이 잘 들고 관찰하기 쉬운 곳에 식물 기르기 영역을 두고 유아들이 수시로 오가며 관찰할 수 있도록 한다. 각 계절마다 식물을 볼 수 있도록 계절별 식물을 안배해서 키우고, 수중재배 식물, 유실수, 침엽수, 활엽수 등 다양한 식물을 경험해 보도록 한다.
  	유아들이 직접 봄에 씨앗을 심고 가을에 거두는 경험을 통해 식물을 가꾸고 키우는 즐거움을 느끼게 하고, 자연의 경이로움을 알도록 한다.

표 6-6 동식물 기르기영역 구성의 연령별 유의점

연령	유의점
만 3세	• 유아 주변의 친숙한 동식물을 관찰하도록 한다. • 식물은 토마토, 고추 등 성장속도가 빠르고 열매가 맺히는 것을 기르는 것이 좋다. • 먹이를 주거나 물을 주는 활동을 한다.
만 4세	• 당번을 정해 먹이나 물을 주도록 한다. • 씨를 뿌리거나 모종을 하여 꽃밭과 텃밭을 가꾸며 식물을 기른다. • 동식물의 성장과정이나 변화를 그림으로 나타낼 수 있도록 관찰기록용지를 준비한다.
만 5세	• 자기 몫을 정하여 씨를 뿌리거나 모종을 하고, 거름을 주며, 꽃밭과 텃밭을 가꾼다. • 동식물의 성장에 관련된 책 등의 자료를 준비한다. • 자신이 기르는 동식물의 성장과정이나 변화를 그림이나 글로 기록할 수 있도록 관찰기록 용지를 준비한다.

④ 조용한 놀이영역

바깥놀이에서도 이야기 나누기, 동화 듣기, 미술놀이, 역할놀이, 요리 및 과학놀이 등을 할 수 있다. 이러한 놀이와 활동들은 바깥놀이터의 그늘을 활용하여 작업상과 의자를 놓거나 돗자리나 멍석 등을 깔고 할 수 있다. 그늘은 기둥을 세워 등나무나 능소화를 올려 만들 수도 있고, 작은 정자나 벤치 등을 둘 수도 있다. 그 밖에도 유아가 조용히 책을 읽거나 쉴 수 있는 곳도 필요하다.

교사는 활동적이고 소음이 많은 장소에서 유아가 개인적으로 분리될 필요가 있을 때 조용한 곳에서 긴장을 풀 수 있는 장소를 마련해 주도록 하여야 하며 휴식시간은 유아의 연령이나 활동량에 따라 융통성 있게 조절하며 더운 여름이나 추운 겨울에는 실외 온도 조절에 유의하여야 한다.

[그림 6-5] 조용한 놀이영역에서 책 보기와 역할놀이를 하는 유아들

⑤ 정리영역

정리영역은 바깥놀이기구를 정리하고 보관하기 위한 곳으로 놀이기구의 적절한 사용과 보관을 위해 필요하다. 바깥놀이 환경에서 놀이와 관련은 적으나, 다양한 바깥놀이 놀잇감을 보관할 창고, 미술, 요리, 실험 등 물이 필요한 놀이와 손 씻기를 위한 개수대, 야외용 시계 등이 구비되면 좋다. 창고에 다양한 바깥놀이 소품들이 잘

구비되어 있는지, 각각의 시설 위치가 유아의 놀이 동선에 방해되지 않는지 등을 사전에 점검하고 창고는 물이 괴지 않도록 약간 경사진 곳에 위치하는 것이 좋으며, 각종 놀이기구들의 위생관리를 위해 통풍 및 환기를 정기적으로 해 주어야 한다.

표 6-7 기타 바깥놀이 시설

휴식을 취할 수 있는 그늘진 의자와 테이블, 물이 필요한 활동과 손 씻기를 위한 개수대, 바깥놀이 놀잇감을 보관하는 창고, 야외용 시계 등은 바깥놀이 영역을 좀 더 안전하고 편안하게 해 주는 시설물이다.

(3) 바깥놀이 공간 안전점검

바깥놀이 준비 시 가장 중요한 것은 안전점검이다. 바깥놀이에서 안전사고가 발생하지 않으려면 놀이시설에 대한 안전점검을 정기적으로 실시하여 안전한 환경을 마련해야 하며, 유아에게 안전교육을 실시해야 한다. 교사는 사전에 유아들과 바깥놀이기구의 안전한 사용 방법에 관해 이야기를 나누고 유아들과 함께 규칙을 정하여 유아 스스로 안전의 중요성을 인식하고 안전하게 놀이기구를 사용할 수 있도록 해야 한다. 바깥놀이 이전에 유아에게 교육해야 할 기본적인 안전교육 내용은 다음과 같다.

바깥놀이 이전에 유아에게 교육해야 할 안전교육 내용

- 바깥놀이 시 차례와 약속을 기억하여 잘 지킨다.
- 미끄럼틀을 타려고 할 때는 계단으로 오르고, 바르게 앉은 자세로 경사로를 내려간다.
- 미끄럼틀에서는 동시에 내려오지 않고 간격을 두고 순서대로 탄다.
- 그네를 탈 때는 앉아서 탄다.
- 움직이는 그네 앞이나 뒤에서 놀지 않는다.
- 오르기 기구를 탈 때는 두 손으로 손잡이를 꽉 쥔다.
- 모래놀이 도구로 친구와 장난하지 않는다.
- 모래놀이 시 상대방에게 모래를 뿌리지 않는다.
- 시소를 탈 때는 친구와 마주 보며 손잡이를 꼭 잡고 탄다.
- 흔들다리 위에서 서로 부딪히며 장난하지 않는다.
- 기타 놀이시설을 안전하게 이용한다.

　유아를 대상으로 한 안전교육도 중요하지만, 기본적으로 안전한 환경을 구성하고 점검하는 것이 더욱 중요하다. 교사는 놀이기구 및 놀이터 주변에 위험 요소가 있는지 정기적으로 점검하고, 오름판, 미끄럼틀, 그네 등과 같은 안전사고 위험이 따르는 곳은 지속적으로 관찰해야 한다. 바깥놀이터 보수 유지 점검표를 적어도 한 달에 한 번씩은 작성하고, 위험이 발생하면 원장에게 보고하고 위험성이 있는 기구는 수리할 때까지 사용하지 않아야 한다(〈표 6-8〉 참조). 정기적인 점검과 즉각적인 수리는 안전사고 예방을 위한 필수사항이다.

　안전사고가 발생할 경우, 신속하게 대처한 후 〈표 6-9〉와 같은 양식으로 안전사고의 정확한 개요를 작성하고 사후 재발 방지를 위한 조치를 취하고 대책을 강구해야 한다. 안전사고는 담임교사 개인뿐 아니라 원 전체 운영에 부정적 영향을 미칠 수 있으므로 교사 혼자 해결하려 하지 말고, 원장에게 반드시 보고하고 원의 방침에 따라 처리해야 한다.

표 6-8 안전사고 예방을 위한 점검표

점검내용	안전상태			
	안전	수리 필요	수리 날짜	확인
1. 그네, 회전목마, 미끄럼틀, 오름판 등 모든 놀이기구 아래에 20~25cm 두께의 신축성 있는 물체(모래, 콩, 자갈, 우레탄 바닥)가 있는가? 충격저하 장비가 고루 잘 펴져 있는가?				
2. 고정 장비 주변이나 아래에 위험한 물건이나 장애물이 있는가?				
3. 정상적인 놀이활동을 저해하는 장해물이 있는가?				
4. 오름판은 유아가 일어선 키보다 높은가?				
5. 콘크리트가 놀이기구를 땅 위에 고정되도록 해 주며 안전한가?				
6. 예리한 가장자리, 부서진 부분, 뒤틀린 부분, 느슨해진 볼트가 있는가?				
7. 유아가 머리를 밀어 넣을 수 있는 뚜껑이 있는 구멍이 있는가?				
8. 벗겨진 케이블, 닳아 빠진 로프, 펴진 고리, 뒤틀리는 체인이 있는가?				
9. 썩거나 쪼개진 목재가 있는가? 개미가 들끓고 있는가? 심하게 닳아 빠진 목재가 있는가?				
10. 세발자전거와 자동차 같은 움직이는 놀잇감들의 수리 상태가 양호한가?				
11. 옷을 잡아당길 만한 돌출 부분이 있는가?				
12. 시소의 경첩과 회전기구의 지지 부분에 절단되거나 부서진 부분들이 있는가?				
13. 그네의자가 지나치게 무겁지는 않은가? 모서리가 날카롭지는 않은가?				
14. 적어도 120cm 높이의 울타리가 있으며 수리 상태는 양호한가? 정문은 안전한가?				
15. 에어컨, 스위치 박스, 전선, 정화조 같은 위험물이 주변에 있지 않은가?				
16. 바깥놀이터에 오염물이 고이는가?				
17. 바깥놀이터에 유해물질이나 독극물이 방치되지 않았는가?				
18. 모래놀이에 이물질은 없는가?				

표 6-9 사고 개요서

1. 발생 일시: 년   월   일(시   분)   시간
2. 발생 장소:
3. 성명: 반: 성별:
4. 사고 내용(육하원칙에 따라 상세히 기재하고 사고 발생시간을 정확히 명시한다.)
   예) ○○유치원 장미반 김하늘 어린이는 2022년 3월 29일 1시 30분경 바깥놀이 시간에 나선형
       미끄럼틀을 타고 내려오다가 미끄럼틀 밖으로 떨어져 얼굴 안면 우측에 광대뼈 부위쪽 뺨이
       타박상을 입어 출혈이 남.
5. 응급처치 및 사고 처리 내용
   예) 얼음주머니를 수건에 싸 타박상 부위를 30분간 냉찜질해 줌. 구토와 두통 여부를 수시로 확
       인함. 귀가 시 보호자에게 보고하고 면밀한 관찰을 의뢰함.

작성 날짜: 20 . . .	
작성자 직위:	성명: (인)
유치원장명:	사인 또는 직인

2) 바깥놀이 시간 계획

바깥놀이는 유아가 몰입하여 놀이를 즐길 수 있도록 여유 있게 시간을 확보하여
야 한다. 바깥놀이는 기본적으로 매일의 일과 속에서 1시간 이상 편성하여 유아가
자유롭게 놀이할 수 있는 충분한 시간을 지원하여야 한다. 바깥놀이는 특정한 시간
대에 이루어지는 것보다 오전, 오후 등 다양한 시간대에 이루어지는 것이 바람직하
다. 유아가 시간의 변화에 따른 기후, 땅의 색, 그림자의 변화 등 다양한 자연의 변
화와 느낌을 경험할 수 있기 때문이다. 바깥놀이 시간을 계획할 때 고려할 점은 다
음과 같다.

- 바깥놀이는 실내놀이와 연계하여 매일 계획한다.
- 바깥놀이 시간은 일일 1시간 이상을 계획한다.
- 놀이시간은 짧게 여러 번보다 한번에 긴 시간을 편성하여 놀이의 흐름이 끊기지 않게 한다.
- 추운 겨울에는 따뜻한 오후 시간에, 더운 여름에는 시원한 오전 시간에 배치한다.
- 날씨와 계절, 기관의 상황, 유아의 관심사와 놀이 특성 등을 고려하여 융통성 있게 운영한다.
- 바깥놀이 시간을 계획할 때 담임교사들이 각 학급의 바깥놀이터 이용 시간대를 협의하여 적정 인원이 바깥놀이를 할 수 있도록 하며, 안전을 위해 연령 차이가 큰 학급이 바깥놀이터를 함께 이용하지 않도록 배려한다.

표 6-10 바깥놀이 나갈 때 필요한 물품

필요 물품	필요한 이유	유의점
기자수첩과 필기구	바깥놀이에서는 유아의 다양한 발달을 가장 자연스럽게 관찰할 수 있다. 특히 유아와 유아 간의 관계 형성 능력이나 사회성 발달 정도, 문제해결 능력 등을 파악하기에 좋은 상황이다. 따라서 휴대하기 편한 기자수첩과 필기구를 준비해서 유아들에게 나타나는 일화를 기록하여 유아 개개인에 대한 이해를 높이는 데 활용할 수 있다.	일화기록을 위해 한두 아이에게만 집중하다가 전체 유아의 상황과 안전을 소홀히 하지 않도록 유의한다.
카메라	바깥놀이 상황에서 유아의 표상과 경험을 기록하는 방법으로 카메라만큼 효과적인 것이 없다. 바깥놀이를 교실의 수업과 연계하기 위해서 바깥놀이에서 유아들이 보고 경험한 것을 카메라에 담아 수업에 활용하고, 유아들의 자연스러운 활동 사진을 전시하여 바깥놀이와 관련된 유아들 간의 대화가 확장되도록 도울 수 있다. 또한 포트폴리오 작성을 위한 다양한 자료 수집을 위해서도 사진 자료가 활용될 수 있다.	사진 자료를 수집할 때 모든 유아의 자료가 있는지 확인하고, 인위적인 사진이 아닌 자연스러운 활동 사진이 되도록 한다. 사진 자료를 교사 개인의 블로그에 올려 다른 사람이 쉽게 퍼 가거나 유아 개인의 신상정보와 초상권이 인터넷상에 공개되지 않도록 유의한다.

탬버린 또는 신호악기	바깥놀이에서 유아들을 모을 때 사용하는 악기로 탬버린이나 호루라기 같은 신호악기를 준비한다. 바깥놀이를 나갈 때 교사가 탬버린을 높이 들며 유아들이 한 명씩 탬버린을 치면서 나가거나, 미끄럼틀에서 내려오면서 제시하는 숫자만큼 치고 내려오는 등의 활동에도 활용할 수 있다.	–
물티슈	바깥놀이 시 옷이나 몸이 더러워졌을 때 오염을 제거하기 위해 사용할 수 있다. 종종 목이 마르다는 유아가 있으므로 마실 물을 준비하고, 상처가 날 경우를 대비하여 간단한 의약품을 준비한다.	일회용품이므로 과도하게 사용하지 않도록 유의한다.

3) 바깥놀이 자료 계획

교사는 바깥놀이에 필요한 놀이 자료(예: 비누거품 놀이, 리본막대, 풍선 배구놀이, 공, 다양한 끈, 물총, 훌라후프, 분필, 모래놀이 도구 등)를 챙기고, 관찰 내용을 기록할 필기도구와 카메라, 정리와 모이는 시간을 알리는 신호악기(탬버린, 호루라기), 물티슈 등을 준비한다.

4) 산책 계획

바깥놀이 중 하나인 산책은 가벼운 기분으로 이리저리 걷는 것이다. 유아는 주변의 공원이나 숲을 산책하면서 곤충, 풀, 꽃 등의 자연물을 보고 만지고 냄새 맡으면서 자연물로 놀이하는 과정에서 색, 모양, 선, 질감과 같은 자연물의 속성과 아름다움에 대한 감성, 생명의 존귀함 등을 스스로 배운다. 빛과 그림자, 눈, 비, 구름 등과 같은 자연 현상도 놀이의 매개 또는 주제가 될 수 있다. 이처럼 자연은 매일의 삶 속에서 탐색, 관찰, 몰입을 통해 배움이 일어나도록 매개하는 자료이다. 또한 산책을 통해 여유로움, 자유로움, 편안함, 발견의 즐거움, 기쁨, 놀라움 등의 다양한 긍정적인 감정을 느끼며 사람들과 주변 세계 또는 자연을 만나며 경이로움과 호기심, 상상력을 펼칠 수 있다.

산책 경로는 유치원이 위치한 지역의 특성에 따라 다양하다. 그러나 번잡한 곳보다는 조용한 곳이, 인위적인 곳보다는 자연적인 곳이 좋다. 농어촌의 유치원이라면 산, 들, 강, 바닷가로 갈 수 있고, 도심의 유치원이라면 공원, 골목길, 공터, 아파트 놀이터, 학교 등으로 갈 수 있다. 교사는 유아가 산길, 언덕길, 들길, 논두렁·밭두렁, 개천가, 골목길을 산책하면서 다양한 자연과 사람, 다양한 세상의 사물을 만나는 경험을 할 수 있도록 계획하여야 한다.

산책은 충분한 시간을 배정하여 심리적으로 쫓기지 않고 여유롭게 할 수 있도록 하는 것이 중요하다. 산책을 하기에 좋은 시간은 계절과 날씨에 따라 달라질 수 있다. 여름의 경우 시원한 오전, 겨울의 경우 따뜻한 오후가 좋으며, 꼭 맑은 날이 아니더라도 보슬비가 올 때, 흰 눈이 내릴 때 등도 유아들과 즐겁게 산책하기에 좋은 상황이라 할 수 있다.

산책은 처음부터 멀리 가기보다는 먼저 가까운 곳에서 시작하여 점차 먼 곳으로 거리와 시간을 늘려 가는 것이 좋다. 산책 장소는 진행 중인 놀이나 주제를 고려하여 장소를 정할 수도 있고 유아들과 지도를 보며 산책하고 싶은 곳을 알아볼 수도 있다. 산책 시에는 편한 옷과 신발, 모자를 갖추고 안전하게 걷기, 혼자 멀리 가지 않기, 찻길 건너기 등 안전 문제에 대해 사전에 이야기 나누기, 규칙 만들기, 동화 극놀이 등을 통한 충분한 준비를 해야 한다.

2. 바깥놀이 실행

바깥놀이를 위한 준비가 끝나면 유아들을 바깥놀이터로 안내하고 즐겁게 놀이하도록 해야 하는데, 교실에서 바깥놀이터에 가기까지 교사가 준비해야 하는 실제적 사항을 살펴보면 다음과 같다.

1) 나갈 준비하기

바깥놀이를 나갈 때 유아들이 계절에 맞게 옷을 입는 것을 돕는다. 겨울철에 외투를 입고 뛰어놀 경우 쉽게 더워지므로 너무 두꺼운 옷을 입지 않게 지도한다. 여름철은 그늘이 있는 바깥놀이터라면 상관없지만, 그렇지 않은 경우 챙이 있는 모자를 쓰도록 하며 선크림을 발라 자외선을 차단하도록 한다. 여름철 숲으로 산책을 나갈 경우, 해충퇴치제를 뿌리고 나가도록 한다.

2) 순차적으로 나가기

바깥놀이를 나갈 준비가 다 된 후에는 한꺼번에 이동시키지 않고 순차적으로 질서를 지켜 나갈 수 있도록 지도하고, 신발을 신고 나간 후에도 놀이터에 바로 들어가지 않고 교사와 약속한 장소에서 줄을 서서 모든 유아가 나올 때까지 기다리도록 한다. 모든 유아가 나오면 인원을 확인하고 교사의 통솔하에 바깥놀이터에 들어간다. 바깥놀이터에 들어갈 때도 집단으로 나누어 들어가거나, 교사와 일대일로 하이파이브를 하며 한 명씩 안전하게 놀이터에 들어가도록 지도한다. 바르게 앉은 아이, 남자친구, 여자친구와 같은 단순한 기준으로 이동시키지 말고 좀 더 다양한 기준으로 이동하도록 한다. 예를 들어, 어린 연령의 유아들에게는 "빨간색이 들어 있는 옷을 입은 사람부터 이동해 보자." "오늘 자유놀이 시간에 역할놀이 한 친구들이 먼저 나가자." 등과 같은 분류 기준을 적용해 본다. 좀 더 높은 연령의 유아에게는 "'내 옷에는 빨간색이 있고 단추도 있어요' 하는 친구부터 바깥놀이로 나가 볼까?"와 같이 복합적 기준을 적용해서 분류해 보고 사고하는 기회를 제공한다. 때로는 교사와 가위바위보를 해서 이긴 사람이 진 사람을 안아 주는 친사회적 규칙을 적용해서 한 명씩 이동시킬 수도 있다.

우리는 이곳에 있어요

교실이 아닌 실외에서 다양한 놀이와 활동을 전개하다 보면 때로 급한 전달사항이 있거나 등원이 늦은 유아가 있을 때 교사와 유아들이 어디에 있는지 찾지 못해 어려움을 겪을 수 있다. 교실로 들어가는 입구에 교실 이외의 실외 장소들(예: 바깥놀이터, 산책로, 텃밭, 강당, 수영장, 유희실 등)을 표시해 놓고 지금 어디에 있는지 알 수 있도록 표시해 놓아 정확한 소재 파악이 되도록 해야 한다. 각 반마다 소재 파악을 위한 환경 구성을 해 놓고 교실을 비울 경우 정확한 이동 장소를 표시해 놓는다.

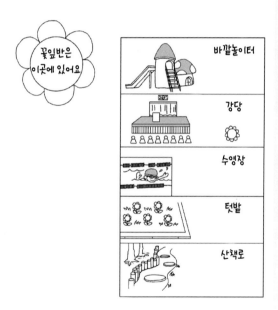

3) 상호작용을 통한 놀이 지원하기

교사는 유아의 놀이가 진행되는 과정에서 배움이 일어나도록 상호작용하여야 하며 상호작용하기에 적절한 순간과 방법을 잘 결정하여야 한다. 유아와 교사 간의 상호작용은 놀이의 시작과 지속, 새로운 놀이로의 전이와 확장, 마무리 등 놀이의 흐름을 관찰하고 유아의 흥미와 의도를 이해하는 과정에 기반해야 한다. 교사가 유아와 상호작용하는 방법은 비언어적·언어적 소통방법을 모두 포함한다. 교사는 관찰하기, 질문하기, 제안하기, 함께 참여하기, 정서 지원하기와 같은 방법으로 유아와 상호작용하면서 놀이를 간접적 또는 직접적으로 지원한다. 교사의 상호작용은 놀이에 대한 흥미를 지속시키거나 놀이의 방해요소를 제거해 줌으로써 유아의 놀이에서 5개 영역의 내용에 해당하는 충분한 경험이 일어나도록 하는 데 초점을 둔다. 교사가 유아의 놀이 지원을 위해 상호작용하는 구체적인 방법을 살펴보면 다음과 같다.

(1) 관찰하고 기록하기

유아의 놀이를 지원하기 위해서는 즉각적인 개입보다는 유아가 놀이에서 보이는 감정의 상태, 궁금해하는 것, 흥미를 보이고 탐색하는 것 등을 관찰하면서 기다리는 것이 우선되어야 하며 교사에 의해 관찰된 다양한 유아의 놀이행동과 일화는 사진과 글로 기록한다. 또한 교사는 항상 바깥놀이터의 전체 놀이영역에서 어떤 놀이가 어떻게 이루어지고 있는가를 파악하여 모든 위험과 사고를 예방할 수 있도록 한다. 특히 놀이 장면에서 다음의 사항을 관찰한다.

- 유아 개개인의 놀이 수준 및 놀이 특징을 파악한다.
- 유아가 보여 주는 놀이행동이 발달적으로 어떤 의미를 갖는지 파악한다.
- 놀이 및 환경 구성을 계획하고 준비하는 데 필요한 기초 자료를 수집하여 기록한다.
- 효율적인 놀이 개입이나 지도 방법을 모색한다.
- 놀이행동을 정확하고 객관적으로 관찰한다.
- 놀이 지도에 지장을 주지 않는 선에서 관찰 즉시 기록한다.
- 지속적으로 관찰한다.

(2) 질문하기

유아는 놀이하면서 끊임없이 "왜?" "어떻게?"와 같은 내면적 질문을 만나고 스스로 해답을 찾기 위해 놀이에 몰입한다. 교사는 유아의 관심과 흥미를 알아내기 위해서보다는 유아의 생각이 유연하게 흐르도록 돕기 위해서 질문하는 것이 좋다. 교사의 질문이 즐거운 대화의 방식으로 이루어질 때 유아의 사고가 확장되고 스스로 새로운 문제를 찾아낼 수 있게 된다. "이것은 무엇이니?" "어떻게 할 거니?"와 같이 교사가 기대하는 답을 염두에 둔 질문보다는 "선생님은 이런 생각이 드는데, 너는 어떻게 생각해?" "그것도 좋은 방법인데 무겁진 않을까?"와 같이 유아와 능동적으로 생각을 나눌 수 있는 질문이 바람직하다. 이러한 질문은 유아로 하여금 보다 높은 수준으로 사고할 수 있도록 유도하며 새로운 상상을 놀이로 구현하게 하고, 다시 문제를 발견하고 해결해 가는 선순환의 구조를 만드는 원동력이 된다.

(3) 제안하기

교사는 유아의 놀이를 지원하기 위해 제안을 할 수 있다. 그러나 교사의 제안은 신중해야 한다. 유아·놀이 중심 교육과정에서 교사는 유아의 흥미와 상관없이 새로운 놀이 자료를 일방적으로 제안하거나 교사 주도로 새로운 놀이 방법으로 이끌기보다는 놀이 관찰에 기반하여 놀이를 지원하는 것이 좋다. 현재 진행 중인 놀이가 잘 지속될 수 있도록 공간, 자료, 시간 등의 측면에서 무엇을 어떻게 지원하는 것이 좋을지 고민하고 제안하며, 유아가 교사의 지원을 어떻게 받아들이는지 살펴보고 추후 지원에 반영할 필요가 있다.

놀이 지원을 위한 교사의 제안은 유아의 흥미와 관심에 기반해야 하지만, 때로는 안전이나 교육적 가치에 기반할 수 있다. 예를 들어, 함께 놀이하면서 지켜야 하는 약속과 규칙이 있을 때, 교사가 일방적으로 정하고 알려 주기보다 유아가 규칙의 필요성을 느끼면서 적절한 규칙을 만들어 보도록 제안할 수 있다. "다른 친구에게 방해되지 않으려면 어떻게 하면 좋을까?" "장난감을 던지면서 놀면 다칠 수도 있으니까 어떻게 하면 좋을까?" 등이 그 예라 할 수 있다.

⊙ 놀이하다가 신체적으로 부딪힌 상황

유아들은 자기중심성이 강하고 객관적으로 상황을 보는 능력이 부족해서 신체적 부딪힘을 상대방이 고의로 자기를 때렸다고 생각하는 경우가 많다. 서로 상대방의 이야기를 들어 봄으로써 문제 상황을 정확하게 인식하여 오해가 없도록 중재해 주며, 서로 사과하고 조심하도록 지도한다.

> 찬용: (울면서) 나라가 지나가는 나를 밀었어요.
>
> 나라: (울면서) 아니에요, 찬용이가 와서 나를 쳤어요.
>
> 교사: (두 아이를 양쪽으로 세우거나 안아 주면서) 둘 다 부딪혀서 많이 아프고 속상하구나. 어떤 일이 있었는지 차례대로 이야기해 볼까?
>
> 찬용: 나라가 저를 밀었다구요.
>
> 교사: 나라야, 네가 찬용이를 밀었니?
>
> 나라: 아니에요. 나는 하랑이랑 잡기 놀이하고 있었는데 하랑이가 잡으러 와서 그냥 이쪽으로 뛰어가고 있었다구요.
>
> 교사: 나라는 일부러 찬용이를 민 게 아니고 놀이하면서 이쪽으로 뛰어가고 있던 거구나. 그럼 찬용이는 뭐 하던 중이었니?
>
> 찬용: 뒤로 걸어가는 놀이하던 중이었어요.
>
> 교사: 찬용이도 놀이하다가 나라랑 부딪힌 거였구나. 서로를 보지 못해 그만 부딪힌 거였네. 서로 부딪혔을 때는 뭐라고 말해야 하는지 아니?
>
> 찬용: 미안해.
>
> 나라: 미안해.
>
> 교사: 그래, 잘 알고 있구나. 바깥놀이를 하다 보면 서로 부딪히는 일이 있지. 부딪히면 몸도 아프고 위험할 수도 있으니 서로 조심하면서 놀이하자.

(4) 함께 참여하기

교사는 유아와 함께 놀이하는 즐거움을 느낄 수 있어야 한다. 유아와 교사가 놀이의 즐거움을 공유할 수 있는 기회가 많을수록 둘 사이에 진정한 공감과 소통이 발생한다. 그러므로 교사는 유아의 주도적인 놀이를 일과의 가장 중요한 부분으로 인식하고 필요한 경우 공동 놀이자로 참여할 수 있다. 이러한 과정에서 교사는 놀이의 속성을 더 잘 이해하게 되고 보다 효과적으로 지원할 수 있게 된다.

유아의 놀이는 때로는 아이디어의 결핍이나 유아 간 상이한 요구와 의견 충돌, 공간이나 자료를 점유하기 위한 갈등 등에 의해 단절되거나 교착 상태에 빠지기도 한다. 이와 같이 유아의 놀이가 문제 상황에 부딪혔을 때에도 교사의 놀이참여는 유아들이 문제를 명확하게 이해하고 문제해결을 도울 방법을 찾는 데 도움이 되며, 놀이 중 배움을 위한 적절한 순간에 즉각적으로 지원을 제공하는 데도 도움이 된다.

(5) 정서적 지원하기

교사는 유아가 놀이를 통해 성취감을 경험할 수 있도록 긍정적인 정서 지원을 해 주어야 한다. 미소, 끄덕거림, 공감하는 표정과 같은 비언어적 상호작용이 이에 해당한다. "그렇게 만들 생각을 하다니 놀랍구나."와 같은 감탄, "큰 것부터 쌓는구나. 그래, 이번에는 무너지지 않을 거야."와 같은 격려 등의 언어적 상호작용도 유아의 정서를 지원해 주는 좋은 방법이다. 교사가 유아의 놀이에 긍정적인 지원을 함으로써 유아는 존중받는 느낌을 받게 되고 새로운 놀이를 좀 더 주도적으로 지속할 수 있다.

교사는 동시에 유아가 놀이하는 과정에서 느끼는 부정적인 정서에도 관심을 기울여야 한다. 유아는 놀이하면서 좌절감, 걱정, 불안 등의 감정을 느낄 수 있다. 교사는 유아의 정서를 인지하고 위안, 격려 등을 제공하고 놀이를 통해 스스로 원인과 해결방법을 찾을 수 있도록 도와주어야 한다.

3. 바깥놀이 정리 및 평가

바깥놀이를 마치면 정리하고 다시 교실로 들어가게 되는데, 정리과정과 교실에서의 평가에 대해 살펴보면 다음과 같다.

1) 바깥놀이 정리

(1) 정리 신호 보내기

유아들과 약속한 정리 신호를 보내 유아들이 주변을 정리하고 들어갈 준비를 하도록 한다. 각 바깥놀이 영역을 돌며 정리 신호를 들려주고 들어갈 시간임을 알린다. 때때로 바깥놀이를 마치고 교실로 들어가야 하는데 몇몇 유아가 계속해서 바깥놀이를 하고 싶어 하면서 들어가기를 거부할 때는 일차적으로 유아의 감정과 욕구를 인정해 주고 상황을 설명하며 이해시킨다.

> "○○야, 오늘 바깥놀이가 무척 재밌었구나. 그래서 계속 더 놀고 싶은가 보다. 하지만 지금은 교실에 들어가서 간식 먹을 시간이야. 간식 먹고 나서 재미있는 동화도 들을 건데 친구들과 함께 교실로 들어가면 좋겠구나."

(2) 놀잇감 정리하고 모래 털기

놀잇감을 정리할 수 있도록 적절한 정리대나 바구니를 마련해 주고, 유아들이 스스로 놀잇감을 정리하도록 지도한다. 놀잇감 정리가 끝나면 옷과 신발에 묻은 모래와 먼지를 털도록 한다. 바깥놀이터에 손 씻기를 위한 개수대가 마련되어 있으면 들어가기 전에 손을 씻고 주변 정리를 마친다. 들어갈 준비를 마친 유아들은 차례대로 줄을 선다.

(3) 줄 서서 들어오기

인원을 다시 한 번 점검하고, 줄을 서서 차례대로 교실로 들어간다. 교실에 들어갈 때도 한꺼번에 들어오면서 부딪히는 사고가 나지 않도록 질서 있게 순차적으로 이동한다. 바깥놀이터에 개수대가 없다면 들어오는 순서대로 손을 씻고 바깥놀이 평가를 위해 모인다.

2) 바깥놀이 평가

바깥놀이에서 있었던 일들에 대해 이야기를 나누고, 바깥놀이에서 발견된 위험한 상황 또는 문제 상황에 대해 이야기를 나눈다. 안전에 대해 문제가 발생했다면, 사후 활동으로 안전교육을 실시하고 안전한 놀이를 위한 약속을 정한다. 산책에서 수집한 자연물은 과학영역에 비치할 수도 있고 이야기 나누기 시간에 서로 소개하는 활동으로 연계할 수도 있다. 또한 놀이에서 유아들의 생각에 따라 다양한 용도로 활용될 수 있도록 놀이 자료로 지원한다.

활동 1

다음의 사례는 바깥놀이에서 자주 발생되는 문제 상황들입니다. 유아교사가 어떤 제안을 통해 유아의 적절한 대화기술과 협의기술을 발달시키도록 도울 수 있는지 교사의 구체적인 상호작용 방법을 토의하고 기록해 봅시다.

1. 지은이의 '언어적 의사소통을 촉진'하는 것에 초점을 둔 제안에 대해 토의해 봅시다.

> 모래삽이 필요한 지은이가 어떻게 빌려야 할지 몰라 찬용이가 쓰고 있던 삽을 말도 없이 빼앗아 가서 찬용이가 울고 있다.
>
> 지은: (아무 말 없이 삽을 빼앗아 간다.)
> 찬용: 왜 내 거 말도 없이 가져가? 으아앙!

2. 나라가 대화를 먼저 시작하도록 돕고 '대화를 주고받는 기술을 강화'하는 것에 초점
   을 둔 제안을 토의해 봅시다.

나라는 친구들의 놀이에 끼고 싶지만 어떻게 다가갈지 몰라 주변을 맴돌고 있다.

나라: 아, 저기 가서 친구들과 놀고 싶은데…….

🎴 활동 2

바깥놀이에서 유아들과 함께 있는 교사의 모습을 떠올려 봅시다.

1. 좋은 교사는 어떤 모습인지 그림으로 그려 보고 토론해 봅시다. 가장 많은 것부터
   차례대로 나열하여 BEST 5를 뽑아 봅시다.

예: 남자 유아들과 축구를 하는 교사
    모래놀이영역에서 소꿉놀이를 하는 교사

① _____

② _____

③ _____

④ _____

⑤ _____

2. 좋지 않은 교사의 바깥놀이 모습은 어떻습니까? 그림으로 그려 보고 토론해 봅시다. 그리고 가장 많은 것부터 차례대로 나열하여 WORST 5를 뽑아 봅시다.

예: 그늘에 서서 눈으로만 아이들의 안전관리를 하는 교사

모래놀이영역에서만 놀이를 하는 교사

---

① _____

② _____

③ _____

④ _____

⑤ _____

제7장

일상생활

좋은 교사는 ……

1. 식품 위생 및 안전상 주의해야 할 식단이 포함되어 있는지 점검한다.

2. 즐겁고 편안한 식사 분위기를 조성하며, 교사 자신이 위생, 청결, 식사 예절, 식습관 면에서 좋은 모델이 되어 준다.

3. 유아가 식사의 양, 시간 등을 선택하고 결정할 수 있는 기회를 제공한다.

4. 유아들이 점심시간 준비에 참여하고 스스로 정리할 수 있도록 돕고 안내한다.

5. 유아들의 생리적 요구를 이해하고 화장실 사용 방법을 익히고 익숙해지도록 안내한다.

6. 낮잠 지도를 위한 준비를 적합하게 하며 낮잠을 재우거나 깨울 때 따뜻한 상호작용을 한다.

제**7**장

일상생활

1. 급식

　급식시간은 점심을 먹는 것과 식사 후의 휴식이 모두 포함된 시간이다. 유아들에게 점심시간은 편안하게 이완된 분위기에서 다양한 음식의 맛을 경험하고 탐색하는 즐거운 경험이 될 수 있다. 그런가 하면 교사에게는 점심을 먹기 전, 먹는 중, 먹은 후의 전 과정에서 건강, 영양, 위생, 식사 예절 등을 포함한 식습관 지도를 수행해야 하는 시간이기도 하다.

　식습관은 영유아의 개별적 기질과 가정에서의 반복적인 경험이 상호작용하여 쌓인 결과로 몇 차례의 지도를 통해 쉽게 바뀌는 것이 아니다. 따라서 당장 잘못된 식습관을 개선하고자 유아들과 고군분투하기보다는 유아 개개인의 식생활 특성에 대한 정보를 바탕으로 일관성을 가지고 지도하되, 점진적인 성장을 격려하고 촉진하는 방향으로 지도하는 것이 바람직하다.

　즐겁고 편안한 정서는 유아의 호기심과 탐색 욕구, 학습동기를 촉진할 수 있다. 그러므로 교사는 급식시간이 모든 유아에게 하루일과 중 가장 기다려지는 시간이 될 수 있도록 즐겁고 편안한 분위기를 조성하기 위해 노력해야 한다. 아울러 유아들이 필요한 영양소를 섭취하고 바른 식습관과 음식에 대한 긍정적인 태도, 올바른 식사 예절을 배울 수 있도록 지도해 주어야 한다.

> 만 4세 유아반의 담임인 김 교사는 손을 씻고 돌아온 유아들과 함께 급식시간을 준비하느라 분주하다. 몇몇 유아는 손걸레를 들고 식탁(책상)을 닦고 있다. 식탁 위에는 작은 화분이 놓이고, 스피커에서 밝고 편안한 느낌의 음악이 흘러나오는 동안 유아들은 필요한 식기들을 챙겨 자기 자리에 앉는다. '오늘의 점심 손님'으로 선생님과의 식사에 초대된 서윤이, 준영이, 지원이, 정은이는 즐거운 표정을 지으며 김 교사의 식탁으로 모여 앉는다.

유아는 자신에게 중요한 일상 경험으로부터 더욱 의미 있게 배울 수 있다. 하루 중 많은 시간을 유치원에서 보내는 유아들에게 급식(간식)시간은 다음과 같은 측면에서 매우 중요한 일과로 다룰 필요가 있다.

- 급식(간식)시간은 유아들이 성장하고 활동 에너지를 얻는 데 필요한 영양소를 적절히 섭취하는 매우 중요한 기회이다.
- 다양한 식품과 음식에 대한 긍정적인 인식과 태도를 기를 수 있다.
- 다양하고 새로운 음식을 즐겁게 경험하는 기회가 된다.
- 편식이나 과식 예방 및 개선을 위한 지도가 효과적으로 이루어질 수 있다.
- 위생 및 청결습관에 대한 반복적이고 일관성 있는 지도가 이루어질 수 있다. 즉, 음식을 먹기 전에 손을 씻고 먹은 자리를 스스로 정리하는 것과 같이 바른 자세와 습관을 배우고 반복적으로 연습하는 기회가 된다.
- 정서적으로 이완된 분위기에서 유아들이 학급의 구성원들과 함께 먹고 이야기하는 시간을 통해 친밀함과 즐거움을 느낄 수 있다.
- 학급의 구성원들과 함께 급식시간을 준비하는 가운데 서로 돕고 배려하는 것을 배운다.

- 음식을 마련해 주신 분들께 감사하는 마음을 가지는 기회가 된다.
- 급식이라는 일상의 경험 속에서 음식에 관한 다양한 어휘를 익히고 상황에 맞게 어휘를 사용하며 바른 문장으로 의사소통하거나 수·과학 개념을 학습하고 대소근육 발달을 도모하는 것과 같은 다양한 영역에 대한 학습이 자연스럽게 이루어질 수도 있다.
- 교사에게는 개별 유아의 성향과 발달 특성을 더 깊이 관찰하고 이해할 수 있는 기회가 된다.

이와 같이 급식시간은 건강, 위생, 영양교육의 기회가 될 뿐만 아니라 유아기의 바른 식습관 형성은 물론 기본생활습관 및 사회성 발달에도 긍정적인 효과를 기대할 수 있는 시간이다. 이에 이 절에서는 급식시간의 원활한 운영을 위해 식사 전, 식사 중, 식사 후의 각 단계에서 수행해야 할 교사의 업무를 살펴보고자 한다.

1) 급식 준비

원활한 급식(간식)시간 운영을 위해서 필요한 사항들을 미리 점검하고 식사 준비를 하는 단계로 교사는 다음과 같은 업무를 수행한다.

(1) 식단표 확인

월별·주별 식단표를 확인하여 다음 사항을 점검한다.

- 특정 식품(예: 오이, 땅콩, 새우 등)에 대해 알레르기를 보이는 유아가 있는가?
- 유아의 현재 건강 상태상 피해야 할 음식이 있는가?
- 학급의 요리활동과 겹치는 메뉴가 있는가? 만일 그렇다면 요리활동을 통해 만들어진 음식을 급식으로 대신할 수 있다.
- 식사 전 그날의 점심 식단이 무엇인지 이야기 나누는 시간을 가짐으로써 유아가 음식에 관심을 가지고 기대할 수 있도록 돕는다.

(2) 손 씻기 지도

음식을 먹기 전이나 활동 후에 손을 잘 씻는 습관이 몸에 밸 수 있도록 일관성을 가지고 꾸준히 지도하며, 평소 교사가 깨끗하게 손을 씻는 모범을 보여 주는 것이 중요하다. 손을 씻으면서 비누거품이나 물을 친구나 화장실 바닥에 뿌리는 행동은 다른 사람을 불편하게 하는 행동이라는 것을 유아들이 알고 주의할 수 있도록 지도한다. 또한 유아들이 식사 중에 화장실에 오가지 않고 미리 용변을 볼 수 있도록 안내해 준다. 손을 깨끗이 씻는 방법과 관련하여 다음의 절차와 상호작용 예를 참고한다.

1 양쪽 옷소매를 두 번 정도 접어 올린다.

상호작용 예: "옷에 물이 묻지 않도록 하려면 어떻게 할까? 소매를 위로 올려 보자. 그래, 그만하면 옷이 물에 젖지 않겠구나."

2 물이 심하게 튀지 않을 만큼 수도꼭지를 적당한 정도로 열고 손바닥을 비비며 손을 씻는다.

상호작용 예: "수도꼭지를 잡고 물이 나올 때까지 조금씩 올려(돌려) 보자. 너무 많이 올리면(돌리면) 어떨까? 그래, 물이 한꺼번에 많이 나와서 튈 수도 있겠지? 물이 적당히 나올 만큼 수도꼭지를 조절해 보자."

3 물을 잠근 상태에서 비누 거품을 손 전체에 바르고 문지른다. 이때 손가락 사이나 손톱 밑, 손목 부분까지 꼼꼼하게 씻도록 지도한다.

상호작용 예: "손 전체에 비누칠을 골고루 하자. 손바닥끼리 마주 대고 문질러 보자. 이번에는 손등도 골고루 문지르자. 깍지를 끼워서 손가락 사이사이를 닦아 보자. 손톱 밑 부분도 문지르자. 다음으로 손목 부분도 깨끗하게 닦아 보자."

4 비누 거품이 묻어 있는 손을 물로 충분히(천천히) 헹군다.

상호작용 예: "비누 거품이 다 없어질 때까지 물로 씻어 보자. 미끄러운 느낌이 없어질 때까지 닦는 거야."

5 물이 흘러나오지 않을 때까지 수도꼭지를 잠근다.

　상호작용 예: "수도꼭지를 단단히 잠그자. 물이 더 이상 흘러나오지 않도록 잠
가 보자."

6 수건이나 핸드타월로 손의 물기를 닦는다.

　상호작용 예: "수건으로 손의 물기를 닦아 보자. 손에 더 이상 물기가 남지 않
게 꼼꼼히 닦아 보자."

7 수건을 제자리에 건다.

　상호작용 예: "수건을 있던 자리에 바르게 걸어 놓자."

8 접어 올렸던 옷소매를 내린다.

　상호작용 예: "원래 옷의 모양대로 옷소매를 내려 보자."

(3) 배식 준비 및 배식

　원의 사정에 따라 별도의 식당 시설을 갖추고 있는 경우와 그렇지 않은 경우가 있
다. 대다수 유치원의 경우 교실에서 급식하는 것이 더 일반적이므로 이를 바탕으로
교사의 업무를 알아보기로 한다. 학급마다 그날의 급식당번(도우미)이 있는 경우 교
사와 함께 식탁을 준비하고 배식에 참여하도록 하되, 유아의 연령에 따라 그 정도를
달리 조정할 수 있다. 또한 학기 초에는 유아의 식사량이나 식사 습관을 자세히 알
지 못하므로 자율배식보다는 교사가 음식을 나누어 주면서 식사와 관련된 유아의
행동이나 문제 등을 관찰하고 파악하는 것이 적합하다(서혜정, 한애희, 2006).

① 급식당번 유아의 역할 안내

　하루의 일과를 알아보고 계획하는 시간에 유아들과 함께 급식당번 유아의 이름을
확인하고 그 역할에 대해 상기시켜 준다. 그리고 급식시간을 준비하는 단계에서 한
번 더 당번의 역할에 대해서 알려 주어 유아들이 자신의 역할을 숙지하도록 돕는다.

급식당번 유아의 역할

- 손걸레로 식탁(책상) 닦기
- 식탁 주변에 떨어진 쓰레기 줍기
- 배식 도우미 역할하기(정해진 양만큼 음식을 식판에 옮겨 담아 주기)
- 잔반통 주변 정리하기
- 다 먹은 자리를 손걸레로 닦기

② 식사 환경 마련
급식 장소가 어디인가에 따라 교사는 다음에 유의하여 지도한다.

■ 별도의 식당 시설을 갖춘 경우
- 정해진 시간에 맞추어 유아들을 식당으로 인솔한다.
- 정해진 자리에 이미 차려져 있는 식판의 음식을 먹는 방식일 경우에는 빈자리에 유아들이 앉아서 식사를 할 수 있도록 안내한다.
- 유아들이 각자 배식을 받아야 할 경우에는 유아가 식판(도시락)을 두 손으로 잘 잡고 균형을 유지할 수 있도록 지도한다.
- 유아들이 급식 장소의 안과 밖에서 줄을 설 때 차례를 지킬 수 있도록 지도한다.
- 급식 장소로 이동하거나 한 줄로 서 있는 동안 발생될 수 있는 유아 간 다툼이나 안전사고를 예방하기 위하여 주의 깊게 돌보는 일이 필요하다.

■ 교실을 급식 장소로 이용하는 경우
- 유아들이 소그룹으로 모여 앉을 수 있도록 책상이 배열되어 있는지 확인한다.
- 교사는 주방에서 그날의 음식(밥과 국, 반찬)을 가져와 배식 장소에 배치한다. 그동안 급식당번 유아들은 식탁으로 사용할 책상 위를 닦고 정돈한다.
- 식탁보가 마련되어 있다면 가지런히 책상 위에 깔아 놓는다. 편안하고 따뜻한

분위기 연출을 위해 식탁 위에 꽃 장식을 올려놓거나 부드럽고 잔잔한 음악을 틀어 놓을 수 있다.

• 자율배식인 경우에는 유아들이 오랜 시간 기다리지 않도록 배식 장소를 두 군데로 나누어 운영할 수도 있다.

③ 식기 준비

식당 시설이 있는 경우에는 식판이나 수저, 물컵 등 원에서 보관하고 관리하는 집기와 비품을 사용할 수 있다. 그렇지 않을 경우에는 유치원에 비치되어 있는 식판 또는 유아 개인별로 준비한 도시락 통과 물(물병), 수저(수저통)를 자신의 식사 자리에 준비하도록 한다. 유아가 개인 식기를 준비해 오지 못한 경우를 대비하여 원에 보관되어 있는 여분의 식기를 가져다가 배식 장소에 준비해 놓는다.

④ 배식

당번 유아들이 한두 가지 반찬에 대한 배식을 돕거나 유아들 각자가 정해진 양의 음식을 덜어 가는 자율배식 방식을 택할 수 있다. 배식 단계에서 유의할 사항은 다음과 같다.

• 밥과 국은 뜨거워서 위험할 수 있으므로 교사가 배식하도록 하고, 다른 반찬에 대한 배식이 다 끝난 후에 나누어 주도록 한다.
• 어린 연령의 유아들은 식판을 들고 왔다 갔다 하다가 안전사고가 날 수 있으므로 학기 초에는 유아들이 앉아 있는 자리에 미리 음식을 담은 식판을 준비해 주는 방식으로 운영하는 것이 적합하며, 점진적으로 자율배식을 늘려 가도록 한다.
• 자율배식일 경우 유아들이 한 줄로 서서 오랜 시간 동안 기다리게 하는 것은 안전사고나 문제행동을 촉발하는 원인이 될 수 있으므로 배식 장소를 두 군데로 나누어 운영하는 것이 좋다.
• 유아가 자신의 식사량을 정확히 가늠하는 일은 쉬운 일이 아니므로 가져가는

[그림 7-1] 안전하게 배식하기

　　음식의 양을 일정하게 제한하여 제시해 주고(예: 달걀말이 3개), 다 먹고 난 후에 모자라면 또 가져갈 수 있다는 것을 알려 준다.
- 편식을 하는 유아에게는 유아가 먹을 수 있는 최소한의 양을 주어 조금씩이라도 먹어 보게 한다.
- 특정 음식에 대한 알레르기가 있는 유아의 정보를 잘 숙지하여 배식에 주의한다.
- 배식 후에는 음식이 담겨져 있는 용기의 뚜껑을 닫아 두어 먼지와 같은 이물질이 들어가지 않도록 관리한다.

2) 식사 중 지도

　　유치원의 일과에서 급식시간은 '식사 예절, 식사 기술, 식습관'과 같은 식생활 교육이 자연스럽게 이루어질 수 있는 시간으로 다음 내용에 중점을 두어 지도한다.

(1) 식사 예절

식사 예절은 '음식을 먹으면서 지켜야 할 예절'로 일상에서의 경험을 통해 아주 어린 시기부터 익혀 가는 기본생활습관이다. 교사는 유아들이 급식시간을 통해 다음과 같은 예절을 배우고 익힐 수 있도록 지도한다.

① 수고해 주신 분들께 감사하는 마음 가지기

유아들이 음식이 식탁에 오기까지 수고해 주신 많은 분을 기억하며 감사의 마음을 가지도록 격려한다. 가족, 유치원 생활을 도와주시는 분들, 학급의 친구 등 고마운 사람들을 떠올려 보고 그들에게 감사하는 마음을 말로 표현해 보도록 안내할 수도 있다. 교사가 먼저 감사의 마음을 표현하는 모델을 보여 주도록 하며, 모든 유아들이 감사의 마음을 전하는 활동에 지속적으로 참여할 수 있도록 꾸준히 지도한다.

- 식사 인사 예: "아버지, 어머니. 이렇게 맛있는 음식을 먹을 수 있도록 유치원에 보내 주시니 정말 감사합니다."

② 식사가 끝날 때까지 자기 자리에 앉아서 먹기

주어진 과제를 마무리 지을 때까지 일정한 시간 동안 자리를 지키는 습관은 향후 학습이나 업무 상황에서의 주된 행동 경향으로 이어질 수 있으므로 어릴 때부터 기초를 잘 잡아 주어야 한다. 특히 음식을 먹는 일은 가장 규칙적으로 이루어지는 일과 중 하나이기 때문에 교사는 유아가 음식을 다 먹을 때까지 자기 자리를 떠나지 않는 습관을 기를 수 있도록 지도해 주어야 한다. 다만, 유아가 함께 식사를 하는 친구들을 다양하게 만날 수 있도록 정기적으로 자리를 바꾸어 주도록 한다.

식사 도중 화장실에 오가는 것은 유아가 식사에 집중하는 것을 방해하고, 이러한 행동은 다른 유아들에게도 영향을 미칠 수 있으므로 식사 시작 전에 유아들이 미리 화장실에 다녀오도록 안내해 준다. 특히 먹는 것에 관심이 없거나 부담을 느끼는 유아의 경우, 화장실을 피난처로 활용하는 일이 종종 발생되므로 학기 초에 유아의 식습관이나 태도 등을 잘 파악하여 이를 예방하도록 한다.

③ 다른 사람에게 폐가 되지 않도록 조용히 대화하기

기분 좋은 식사 분위기를 조성하기 위해서는 유아가 함께 식사를 하는 친구들과 즐겁게 대화 나누는 것을 허용해 주어야 한다. 그러나 너무 많은 이야기를 하거나 식사와 전혀 관련 없는 이야기를 하게 되는 경우 식사의 흐름을 방해할 수 있다는 점에 유의할 필요가 있다. 따라서 교사는 가능한 한 식사와 관련된 대화를 나눌 수 있도록 분위기를 이끌어 주는 것이 좋다. 또한 여러 사람이 한꺼번에 말을 하거나 큰 소리로 말을 하는 것은 다른 사람에게 불편함을 주는 행동이라는 것을 유아에게 이해시키고 식사에 방해되지 않는 크기의 목소리로 이야기할 수 있도록 지도해 주어야 한다. 이를 위해 교사는 자신의 식탁에 소집단의 유아들을 초청하여 즐겁게 대화하는 모델을 보여 주고, 적절한 목소리 크기로 대화하는 기회를 정기적으로 갖도록 한다.

④ 자신이 먹을 만큼의 음식을 덜고 끝까지 다 먹기

선택한 음식을 다 먹지 못하는 경우, 아깝게 쓰레기로 버려지고 그것이 쌓여 우리가 사는 환경이 오염될 수 있다는 것에 대해 유아들이 이해하고 바람직한 행동을 선택하도록 지도한다. 유아가 자신이 먹을 수 있을 만큼만 음식을 덜고 선택한 음식을 다 먹도록 꾸준히 지도하는 것이 중요하다. 또한 모자라면 또 먹을 수 있다는 것을 유아가 알고 불안을 느끼지 않도록 지지해 준다. 학기 초부터 유아들이 자신의 식사량 조절 연습을 꾸준히 하도록 지도함으로써 버리는 음식의 양을 줄여 가고, 나중에는 잔반통 없이 알뜰하고 깔끔한 식사가 이루어질 수 있도록 지도해 주어야 한다.

⑤ 정해진 시간 내에 먹기

급식시간은 유아의 먹는 속도를 고려하여 충분한 시간을 배정하되, 지나치게 빨리 먹는 유아는 천천히 먹도록 지도하고, 속도가 너무 느린 유아는 그 원인을 살펴서 가능한 한 주어진 시간 내에 식사를 마칠 수 있도록 지도한다.

⑥ 기타 식사 예절을 알고 실천하기

식사 예절을 알고 실천하는 것은 유아의 사회화에 도움이 되는 중요한 측면이므로 다음 내용을 참고하여 바른 식사 예절을 가르친다.

- 웃어른과 함께 식사할 경우, 어른이 수저를 들고 식사를 시작할 때까지 기다린다.
- 같이 먹는 사람들과 식사 속도를 맞추어 먹는다.
- 식기 부딪히는 소리, 마시거나 음식 씹는 소리가 크게 나지 않도록 주의한다.
- 음식이 입안에 있는 채로 말하지 않는다.
- 숟가락과 젓가락을 함께 잡지 않는다.
- 맛있는 음식만 골라 먹거나 음식을 집었다 놓았다 하지 않는다.
- 식사 중 기침이나 재채기가 날 경우, 얼굴을 옆으로 돌려 손이나 수건(냅킨)으로 입을 감싸 옆 사람에게 튀지 않도록 주의한다.

(2) 식사 기술

① 숟가락, 젓가락 사용하기

숟가락과 젓가락을 사용할 줄 아는 것은 유아의 소근육 발달 및 손과 눈의 협응력과 관련되는 부분이며 뇌 발달과도 깊은 연관이 있어 관심 어린 지도가 필요하다. 어린 연령의 유아들은 숟가락과 포크를 주로 사용하면서 도구를 사용하여 식사하는 법을 익히는 것에 중점을 둔다. 그러다가 연령이 높아질수록 젓가락을 사용하는 기회를 늘려 나감으로써 보다 정교하고 세련된 손 기능을 발달시키도록 돕는다.

수저를 잡는 행동은 아주 어릴 때 가정에서부터 습관화되는 것이고, 한번 습관으로 자리 잡히면 교정이 어려우므로 굳어지기 전에 바른 사용법을 알고 익힐 수 있도록 지도해 주어야 한다. 국의 건더기를 젓가락으로 건져 먹는 것, 숟가락과 젓가락을 한 손에 잡고 먹는 것과 같이 보기에 좋지 않은 행동에 대한 지도 또한 필요하다. 수저 사용법을 지도할 때 고려할 점은 다음과 같다.

- 기본적으로 숟가락은 밥 그리고 국이나 찌개 등 국물이 있는 음식을 먹을 때 사용하고, 그 외 반찬을 먹을 때는 젓가락을 사용한다.
- 숟가락과 젓가락을 한 손에 쥐거나 양손으로 나누어 들지 않는다.
- 올바른 젓가락 사용법은 다음과 같다.
  1 젓가락 한 개는 엄지의 안쪽과 네 번째 손가락에 닿게 잡는다.
  2 다른 젓가락 하나는 검지와 중지 사이에 끼고 엄지로 눌러 잡는다.
  3 검지와 중지 사이에 끼고 엄지로 눌러 젓가락을 움직인다.
  4 엄지에 가볍게 댄 채로 검지와 중지만을 사용해서 자유롭게 움직이도록 한다.

〈숟가락〉
엄지와 집게 손가락으로 숟가락의 윗부분을 잡고 가운뎃손가락에 살짝 올려놓는다.

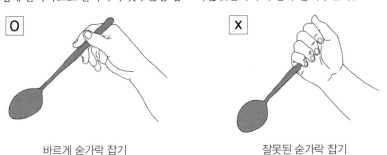

바르게 숟가락 잡기   잘못된 숟가락 잡기

〈젓가락〉
젓가락 한 개는 엄지의 안쪽과 네 번째 손가락에 닿게 잡는다.
다른 젓가락 하나는 검지와 중지 사이에 끼고 엄지로 눌러 잡는다.

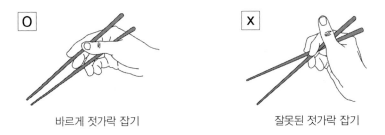

바르게 젓가락 잡기   잘못된 젓가락 잡기

[그림 7-2] 숟가락, 젓가락 바르게 잡는 법

② 식기 다루기

음식을 먹을 때 사용하는 식기의 바른 위치를 알고 놓는 것, 다 먹은 식기를 정리하는 것 등에 대해 유아들이 알고 대처할 수 있도록 교사는 바른 행동 모델을 보여주면서 차근차근 가르쳐 주어야 하며, 구체적인 내용은 다음과 같다.

- 밥은 왼쪽에, 국은 밥의 오른쪽에 놓는다.
- 국 오른쪽 옆에 숟가락을 놓고 그 오른쪽 옆에 젓가락을 붙여 놓는다.
- 물컵은 식판의 오른쪽에 놓되, 식탁의 안쪽으로 배치하여 식사를 하는 중에 건드려 쏟아지는 것을 예방한다.
- 자율배식의 경우, 식판(도시락)이 기울어지지 않도록 두 손으로 잡고 균형을 잡는다.
- 음식이 들어 있는 식판(도시락)을 들고 자리로 이동할 때는 앞을 보고 걸으며 두 손으로 식판을 잡고, 부딪히거나 넘어져 음식이 쏟아지지 않도록 주의하면서 이동한다.

(3) 바른 식습관

① 골고루 먹기

음식에 대한 선호는 영아기에 나타나며 이후 다양한 음식을 경험하면서 점진적으로 변화되는 경향을 보인다. 유아기는 좋아하는 음식과 싫어하는 음식에 대한 반응이 분명하게 나타나며, 특정 음식을 가리고 거부하는 습관(편식)이 가장 두드러지는 때다. 편식은 영양소의 불균형을 가져올 수 있으므로 반드시 교정해 주어야 한다.

이 시기 유아들의 음식에 대한 선호 경향은 대개 다음과 같이 나타난다.

유아들이 좋아하는 식품	유아들이 싫어하는 식품
씹기 쉽고 단맛이 나는 과자·크래커·빵·국수 등의 탄수화물 식품, 우유·치즈·요구르트 등의 유제품, 닭고기·소시지·햄버거 등 육류 제품, 과일이나 과일주스, 단 음식, 입안에 넣기 쉽고 씹기 쉬운 음식	씹기 힘든 고기, 질감이 딱딱한 음식, 미나리나 쑥갓·당근·양파·파·양배추·간 등과 같이 냄새가 강한 음식, 매운 음식, 짠 음식, 고추나 겨자·생강과 같은 향신료가 든 음식, 가시가 많거나 비린내가 많이 나는 생선

먹기 싫은 음식을 억지로 먹도록 강요할 경우, 이는 오히려 음식에 대한 부정적인 느낌을 가중시킬 수 있다. 유아가 편식을 하는 것은 음식의 색깔, 씹을 때의 식감, 조리된 음식의 크기 등 매우 사소해 보이는 요인들에서 비롯된다. 그러므로 골고루 먹는 습관 지도를 위해 교사는 먼저 유아가 왜 그 음식을 유독 싫어하고 안 먹고 싶어 하는 것인지 원인을 살펴보고 그에 따라 대처 방안을 세워야 한다. 간혹 편식하는 행동으로 강화를 받았을 경우, 고질적인 습관이 되는 경우도 있다. 예를 들면, 평소에는 무심하던 부모가 유아가 편식할 때 더 관심을 보이는 경우가 그렇다. 유아가 부담을 느끼지 않도록 조리법을 바꾸어 주면 아무렇지도 않게 그 음식을 먹고 좋아하게 되는 변화를 보일 수도 있다. 유아가 골고루 먹는 습관을 들이도록 지도하는 과정에서 교사가 고려할 점은 다음과 같다.

- 교사 자신이 편식하지 않고 모든 음식을 기분 좋게 먹는 모델을 보여 준다.
- 부모면담이나 설문지, 교실 관찰을 통해 유아가 좋아하는(싫어하는) 음식에 대한 정보 및 원인을 파악한다.
- 유아가 모든 음식(식품)을 가리지 않고 다 먹어야 한다는 생각은 현실적으로 적합하지 않다는 것을 인식한다. 멸치를 먹지 않는 유아라 할지라도 우유와 같이 칼슘 성분이 함유된 다른 식품을 통해 필요한 영양소를 섭취할 수 있음을 기억한다.
- 싫어하는 식품을 이용한 요리활동을 통해 유아가 식품에 대한 긍정적인 느낌을 가질 수 있도록 돕는다.

- 유아가 좋아하는 조리법이 급식 준비에 반영될 수 있도록 한다.
- 누구나 좋아하는 음식과 싫어하는 음식이 있을 수 있다는 것에 대해 교사 스스로 충분히 이해하고 유아가 식사시간을 편안하게 느낄 수 있도록 수용적인 분위기를 조성한다.
- 급식의 양은 유아 개인의 특성 및 요구를 고려하여 융통성 있게 조절해 주는 것이 좋다. 처음에는 아주 적은 양을 맛보는 정도부터 유아의 요구에 맞게 양을 늘려 가도록 한다. 무조건 일정한 양을 다 먹어야 한다고 강요하면 할수록 유아는 교사가 보지 않는 틈을 이용하여 적절하지 않은 행동을 할 가능성이 높다.
- 적은 양이라도 유아가 싫어하는 음식을 먹었을 때에는 충분히 인정해 주고 축하해 준다.
- 유아가 음식을 먹지 않으려고 할 때 '키가 안 큰다.' '튼튼하지 않다.' '부모님이나 선생님이 속상하다.' '먹을 것이 없어서 힘든 아이들도 있다.'는 식의 부담스러운 이야기를 하지 않는다. 이는 오히려 불안이나 죄책감 같은 부정적인 정서를 일으켜 기분 좋게 식사하는 것을 방해하기 때문이다.
- 바람직하지 못한 식습관은 하루아침에 변화되는 것이 아니므로 점진적으로 개선해 가도록 돕는다. 부모면담을 통해 바른 식습관 교육은 가정과 기관의 일관성 있는 지도가 있을 때 가능한 것이라는 합의를 얻는 것이 중요하다. 또한 편식은 신경질적이거나 과잉보호적인 양육에서 비롯될 수 있다는 것을 부모들이 이해하도록 돕는다. 편식 또는 과식에 대한 교사의 지도 방침을 학부모에게 안내하고 이에 적극적인 협조를 당부하도록 한다.
- 먹기 싫은 음식을 몰래 버리는 행동을 하는 유아에 대해서는 음식을 귀하게 여기는 마음가짐과 태도를 갖는 데 초점을 맞추어 지도하며, 일과 중의 다른 교육활동과 연계하여 유아에게 보다 의미 있는 교육이 일어날 수 있도록 지원한다.

② 적당한 양을 먹기

먹는 것을 좋아하고 많이 먹는 유아가 있는가 하면, 먹는 것에는 도통 관심을 보이지 않으며 매우 적은 양을 먹는 유아까지 같은 연령의 유아라 할지라도 식사량에서는 개인차가 있다. 식욕부진 또는 과식의 문제를 지닌 유아는 영양상의 불균형을 초래할 수 있으며, 학급을 운영하는 교사의 입장에서 지도하기 어렵고 난처한 문제일 수도 있다. 그러므로 교사는 급식 지도 시 유아의 식습관 유형에 따라 적절히 지도하여 유아의 식습관 개선을 도와야 한다.

(4) 식욕부진 및 과식에 관한 지도

① 식욕부진

음식을 먹는 것에 의욕이 없고 부정적인 느낌을 가지고 있는 것을 의미하며, 일반적으로 다음과 같은 행동을 나타낸다.

- 급식시간이 가까워질수록 표정이 어두워지거나 운다.
- 음식을 오랫동안 입에 문 채 씹거나 삼키지 않는다.
- 음식을 먹지 않고 휘젓거나 들었다 놓았다 하며 장난을 친다.
- 음식을 몰래 버리거나 친구에게 준다.

유아기에 나타나는 식욕부진의 원인은 대체로 다음과 같다.

- 유아기의 성장 속도 완화에 따른 식욕 저하
- 매력적이지 않은 음식 조리 방법이나 식사 환경
- 신장 장애, 빈혈, 신열, 급성 · 만성 질환, 충치 등 건강 이상
- 부모의 지나친 관심이나 불안정한 분위기
- 욕구불만이나 운동 부족
- 잦은 간식 또는 지나치게 달콤한 간식

식욕부진 개선을 돕기 위한 방법은 다음과 같다.

- 식욕을 좋게 하는 색깔의 음식을 제공한다(예: 빨간색).
- 커튼이나 조명, 식탁보와 같은 주변 환경의 색깔은 오렌지색과 같이 식욕을 돋우어 주는 색깔로 구성한다.
- 음식을 담을 때 재미있는 모양으로 변화를 주어서 담아 주면 음식에 대한 흥미와 식욕증진을 도울 수 있다.
- 음식의 맛, 촉감, 냄새, 온도 등이 조화로운 식사를 제공한다.
- 도움이 필요할 때 쉽게 접근할 수 있게 교사 가까이에서 먹을 수 있도록 자리를 배치한다.

② 과식

과식은 유아기 비만을 일으키는 가장 주된 원인이 되므로 주의 깊은 지도가 필요하다. 과식하는 유아에게서 평소 나타나는 행동 특성은 다음과 같다.

- 한번에 먹는 양이 많다.
- 음식을 빠른 속도로 먹는다. 즉, 음식을 먹으면서 또래 유아들과 별다른 상호작용 없이 먹는 일에만 집중한다.
- 먹는 것에 대해 눈치를 보거나 죄책감을 보이기도 한다.
- 먹는 것을 좋아하며, 배가 고프지 않을 때도 먹는 것에 유난히 민감한 반응을 보인다.
- 고열량 저영양 식품을 선호한다.

유아의 과식 행동 개선을 위한 교사의 역할은 다음과 같다.

- 음식 씹는 횟수를 늘리도록 가까이에서 격려한다.
- 음식의 맛을 천천히 음미하면서 먹는 습관을 가질 수 있도록 지도하며, 교사 가까이에서 식사를 하도록 하여 수시로 유아와 상호작용한다.
- 심리적인 허기로 먹는 것에 집착하고 과식하는 유아에 대해서는 그 원인을 구

체적으로 살펴보고 그것을 제거하거나 개선하는 일이 우선되어야 한다.

- 자율배식에 의한 급식 경험을 통해 유아는 자신에게 알맞은 양의 음식을 먹고 조절하는 능력을 키울 수 있다. 한번에 많은 양을 가져가기보다는 적은 양을 먹고 부족하면 조금 더 먹을 수 있도록 안내한다.
- 과식하는 유아는 대개 비만인 경우가 있다. 놀림을 받거나 비난받음으로써 자존감이 떨어지지 않도록 교사의 주의 깊은 배려가 필요하다.
- 체질이나 잘못된 식습관으로 비만에 이르는 유아에 대해서는 가능한 일찍 개입하여 조절을 도와줄 필요가 있다.

급식시간, 이것만은 꼭 확인하자!

- 식품 위생 및 안전상 주의해야 할 식단이 포함되어 있는가?
  식중독 발생 시기에는 상하기 쉬운 음식(단백질 식품)의 상태를 면밀히 확인한다.
- 충분히 즐겁고 편안한 식사 분위기를 조성하고 있는가?
- 교사 자신이 위생, 청결, 식사 예절, 식습관 등에서 좋은 모델을 보여 주고 있는가?
- 식사의 양, 시간 등에 있어 유아가 선택(결정)할 수 있는 기회를 가지는가?
- 유아들이 급식준비에 참여하고 스스로 정리할 수 있는 준비된 환경인가?

---

3) 급식 후 뒷정리

(1) 식사 후 감사의 마음 표현하기

식사 전에 감사 인사를 한 것과 같이 유아들이 음식을 다 먹고 난 후에도 감사의 마음을 표현할 수 있도록 지도한다.

(2) 식기와 먹은 자리 정리하기

음식을 먹는 것만큼이나 먹고 난 자리를 깔끔하게 정리하는 습관 또한 교사가 주의 깊게 지도해 주어야 할 부분이다. 유아가 개별적으로 가정에서 가져온 식기일 경우에는 도시락과 수저(수저통), 물병까지 잘 챙겨서 가방에 넣을 수 있도록 안내한다. 그리고 유치원에서 보관·관리하는 식판일 경우에는 정해진 퇴식 장소로 가져가 남은 음식을 잔반통에 모으고 식판의 모양에 맞게 가지런히 쌓아 놓을 수 있도록 안내한다.

다음으로 유아들 각자 자기 자리 주변에 떨어진 쓰레기를 꼼꼼히 주워서 쓰레기통에 넣는 동안 교사는 유아들의 자리를 돌아다니며 분실물의 주인을 찾아 주도록 한다. 특히 젓가락이나 물병 뚜껑, 도시락 주머니 등은 유아들이 자주 잃어버리는 품목이므로 이름을 적어서 가지고 다니도록 학기 초에 미리 부모에게 당부한다.

(3) 양치하기

급식을 다 마친 유아들이 순서대로 화장실에 가서 양치를 하도록 안내한다. 이때 유아는 개인 칫솔과 양치 컵을 챙겨서 화장실로 이동하며, 교사는 유아의 칫솔에 적당한 양의 치약을 짜 준다. 유아의 연령이 높아짐에 따라 스스로 치약을 사용하는 연습을 하도록 기회를 제공해 줄 수 있다. 충분한 시간 동안 입안 구석구석을 꼼꼼히 닦을 수 있도록 교사가 시범을 보이며 지도한다. 양치가 끝난 후 깨끗한 물을 받아 충분히 헹군 후 칫솔과 컵을 씻어서 보관 장소에 두도록 하며, 치약 거품이 묻은 입 주변을 물로 잘 닦은 후 손을 씻는 것으로 마무리하도록 지도한다.

(4) 식사를 마친 유아에게 다음 활동 안내하기

유아마다 먹는 속도가 다르므로 다 먹고 정리까지 끝낸 유아들은 정적인 활동을 하도록 안내한다. 그림책을 보거나 간단한 퍼즐놀이(퍼즐 조각 수가 많지 않은)를 하면서 다른 유아들이 식사를 마칠 때까지 기다리도록 한다. 교사 인력이 더 있다면 남은 유아들의 급식 지도를 부탁하고 교사는 다음 활동 공간으로 옮겨 유아들을 보살피고 안내한다.

(5) 투약이 필요한 유아에게 식후 약 먹이기

투약의뢰서의 내용을 확인하여 해당 유아에게 약을 챙겨 먹인다. 약을 먹이기 전에 복용 방법과 유아의 상태를 다시 한 번 확인해야 하며, 혹시 열이 있는 상태라면 원장(원감), 부모에게 알려 상의하도록 한다. 약의 1회 용량 및 유아의 이름을 확인한 후 시간을 지켜서 투약 방법대로 먹인다. 또한 투약에 관한 실행이 어떻게 이루어졌는지를 투약보고서에 기재하도록 한다.

투약의뢰서

금일 자녀의 투약을 선생님께 의뢰합니다.
- 유아명:
- 증상:
- 보관방법: 실온 보관 □ / 냉장 보관 □
- 투약시간:

20○○년   월   일   요일

의뢰자: (인)

○○ 유 치 원

투약보고서

유아명:

	투약시간	용량(ml)	투약자
1회			
2회			
3회			
비고			

위와 같이 투약하였음을 보고합니다.

20○○년   월   일   요일

담당교사: (인)

○○ 유 치 원

[그림 7-3] 투약의뢰서 및 투약보고서

즐거운 급식시간 만들기

유아들에게 급식시간을 재미있는 놀이나 호기심 또는 궁금증을 해결해 보는 매력적인 시간으로 만들어 주기 위해 다음의 아이디어들을 활용해 보자.

〈맛있는 퀴즈〉

급식에서 경험하게 될 음식에 대한 퀴즈를 내고 알아맞혀 보는 활동은 급식시간에 대한 유아들의 기대감을 높여 줄 수 있다. 한번에 모든 단계의 설명을 제시해 줄 수도 있으나 난이도에 따라서 일과 소개하기 시간에 1, 2단계를 제시해 주고, 급식이 시작된 후에 나머지 단계를 제시해 줌으로써 흥미 유지를 도울 수 있다.

• 상호작용 예: 오늘 점심 반찬은 무엇일까? 수수께끼를 잘 들어 보고 무엇인지 알아맞혀 보자.
   –1단계: 이것은 흰색이에요.
   –2단계: 이것을 만져 보면 말랑말랑한 느낌이지요.
   –3단계: 이것의 맛은 고소하고 부드러워요.
   –4단계: 이것은 콩으로 만든 식품이에요.
   –5단계: 이것은 무엇일까요?

〈내가 만일 요리사라면?〉

유아 자신을 요리사라고 가정하고 급식으로 나온 음식을 나만의 음식으로 재구성해 보는 상상놀이이다.

• 활동 예: 나만의 미역국 만들기
   –미션 제시: 나는 세상에서 가장 훌륭한 요리사! 오늘은 세상에서 가장 맛있는 나만의 미역국을 만들어 보자.
   –탐색하기: 먼저 오늘의 미역국을 살펴볼까? 어떤 색깔이 보이니? 어떤 냄새가 나는 것 같니? 어떤 재료들이 들어갔는지 살펴볼까? 어떤 맛이 날 것 같니? 왜 그렇게 생각했어? 맛이 어떤지 먹어 보자. 한 번 더 먹어 볼까? 어떤 맛이 나니?

―재구성하기: 세상에서 하나밖에 없는, 가장 맛있는 나만의 미역국을 만들어 보
자. 무엇을 넣어서 만들면 좋을까? 어떤 재료를 넣고 싶니? 그 이유는 무엇이
니? 네가 만든 미역국의 가장 특별한 점은 무엇이니? → '○○한 미역국'

〈이야기 속 주인공은 어떻게 먹었을까?〉

평소 유아들이 좋아하는 이야기의 주인공이 된 것처럼 상상하면서 놀이하듯이 음
식을 먹는 방법이다. 이러한 방법을 활용하면 유아들이 좋아하지 않는 음식도 재미
있게 먹어 보는 경험을 시작할 수 있도록 유도할 수 있다.

• 상호작용 예: 김치를 싫어하는 유아

"세상에! 노란 눈알을 뒤룩대는 괴물은 놀랍게도 우리나라의 김치를 아주 좋아
하는 괴물이었어. 괴물은 어떤 모습으로 김치를 먹었을까? 김치를 먹은 후에 뭐
라고 말했을 것 같니? 우리도 김치를 좋아하는 노란 눈알 괴물이 되어 맛있게 먹
어 볼까?"

〈음식의 또 다른 이름 찾아 주기〉

유아들은 새로운 것을 창안하고 변형시키는 작업을 좋아하며 즐기는 경향이 있으
므로 이를 활용하면 음식에 대한 긍정적인 느낌을 증가시켜 줄 수 있다. 즉, 급식을
통해 여러 음식을 오감으로 경험한 후, 음식의 이름을 새롭게 바꾸어 보는 활동을
통해 평소 싫어하거나 낯선 음식에 대한 친밀감을 길러 줄 수 있다.

• 예: 달걀 프라이 → 하얀 물결 호수의 노란 섬

　　멸치볶음 → 바삭바삭 고소미

〈오늘의 최고 음식은?〉

식사 후 오늘의 급식으로 나온 음식들 중 가장 훌륭한 음식을 뽑아 보는 활동이다.
각 음식의 이름이 적혀 있는 칸에 유아들 각자가 스티커를 붙여서 맛있는 정도를
표시하도록 하며, 그래프 형식으로 투표결과를 표시할 수도 있다. 이를 위해 교사
는 급식시간 중에 유아들이 음식의 맛을 충분히 음미하면서 먹도록 안내하고, 투표
결과는 다음 급식 식단으로 반영될 수 있는 중요한 정보가 될 수 있다는 점을 이해
하도록 지도한다.

2. 화장실 다녀오기

　　유아기는 배변에 필요한 자조기술을 익히며 자율감을 발달시키고, 타인을 배려하는 예절과 위생, 청결 및 자원 절약의 생활습관을 배우고 익히는 중요한 시기이다. 따라서 유아교육기관에서의 배변 지도는 유아의 개별적 요구를 수용하고 존중하여 생물학적 요구뿐만 아니라 따뜻한 배려와 안내를 통해 사회·정서적 요구를 충족시켜 줄 수 있는 중요한 시간이다. 이와 함께 유아가 손 씻기와 휴지 사용, 물 내리기 등과 같은 청결 습관과 자율성을 기를 수 있는 기회가 되므로 세심한 안내와 지도가 필요하다.

배변에 대한 유아의 마음 특성

- 옷 입고 벗기, 배변 후 뒤처리 기술 등이 미숙해 배설의 욕구를 억제함
- 놀이에 몰두하여 변의를 느껴도 참게 됨
- 또래와 배변도 함께 하고 싶어 함
- 교사를 독점하고 싶어 화장실에 같이 가자고 함
- 줄 서는 시간과 손 씻는 시간이 아까움
- 빨리 교실로 들어가 놀이를 하고 싶어 뒷정리를 잊음
- 도움이 필요한 수준이나 혼자서 처리하고자 하는 욕구가 있음
- 용변과 관련된 실수를 또래들에게 숨기고 싶어 함

　　만 3~4세 정도가 되면 대부분의 유아가 자율적으로 화장실을 사용할 수 있게 되지만 유아마다 가정에서의 경험에 차이가 있을 수 있다. 따라서 교사는 유아가 일과 중에서 생리적 욕구를 참지 않고 배변활동을 편안하게 하되, 타인을 존중하고 예절을 지킬 수 있도록 다음의 역할을 수행하게 한다.

• 배변과 관련된 유아의 의사표현을 수용하고 존중하기

> - 배변과 관련하여 유아가 보내는 다양한 방식의 메시지 표현(언어적 표현, 신체적 표현 등)을 신속하게 알아차린다.
> - 유아가 언제라도 배변 욕구를 편안하게 표현할 수 있도록 수용적으로 반응한다.
> - 가정에서와 같이 편안하게 용변을 볼 수 있도록 허용적인 분위기를 마련해 준다.

• 유치원 화장실의 사용 방법을 구체적인 언어와 행동으로 가르쳐 주기

> - 용변을 보기 위해 옷을 입고 벗는 것, 용변 후 뒤처리를 하는 것, 용변 후 손을 깨끗하게 씻는 것 등 화장실 사용과 관련된 자조기술을 익히고 연습하도록 지도한다.
> - 성별에 따른 화장실 사용 순서와 뒤처리 방법에 대해 알려 준다.
> - 교사가 먼저 화장실 사용 순서에 대해 시범을 보인다.

• 유아가 청결 및 위생 습관을 익히도록 지도하기

> - 유아가 용변을 본 후 손을 잘 씻었는지, 옷은 바르게 입었는지 등을 개별적으로 확인하면서 청결 및 위생 습관을 익히도록 지도한다.

• 유아가 타인을 존중하고 배려하는 마음을 행동으로 실천하도록 지도하기

> - 화장실 문을 열기 전에 안에 누구 있는지 확인하기 위해 노크하고 기다린다.
> - 화장실 안에 있는 친구에게 빨리 나오라고 하거나 재촉하지 않는다.
> - 화장실을 사용하거나 손 씻을 때 차례를 지킨다.
> - 다른 친구가 용변 보는 장면을 들여다보거나 놀리지 않는다.

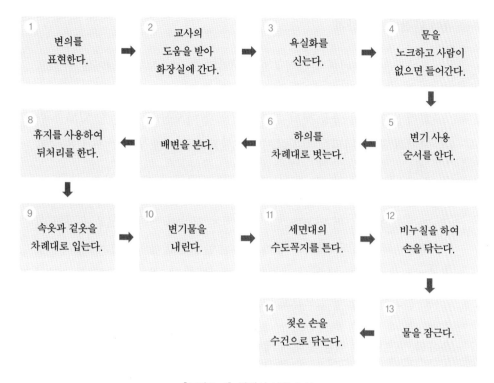

[그림 7-4] 화장실 사용 순서

- 아껴 쓰고 절약하는 습관 지도하기

  - 유아가 물이나 휴지, 비누 등의 자원을 필요한 만큼 사용하고 아껴 쓰며 절약하는 습관을 기를 수 있도록 안내하고 지도한다.

- 유아가 용변 실수를 했을 때 적합하게 대처하기

  - 유아가 용변 실수를 하였을 때는 공개되지 않도록 조치하며, 안전하고 편안한 개인 공간을 확보해 주고, 유아가 수치심을 느끼지 않도록 주의한다.
  - 실수하게 된 원인에 대해 추궁하기보다는 현재의 문제 상황을 해결하는 방법을 유아가 배울 수 있도록 하는 것이 중요하다.

• 유아 안전에 유의하기

 - 유아들을 한꺼번에 화장실로 이동시키면 혼잡한 상황이 일어날 수 있으므로 어떤 방법과 순서로 이동하는지 유아들에게 명확히 알려 준다.
 - 화장실 앞에서 줄을 서서 기다리는 곳과 나오는 곳을 알 수 있도록 이야기해 준다. 바닥에 발자국이나 화살표로 표시해 두는 것은 좋은 방법이다.
 - 줄을 서서 기다릴 때는 표시선을 넘지 않도록 안내한다.
 - 화장실 안에서 뛰거나 또래와 장난치지 않아야 한다는 것을 유아가 이해하도록 가르쳐 준다. 유아기의 주된 안전사고 유형 중 넘어지고 부딪히는 사고, 화상(세면대에서 물을 틀 때 뜨거운 물), 화장실 문에 손이 끼이는 사고를 꼽을 수 있으므로 더욱 주의를 기울여야 한다.

• 유아의 성(性) 관련 행동에 대해 세심하게 지도하기

 - 유아기는 성(性)에 대한 호기심이 크게 증가되는 시기이며, 화장실은 유아들끼리 또래 유아의 신체를 엿보는 행동을 비롯한 다양한 성 관련 행동이 빈번히 일어날 수 있는 공간이라는 점을 유의할 필요가 있다.
 - 화장실을 사용하는 과정에서 다른 성별 유아에 대한 성 관련 행동 문제로 학부모들 간의 갈등이 야기되는 일이 없도록 교사의 세심한 관리와 지도가 필요하다.

유아 성행동 문제에 대한 관리와 대응

1. 유치원에서의 유아 성행동 수준별 관리 대응 체계

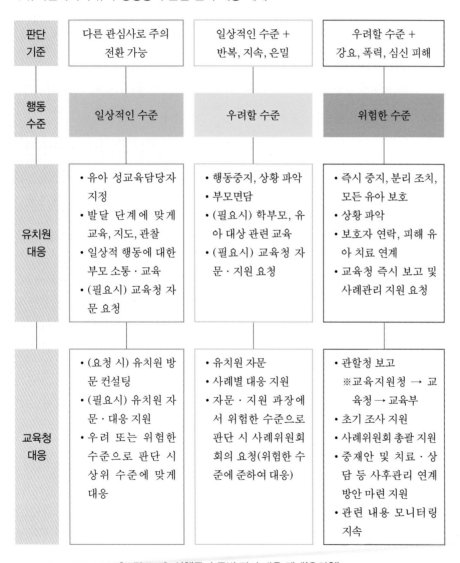

판단 기준	다른 관심사로 주의 전환 가능	일상적인 수준 + 반복, 지속, 은밀	우려할 수준 + 강요, 폭력, 심신 피해
행동 수준	일상적인 수준	우려할 수준	위험한 수준
유치원 대응	• 유아 성교육담당자 지정 • 발달 단계에 맞게 교육, 지도, 관찰 • 일상적 행동에 대한 부모 소통·교육 • (필요시) 교육청 자문 요청	• 행동중지, 상황 파악 • 부모면담 • (필요시) 학부모, 유아 대상 관련 교육 • (필요시) 교육청 자문·지원 요청	• 즉시 중지, 분리 조치, 모든 유아 보호 • 상황 파악 • 보호자 연락, 피해 유아 치료 연계 • 교육청 즉시 보고 및 사례관리 지원 요청
교육청 대응	• (요청 시) 유치원 방문 컨설팅 • (필요시) 유치원 자문·대응 지원 • 우려 또는 위험한 수준으로 판단 시 상위 수준에 맞게 대응	• 유치원 자문 • 사례별 대응 지원 • 자문·지원 과장에서 위험한 수준으로 판단 시 사례위원회의 요청(위험한 수준에 준하여 대응)	• 관할청 보고 　※교육지원청 → 교육청 → 교육부 • 초기 조사 지원 • 사례위원회 총괄 지원 • 중재안 및 치료·상담 등 사후관리 연계 방안 마련 지원 • 관련 내용 모니터링 지속

[그림 7-5] 성행동 수준별 관리 대응 체계(유치원)

출처: 교육부(2020).

2. 유아의 성행동 문제 위험 수준에 따른 대응

• 수준별 판단 기준

- 연령별 발달 과정에서 나타나는 일반적 행동을 기준으로 '주의 전환 가능 여부' '지속성 및 반복성' '은밀한 행동' '강요 및 폭력성' '심신의 피해 발생' 등을 통해 판단한다.
- 판단 기준에 따라 [그림 7-5]와 같이 '일상적인 수준(초록색)' '우려할 수준(노란색)' '위험한 수준(빨간색)'으로 구분된다.

수준	행동 특성
일상적인 수준	• 사물에 대한 변별력이 생기면서 남녀의 생물학적 생김새에 호기심을 보임 • 또래 엿보기 등 일시적인 성행동을 보임 • 자신의 신체를 만지거나 우연히 하게 되는 성기 자극 등 성 관련 행동이 나타남
우려할 수준	• 일상적인 성 관련 행동이 지속적이고 은밀하게 반복되는 동시에 놀이에 대한 관심이나 주변 사물에 대한 호기심이 줄어듦 • 교사의 지도에도 불구하고 지속적으로 성행동에 몰두하거나 또래를 불편하게 하는 성행동을 함 • 성인의 눈을 벗어나는 장소에서 시도하려는 경향을 보임
위험한 수준	• 유아의 성 관련 행동이 강압적이거나 폭력성을 띄는 수준 • 피해 영유아에게 정신적 · 신체적 피해가 뚜렷이 나타나거나 피해 영유아를 고의적이고 반복적으로 괴롭히는 행동이 나타나는 경우 • 놀이에 대한 관심이나 주변 사물에 대한 호기심이 현저하게 줄어듦 • 간혹 성행동이 지속되거나 반복하여 나타나는 우려할 수준을 거치지 않고 강요나 폭력성이 바로 나타나기도 하므로, 성행동 문제의 발견 횟수보다는 피해를 유발할 위험 정도를 중심으로 파악하는 것이 중요함

- 성행동 인지 시 유의사항

  - 침착하게 대처하며, 평소와 다른 표정(충격 받은 표정, 굳은 표정)이나 긴장된 어투가 드러나지 않게 주의한다.
  - 영유아의 자발적인 진술(호소)이나 표현이 가장 중요함을 인지하고 주의 깊게 듣고 관찰한다(신체적 증상의 호소, 또래와의 관계에 대한 호소, 비언어적 표현 관찰).
  - 교사 스스로도 진정하는 시간이 필요하므로 필요시 유관기관으로부터 상담을 받아 적절히 대응한다.

- 초기 진술 오염 방지를 위한 상호작용 지침

  - 잘 듣고 있다는 비언어적 메시지 전달하기(자세를 낮추고 눈맞춤하기, 끄덕이기, 집중해서 듣기)
  - 반영적 경청하기("그랬구나!", "~했다는 거구나!"처럼 마지막 언급을 반복하기)
  - 공감적 이해와 안심 유도하기("괜찮아, 천천히 듣고 있을게!"),
  - 개방형 질문하기("무슨 일이 있었는지 말해 주겠니?")
  - 어른이 도와줄 수 있음을 신뢰하도록 하기("이제 괜찮아. 선생님이 알게 해 줘서 고마워.")
  - 피해영유아, 행위영유아, 주변의 영유아 등 어떤 아이에게도 상황에 대해 추궁하거나 답을 암시·유도하는 폐쇄형 질문이나 반복적 질문을 하지 않기
  - 편파적인 질문, 질문자의 유추, 자의적 해석 등의 예단하는 질문 하지 않기
  - 아이가 보거나 들을 수 있는 데서 다른 성인과 이야기 나누거나 통화하거나 걱정하거나 화내는 언행 하지 않기
  - 초기 진술에서 아이가 듣고 본 것, 답하고 실행한 것을 자세히 기록하기

출처: 이완정, 강정원, 최지영, 김정신, 김소향(2020).

3. 낮잠

유아는 활동량이 많거나 주변 환경으로부터의 자극에 영향을 받으며 쉽게 지친다. 다른 유아들과의 계속적인 접촉, 다양한 활동, 집단 환경, 그리고 집단 내 여러 사람의 행동과 목소리는 유아들을 지치게 하는 요인이 된다. 이 외에 스트레스, 부적절한 영양, 덥거나 추운 날씨, 휴식을 요하는 신체 상태 등의 이유로 피로해지게 된다. 피로는 유아들마다 다양한 형태로 표현되는데 까다롭게 굴기, 주의 산만, 울음, 과잉반응하기, 다른 유아와 성인을 방해하는 행동, 무관심, 멍함, 비활동성 혹은 과잉활동성 등으로 나타난다.

유아가 안정감을 가지고 건강하게 생활하도록 돕기 위해서 교사는 개별 유아의 서로 다른 요구를 일과에 반영하여 놀이와 휴식이 적절하게 안배된 일과를 운영해야 한다. 누리과정 총론에서도 개별 유아의 요구에 따라 휴식과 일상생활이 원활히 이루어지도록 한다는 점을 강조하고 있다. 따라서 유치원에서의 일과는 놀이와 활동 외에도 유아가 가정에서 지낼 때와 같이 편안한 휴식과 일상생활을 하며 보내는 시간을 안배하여 운영하는 것이 중요하다. 이를 위해 교사는 수시로 유아의 개인적인 요구를 파악하여 일과에 충실히 반영하는 노력을 기울여야 한다. 유아의 건강 상태와 날씨, 계절, 기관의 상황 등에 따라 일과 중 휴식과 일상생활 시간을 유연하게 조정할 필요가 있다.

낮잠은 유아가 일과 중에 느끼는 피로를 해소하고 새로운 활력으로 다음 활동을 실행하기 위하여 실시하는 활동이다. 낮잠 시간의 효과적인 운영을 위해 교사는 수면과 관련된 유아의 개별적인 요구를 이해하고 존중하면서 다음의 역할을 수행하도록 한다.

1) 낮잠 전 교사의 역할

교사는 먼저 개별 유아의 수면 습관과 수면시간, 생활 리듬 등을 충분히 이해하고 있어야 한다. 이를 바탕으로 유아가 숙면할 수 있도록 충분한 활동과 균형 있는 하루일과 및 규칙적인 취침시간을 제공해 준다. 아울러 낮잠 도중 소변 실수를 할 수 있기 때문에 낮잠 전에 유아가 화장실에 다녀올 수 있도록 한다.

청결하고 편안한 환경에서의 낮잠을 위해 매트를 깔기 전에 교실 바닥을 깨끗이 청소한다. 다음으로 유아의 이름이나 사진이 부착된 개별 매트를 바닥에 깔고, 유아들이 자신의 얼굴이나 사진을 잘 알아볼 수 있도록 앞면에 위치하도록 놓는다. 이때 매트가 유아와 유아 간의 발과 머리에 닿지 않도록 주의하며, 통로를 확보하여 유아나 이불 매트를 발로 밟는 일이 없도록 주의한다.

유아들은 주변 환경에 민감하게 반응하므로 18~23℃를 유지하고, 조용한 환경을 구성한다. 햇빛이 들어오지 않도록 블라인드나 암막 커튼을 쳐서 수면을 위한 아늑한 환경을 구성한다. 또한 느리고 조용한 음악을 미리 준비하여 유아들이 편안한 마음으로 잠자리에 들 수 있도록 한다. 통풍 장치가 없어도 환기가 잘 되도록 배려하고, 자연 환기가 어려울 경우에는 공기정화 시설을 이용하여 깨끗한 공기를 유지하도록 유의한다.

유아가 잘 때 몸부림을 치거나 몸을 움직이는 것으로 인해 다치는 일이 없도록 매트를 깔 때 주변에 위험한 물건이 있는지 확인하고 안전한 곳에 잠자리를 준비한다. 잠자리에 들기 전 지나치게 피곤하거나 흥분을 한 상태에서는 유아들이 편안히 잠을 잘 수 없으므로 자기 전에 유아의 마음을 가라앉히고 수면을 도울 수 있는 조용한 음악이나 이야기를 들려준다.

2) 낮잠 중 교사의 역할

학기 초에는 낮잠을 자고 싶어 하지 않는 유아들이 많다. 또한 적응기간이 지난 후에도 잠들지 않고 교사를 기다리는 유아가 있는데 유아가 안정감을 가지고 점차 잠들 수 있도록 돕는다. 교사가 옆에서 재워 줄 때까지 자지 않는 유아는 가급적 가장 먼저 재우도록 하여 유아가 교사를 기다리지 않도록 한다.

낮잠을 잘 때 교사가 바로 곁에 있어 주어야 하는 아이와 피해 주어야 하는 아이를 파악하여 자리를 따로 마련해 주는 것이 적절하다. 특별히 잠을 자기 어려워하는 유아는 눕게 하여 등을 토닥여 준다. 유아들이 편안한 상태에서 잠들 수 있도록 동화나 음악을 들려주면서 유아들을 돌본다. 교사는 유아의 개별 수면 패턴을 파악하여 패턴에 따라 낮잠을 재울 수 있도록 한다.

유아들이 낮잠을 잘 때 교사가 교실을 떠나 유아들끼리 자는 일이 없도록 주의한다. 이불을 차는 유아가 있다면 챙겨서 덮어 준다. 여름에도 유아의 배 부분에는 이불을 덮어 준다. 유아들이 잠을 자는 동안 에어컨이나 온풍기로 인해서 교실이 너무 춥거나 더워지지 않는지 확인하여 유아가 감기에 걸리거나 땀을 흘리며 잠을 자지 않도록 한다.

잠을 자면서 열이 나는 유아가 있거나 아픈 유아가 없는지 확인한다. 만약 아픈 유아가 있다면 투약의뢰서를 확인하고, 투약의뢰서가 없는 경우는 열을 재어 부모에게 알리고 부모의 연락을 기다린다. 교사가 임의적으로 투약하는 일이 없도록 한다.

자지 않으려는 유아에게 잠자는 것을 강요하지 않는다. 낮잠을 거부하는 유아의 경우에는 우선 그 이유를 파악하도록 한다. 가정에서 늦게까지 잠을 잤거나, 하고 있던 놀이를 계속해서 하고 싶거나, 아직 환경에 적응하지 못하였을 경우 등이 그 이유가 될 수 있다. 낮잠을 자지 않는 유아에게 자율성을 주고 가정과 연계하여 점진적으로 지도하는 것이 바람직하다.

낮잠을 원하지 않는 유아를 강압적으로 자게 하는 것보다는 조용한 놀이나 휴식을 취하게 하고 원인을 해결하는 것이 필요하다. 가정에서 늦은 취침을 하는 경우는 부모와의 상담을 통해 일정한 시간에 잠을 자는 습관을 갖게 한다. 낮잠 시간에 놀이를 더 하기를 원하는 유아는 낮잠 시간 이후에 놀이시간을 주겠다고 약속하거나 일정 시간(20~30분) 동안 놀이를 더 하도록 허락한다. 유아가 환경의 변화에 민감하여 낮잠을 자지 않는 경우에는 유아가 잠잘 때 사용하는 친숙한 인형이나 베개 등을 가지고 오게 한다.

　낮잠 시간 전에 물을 많이 마셨거나 화장실에 다녀오지 않은 경우에 대소변 실수를 할 수 있는데, 이때 교사는 다른 유아들이 알게 되어 실수를 한 유아가 수치심을 느끼지 않도록 조용히 화장실로 데리고 간다. 대개 유아들이 놀라서 깨어 잔뇨가 남아 있는 경우가 많으므로 충분히 변기에 앉혀 편안히 용변을 보도록 한다. 다음으로 옷을 벗기고 엉덩이와 사타구니, 다리를 미온수로 깨끗하게 씻긴 후 옷을 갈아입힌다. 용변이 묻은 옷은 가볍게 빨래를 한 후 비닐봉지에 담아 유아의 개별 장이나 가방에 넣어서 집에 가져갈 수 있도록 하고, 하원 시 유아의 부모에게 알리도록 한다.

　친한 친구와 같이 자고 싶어 하는 유아는 대부분 친구와 이야기를 하고 싶은 요구를 가지고 있다. 이럴 경우, 교사는 매트를 친구 옆에 놓아 주고 교사가 가운데에 앉아 두 유아를 다독이며 재워 주는 것이 좋다. 자면서 이를 가는 유아가 종종 있는데, 그 원인은 정확히 밝혀지지 않았으나 정서적 불안이나 긴장, 치아 배열의 문제 때문일 수 있다. 중간에 흔들어 깨우기보다는 편안하고 안정된 마음으로 잠들 수 있게 책을 읽어 주거나 자장가를 불러 준다.

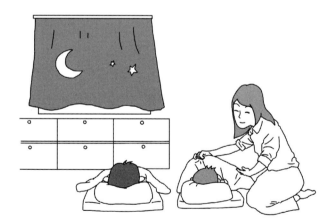

3) 낮잠 후 교사의 역할

유아에게 다가가 개별적으로 어깨를 토닥여 주며 "잘 잤니? 일어나자." 하고 속삭여 주어 일어날 시간이 되었음을 알려 준다. 유아를 깨울 때 갑자기 불을 켜서 유아가 기분이 나쁜 상태로 일어나지 않도록 주의한다. 교사는 개별 이불과 베개가 섞이지 않도록 잘 정리하고, 일어난 유아에게 스스로 이불과 베개를 정리하도록 격려한다(예: "잘 잤니? 이제 이불 정리해 보자." "이제는 선생님이 도와주지 않아도 스스로 예쁘게 정리하는구나.").

절반 이상의 유아가 일어나면 커튼을 한쪽으로 몰아서 자연광이 들어오도록 하고 조명을 켠다. 경쾌한 음악을 틀어 주어 자연스럽게 일어나는 시간을 알려 줄 수도 있다(예: "○○반 친구들, 일어나 보자. 창문을 여니 햇빛이 들어오는구나."). 창문을 열어 공기를 환기시키되, 벌레가 들어올 수 있으니 방충망은 열지 않는다.

유아들이 거의 다 일어나면 낮잠 시간에 잤던 유아의 인원수와 낮잠 이후 인원수가 일치하는지 확인한다. 매트에 침이나 땀 등이 묻은 경우에는 소독된 물휴지로 잘 닦고 건조시킨다. 땀이나 침으로 젖은 옷은 갈아입도록 도와주고 벗은 옷은 비닐에 밀봉하여 가방에 넣어 준다. 매트가 젖어 있거나 세탁이 필요하면, 매트와 커버를 분리하여 커버는 세탁하도록 가방에 넣는다. 평균적으로 일주일에 한 번씩 개별 베개와 이불을 가정에 가지고 가서 세탁하여 청결히 유지하도록 한다.

활동 1

유아의 편식에 대한 다음 두 교사의 입장 중 어느 쪽의 의견에 공감하는지, 왜 그렇게 생각하는지 토의해 봅시다.

김 교사: 급식으로 나오는 모든 음식은 유아가 싫어하는 것일지라도 다 먹일 필요가 있다고 생각해요. 처음에는 낯설고 싫을 수 있지만, 억지로라도 조금씩 먹다 보면 익숙해지기 마련이잖아요. 편식은 습관이라 한번 굳어지면 오랫동안 고치기 어렵기 때문에 어릴 때부터 골고루 먹는 습관을 잡아 주는 것이 필요하지 않을까요?

이 교사: 억지로 먹이면 오히려 음식에 대한 혐오감만 더 커지는 것 아닐까요? 어릴 때 안 먹었던 음식이지만 커 가면서 자연스럽게 먹게 되는 경우도 있잖아요. 저는 유아가 안 먹고 싶다고 하면 허용해 주는 편이에요. 무엇보다도 급식시간은 유아가 즐겁게 먹는 분위기를 만들어 주는 것이 중요하다고 생각해요.

활동 2

만 3세 반 유아의 입학 초기 상황을 상상해 보세요. 학급 담임교사가 개별 유아를 대상으로 화장실 사용법을 가르쳐 주는 내용을 시나리오로 작성하고, 소그룹 구성원들과 함께 역할극을 시연해 봅시다.

제3부

유치원 교사의 연간 실무

제8장

새 학기 준비

1. 교육과정 운영계획
2. 유치원 입학 상담
3. 교실 환경 구성
4. 오리엔테이션

좋은 교사는 ……

1. 원의 교육철학과 목표에 근거한 교육과정을 편성·운영할 수 있다.

2. 입학지원시스템(처음 학교로), 입학상담 및 입학 서류 준비 등의 입학 관련 업무를 숙지한다.

3. 새 학기 준비를 위해 안전하고 흥미로운 교실 환경을 구성할 수 있다.

4. 신입 유아의 부모 오리엔테이션과 유아를 위한 오리엔테이션의 내용과 절차를 파악한다.

제**8**장

새 학기 준비

새 학년 새 학기를 맞이하는 교사의 마음은 포부와 기대감으로 가득 차 있다. 새 학급을 맡기 위해서는 체계적인 준비가 필요하다. 수시로 이루어지는 입학문의와 안내, 부모와 유아를 위한 오리엔테이션 업무에 대한 이해로 긍정적인 첫 이미지를 줄 수 있도록 잘 준비해야 한다. 이 장에서는 유아교사가 알아 두어야 할 새 학기 준비사항을 살펴보고자 한다. 초임교사로서 새 학기를 준비하는 마음을 다음의 교사 저널을 통해서 살펴보자.

2월에 학교를 졸업하고 곧 교사로서 첫걸음을 시작하게 된다. 기대감과 설렘도 있지만, 두려움이 크다. 막상 학급을 맡게 된다고 생각하니 무엇부터 시작해야 할지 막막하다. 새 학기를 준비하기 위해 몇 주 앞서 출근하라고 연락이 왔는데, 어떻게 하면 잘 준비할 수 있을까? 선배교사들과 원장님, 원감님은 내가 일을 잘하는지 관심을 가지고 보실텐데, 나는 오히려 부담스럽기만 하다. 옆 반 선생님이 하는 일을 따라서 준비하는 것이 최선일까? 나 나름대로의 학급을 운영하고 싶다. 부모들과 유아들에게 좋은 첫인상을 주고 싶다. 매력적인 교실과 즐거운 프로그램을 마련하고 싶다. 마음만 앞서는 것이 아닌 구체적이고 효율적인 새 학기 준비를 위해 무엇을 챙겨야 할까?

　　　　　　　　　　　　　　　　　　　　　　　　　　　　　　　－초임교사의 2월 저널

1. 교육과정 운영계획

　새로운 학년도 새 학기 시작 전에 반드시 해야 할 중요한 업무 중의 하나는 교육과정 운영계획서를 작성하는 것이다. 이전 학년도의 교육과정을 평가하고 이를 바탕으로 새 학년도의 교육과정 운영에 대한 전반적인 계획을 문서화하는 것을 말한다.

　교육과정 편성의 주체는 크게 국가, 지역, 유치원, 학급 등으로 나뉜다. 즉, 국가 수준의 교육과정, 시·도와 같은 지역 단위의 교육과정이 있고, 하나의 유치원 단위의 교육과정 그리고 마지막으로 유아의 연령이나 교사의 요인에 따라 달라질 수 있는 학급 단위의 교육과정이라고 할 수 있다. 각 수준과 단위마다 교육과정을 편성·운영하는 역할이 다르다.

　국가는 추구하는 인간상을 기르기 위한 교육과정의 기준과 내용에 관한 기본적인 사항을 결정하며, 지역(시·도 교육청, 지역 교육지원청)은 유아가 살고 있는 지역 실정에 적합한 기준과 내용을 작성하여 소속 지역의 원에 장학자료나 운영지침을 제공한다. 유치원의 교육철학과 신념에 따라 교육목표를 설정하여 재원 유아와 그 가족의 요구를 충족시킬 수 있는 교육과정을 편성·운영한다. 개별 유아의 요구를 반영하는 것이 중요하나 원 수준, 지역 수준, 국가 수준의 기본적인 편성·운영 지침에 위배되지 말아야 한다. 특히 국가 수준의 교육과정 편성·운영 지침은 책무성이 있으므로 원 단위, 학급 단위의 교육과정의 자율성 존중과 국가 수준의 교육과정이 충돌하지 않도록 한다.

　해당 연도에 고시된 국가 수준의 교육과정, 지역 수준의 장학자료를 반영하여 원의 교육과정을 편성·운영한 문서를 교육과정 운영계획서라고 한다. 학년도 시작

I	II	III	IV	V	VI	VII
교육계획 수립의 기저	교육과정 운영의 기본 방향	교육과정 운영계획	교육과정 연계 활동 계획	유치원 특색교육과정	유치원 교육의 평가	유치원 기본 현황
• 국가 수준의 교육방향 • 시 · 도교육청 단위 교육방향 • 교육지원청 교육방향	• 원의 교육목표 • 원훈과 원의 비전 • 이전 학년도 교육평가 및 요구 분석 • 당해 학년도 노력 중점 사항	• 유치원 학사 일정 • 연간교육계획안(연령별) • 주간교육계획(연령별) • 일일교육계획(연령별) • 방과후 과정 교육계획(연간, 주간, 일일)	• 인성, 창의성 교육 • 안전교육, 성교육 • 역사(통일) · 경제 · 다문화 · 환경 교육 • 초등연계교육 • 가정연계 부모교육 • 지역사회 연계교육 • 장학 및 연수 계획	• 특색교육과정의 목표 • 특색교육과정의 내용 • 특색교육과정의 연간계획	• 유아 평가 • 교육과정 평가 • 기관운영 평가	• 연혁 • 학급 편제와 원아 현황 • 교직원 현황 및 업무분장 • 시설 · 설비 현황 및 교실 영역 배치도 • 원의 위치와 교통편 안내

[그림 8-1] 교육과정 운영계획서의 구성

시 원의 1년간의 교육계획을 문서화하여 지역교육청이나 시 · 군 · 구 지방자치단체에 보고하고, 학부모에게 정보공시를 해야 한다. 다음의 유치원 교육과정 운영계획서의 구성 요소를 중심으로 작성 방법을 살펴본다.

1) 교육계획 수립의 기저

교육계획 수립의 기저는 당해 연도의 교육과정 편성 · 운영 지침을 근거로 기술한다. 원 단위, 학급 단위의 교육과정 편성은 상위 전달체계에서 명시하는 지침을 따라야 할 책무를 가지고 있다. 유치원은 교육부, 시 · 도 교육청, 지역 교육지원청의 순으로 편성 · 운영 지침이 전달되므로, 교육부와 시 · 도 교육청의 요구를 먼저 반영해야 한다.

I. 교육과정 편성 · 운영의 기저

1. 교육과정 편성 · 운영의 근거

가. 법적 근거

헌법	교육기본법	유아교육법	유아교육법 시행령
제31조: 능력에 따른 기회균등	제2조: 홍익인간 교육이념	제11조(입학연령) 제12조(학년도) 제13조(교육과정) 제14조(유치원 생활 기록)	제11조(학기) 제12조(수업일수) 제13조(학급편성) 제14조(휴업일) 제15조(수료 및 졸업)

나. 교육이념과 추구하는 인간상

우리나라 교육은 홍익인간의 이념 아래 모든 국민으로 하여금 인격을 도야하고, 자주적 생활 능력과 민주시민으로서 필요한 자질을 갖추게 하여 인간다운 삶을 영위하게 하고 민주 국가의 발전과 인류 공영의 이상을 실현하는 데 이바지하게 함을 목적으로 한다.

건강한 사람	자주적인 사람	창의적인 사람	감성이 풍부한 사람	더불어 사는 사람

다. 유치원 교육의 목적과 목표

누리과정의 목적은 유아가 놀이를 통해 심신의 건강과 조화로운 발달을 이루고 바른 인성과 민주시민의 기초를 형성하는 데에 있다.

자신의 소중함을 알고, 건강하고 안전한 생활습관을 기른다.	자신의 일을 스스로 해결하는 기초 능력을 기른다.	호기심과 탐구심을 가지고 상상력과 창의력을 기른다.	일상에서 아름다움을 느끼고 문화적 감수성을 기른다.	사람과 자연을 존중하고 배려하며 소통하는 태도를 기른다.

[그림 8-2] 교육계획서에 국가 수준의 편성 · 운영의 기저 예시

I. 서울교육 개요

[시도 단위의 교육 방향]

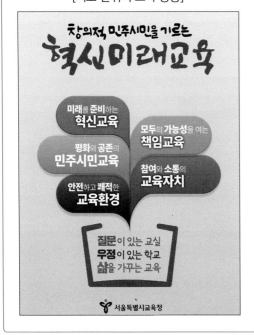

[기초 단위의 교육 방향]

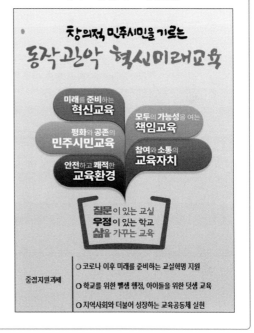

[그림 8-3] 교육계획서에 지역 수준의 편성 · 운영의 근거 제시 사례

2) 교육과정 운영의 기본 방향

유치원 교육과정 운영의 기본 방향을 원의 설립 이념, 연혁, 교육철학, 아동관, 교육목적, 교육목표 등 원에서 추구하는 교육의 방향 등과 함께 전년도 교육평가를 분석한 내용을 기반으로 당해 연도의 중점 사항을 기술한다.

먼저 원의 교육과정 편성의 근거가 되는 교육철학적 기초, 심리학적 기초, 사회적 기초를 제시한다. 교육과정 편성뿐만 아니라 원 운영 전반의 신념과 윤리에도 영향을 미치므로 원의 정체성을 보여 주는 것이라 할 수 있다. 원의 교육목표 구현을 위한 원의 경영 방침을 제시하기도 한다.

II. 낙생교육의 기본 방향

1. 유치원 교육의 목표

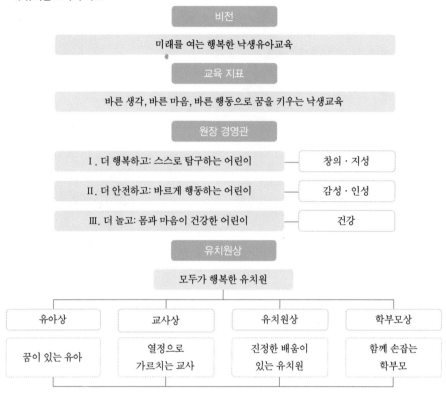

[그림 8-4] 유치원 교육 방향의 예시

출처: 유치원 정보공시(www.childinfo.go.kr). 경기 성남 낙생초등학교 병설유치원 2018학년도 교육과정운영계획서.

아울러 유치원 단위의 교육 기본 방향은 전년도 교육평가와 요구 조사 결과를 반영하여 정한다. 이전 학년도의 분기별 운영위원회의 회의 결과, 전체 학부모를 대상으로 실시한 만족도 조사, 교직원들의 교육과정 개선을 위한 회의 결과 등 다양한 교육과정 개선 요구를 반영하는 것이 바람직하다. 교육과정 전반의 요구에 대한 정보가 체계적으로 수집될 수 있도록 주기와 자료 수집 방법 등의 계획을 면밀히 세운다. 범주별로 분석한 후, 그 결과가 다음 학년도의 교육계획에 반영된 점을 대응시켜 그 결과를 제시하면 가독력을 높일 수 있다.

표 8-1 유치원 교육과정 운영계획서의 요구분석과 개선 방향 제시 사례

S(강점)	W(약점)
• 교육에 대한 교직원의 강한 의지 • 교사의 연령층이 다양하고 교육에 대한 열정이 높음 • 유치원 교육에 대한 학부모의 관심이 높음 • 자연친화적인 환경 조성	• 코로나19 등의 영향으로 현장체험학습 운영 감소 • 마을배움터 및 문화시설 등 주변 여건 미흡
O(기회)	T(위협)
• 교원 간 상호 의사소통이 활발함 • 자연친화적 환경으로 생태교육 유지(유치원 인근 공원 놀이터, 숲, 산책로) • 숲 · 생태, 인성, 독서교육에 관심이 많으며 유치원 교육에 대한 기대가 높음	• 유치원 앞 인접한 도로로 인해 등 · 하원 시 교통안전 위험 • 학부모의 요구사항이 다양함

SO전략 강점의 극대화, 기회 활용	WO전략 기회 활용, 약점 보완
• 전문성 신장 역량 강화를 위한 전문적 학습공동체 활성화 • 놀이기록 등 학교종이 앱을 통한 가정연계 및 함께 만들어 가는 유치원 교육과정 운영 • 숲 · 생태, 인성, 독서교육 통합 놀이중심 교육과정 운영 내실화	• 연령별 전문적 학습공동체를 통한 멘토링 활성화 • 학부모 요구를 반영한 함께 만들어 가는 교육과정 운영 • '자연과 놀아요' 등 주변 환경을 활용한 숲 · 생태 교육활동 운영
ST전략 강점 활용, 위협의 최소화	WT전략 위협 회피, 약점 보완
• 인성덕목 실천 및 내면화를 통한 인성교육 강화 • 학부모 교육기부 활성화 • 학부모 역량강화를 위한 다양한 교육 제공 • 체험중심의 교통안전지도	• 유아, 학부모의 다양한 의견 수렴을 통해 변화하는 유치원으로서의 위상 정립 • 관리자 유아 등원 맞이 및 교직원 협조로 안전한 유치원 환경 조성

출처: 유치원정보공시(www.childinfo.go.kr). 세종 가락유치원 2021학년도교육과정운영계획서.

3) 교육과정 운영계획

원의 전반적인 교육과정 운영계획을 수립한다. 유치원의 수업일수와 학사 일정을 편성한다. 입학일부터 수료와 졸업식이 있기까지 1년의 주요일정에 해당한다. 유치원 전체의 학사 일정을 따라 교사는 자신이 맡은 학급의 교육과정과 학급 운영을 계획하여야 한다. 연간교육계획을 수립하면 1년 동안 진행할 유치원 교육의 전체적인 흐름을 쉽게 파악할 수 있고, 부족한 내용을 신속하게 수정·보완하며, 필요한 교재·교구를 미리 준비하여 안정적이고 충실한 교육을 할 수 있다(교육과학기술부, 2009). 연초에 미리 연간교육을 계획했다 하더라도, 운영상에 타당한 이유가 있다면 발현적으로 운영할 수 있다. 유아의 연령과 흥미에 적합하며 교육적 가치가 풍부한 생활주제를 선정하거나 행사를 계획하는 연간교육계획 시 다음의 사항을 고려해야 한다.

(1) 사계절의 특성
우리나라는 사계절의 변화가 뚜렷하므로 봄, 여름, 가을, 겨울의 계절적 특성과 이에 따른 사람들의 생활에 대해 충분히 탐색하고 즐길 수 있는 내용을 다룬다.

(2) 월별 사회문화적 특성
시기적으로 배정할 수 있는 매월마다 고유한 사회문화적 특성을 반영한다. 예를 들어, 3월은 입학 및 새 학급 생활하기, 5월은 가족, 7월은 여름방학, 2월은 수료와 졸업 등 매월 특별히 일관성 있게 반복되는 문화적 특성을 고려한다.

(3) 절기와 행사
우리 민족 고유의 명절이나 올림픽, 월드컵 등 세계인의 행사, 지역사회의 축제는 유아들이 사회적 지식과 문화를 체험하는 데 매우 의미가 있으므로 연간교육계획 시 고려하도록 한다.

(4) 현장학습

생활주제와 관련된 직접 경험의 기회를 제공하기 위해 인근의 교육적 가치가 풍부한 지역사회의 기관, 자연 체험 등의 현장학습을 포함하여 계획을 수립한다.

(5) 가정과 연계

교육적 효과를 지속하고 증진하기 위해 부모의 참여, 가정 연계의 경험을 제공하도록 계획한다. 부모 참여수업, 부모교육 강연회, 부모 워크숍 등을 계획할 수 있다. 아울러 가정 연계를 위한 가정통신문, 알림장, 홈페이지나 블로그의 활용, SNS 등 소통을 위한 안내도 제시한다.

(6) 지난해 평가의 반영

정기적인 교사회의에서 이루어진 교육과정 평가의 결과를 분석하여 연간교육계획 수립 시 반영한다. 예를 들어, 작년에 이루어진 주제들의 내용을 분석하여 연령에 따라 심화가 되었는지 평가하거나, 주제별 행사와 현장학습 등의 효과에 대해 논의했던 내용을 반영하여 연간교육계획을 수립한다.

4) 교육과정 연계 활동 계획

생활주제 중심의 연간교육계획이 이루어지고 나면, 이와 연계되어 법적·정책적 지침에 따라 유치원에서 실천해야 하는 영역의 활동을 어떤 방식으로 전개하는지 보여 주도록 한다. 최근 교육정책으로 강조하는 영역으로는 안전교육, 인성교육, 건강교육, 부모교육 및 지역사회 연계 교육 등이 있다. 각각의 교육적 이슈들을 어떻게 전개할지 실천방안을 제시한다. 각 교육활동의 목표, 내용, 시기, 방법 등을 간략히 제시한다.

5) 유치원의 특색교육과정

우리 유치원의 고유한 특색교육과정을 목표, 내용, 방법 및 연간계획 등을 통해 전반적으로 설명한다. 예를 들어, 자연친화 숲 활동, 책 읽기 활동, 좋은 동네 만들기 활동 등을 들 수 있다. 원에서 강조하는 특색교육의 방법이나 매체가 가지고 있는 장점과 가치를 충분히 알릴 수 있도록 한다.

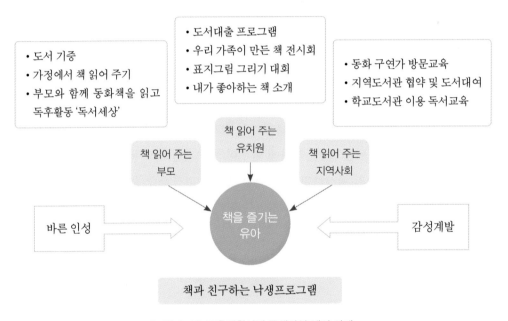

[그림 8-5] 교육계획서에 특색사업 제시 사례

출처: 유치원 정보공시(www.childinfo.go.kr). 경기 성남 낙생초등학교 병설유치원 2021학년도 교육과정운영계획서.

6) 유치원 교육의 평가

유치원의 전반적인 교육과정에 대한 계획에 대해 평가 계획을 제시한다. 교육목표의 성취를 어떻게 확인할 수 있는지 적합한 계획을 수립한다. 크게 유아 평가, 교육과정 평가, 교사 평가, 기관 운영 평가 등으로 나누어 계획을 수립한다.

표 8-2 연간 평가계획의 예시

영역	내용		평가도구	시기
교사평가	일반적 · 전문적 특성		평가표	연중
유아평가	상황에 따라 다양한 방법으로 기록		메모, 놀이결과물, 작품, 사진, 영상 등	상시
	유아관찰척도	또래평정척도	관찰도구	연중
		기본생활습관 체크리스트		연중
누리과정 운영평가	누리과정 운영 자체평가		평가표	학기별
	교육과정에 대한 학부모평가		설문지(e알리미 회신)	학기별

출처: 유치원 정보공시(www.childinfo.go.kr). 서울반포초등병설유치원 2021학년도 교육과정운영계획서.

7) 유치원 기본 현황

원의 기본 현황이란 원의 정원, 시설, 설비, 면적 등의 교육환경과 여건, 교직원의 조직체계 등을 한눈으로 보아 원의 규모와 특성을 이해할 수 있도록 기본적인 정보를 제공하는 것이다. 이 외에도 교직원의 윤리강령, 학급편성, 기타 교직원의 구성, 원의 규정, 운영위원회의 회칙 등의 기본적인 정보를 제공한다. 유치원의 운영 예산을 사업별로 공개하여 공공성을 높일 수도 있다.

2. 유치원 입학 상담

1) 유치원 입학지원시스템 '처음학교로'

교육부는 입학지원시스템인 '처음학교로' 홈페이지(https://www.go-firstschool.go.kr/)를 이용하여 유치원 입학을 원하는 보호자가 시간과 장소의 제한 없이 온라

인으로 편리하게 유치원에 대한 정보를 검색하여 신청하도록 하고, 유치원은 공정
한 선발 결과를 알려 주도록 하고 있다.

　유치원의 지역 위치를 포함하여, 유치원에 대한 기본 현황(기관명, 설립유형, 건물
유형, 건물소유형태, 체육장/놀이터 유무, 제공서비스, 면적사항, 건물 현황, 유치원 규칙
등)을 게시하고 있다. 학급수, 유아수, 교사 당 유아수, 학급당 유아수, 교사 자격, 현
기관 근속연수 등이 공시되어 있다. 유치원 평가 결과를 포함하여 정규교육과정과
교육과정 이후에 운영되는 방과후 과정에 대한 정보를 검색할 수 있다. '처음학교
로'를 통한 원아 선발 일정을 고려하여 유치원에 관련된 정보를 입력하여 부모의 양
육신념과 형편에 따른 유치원 선택을 지원할 수 있도록 해야 한다.

[그림 8-6] 유치원 입학시스템 '처음학교로' 홈페이지

2) 모집요강

유치원 모집요강은 유치원 소개글, 모집대상 학급 및 유아수, 모집 방법 및 일정, 통학차량 코스 등에 대한 정보를 '처음학교로'에 탑재한다. 부모들은 '처음학교로'를 통해서 모집요강을 선택하여 비교해서 볼 수 있으며, 링크된 유치원·어린이집 정보를 조회하여 관심 있는 기관의 홈페이지를 방문할 수 있다.

1. 유치원 소개 및 입학안내

제목	서울우면초등학교병설유치원
유치원 소개	'어린이가 꿈꾸고 학부모가 감동하는 참 좋은 우리 우면'에 오신 것을 환영합니다. 본 원은 양재천과 태봉산, 우면산으로 둘러싸인 자연친화적인 아름다운 유치원입니다. 민주적이고 합리적인 유치원경영 놀이를 지원하는 교육과정 안전하고 신뢰받는 교육환경 조성 열정적인 교사와 지원하는 학부모는 놀이중심 교육과정에 바탕을 둔 협력적 인성교육을 목표로 즐겁게 놀이하며 배우는 어린이 행복하게 나누는 어린이 더불어 성장하는 어린이를 위해 노력합니다.
유치원 홈페이지 등 관련자료(URL)	http://woomyeon.es.kr/

2. 모집대상 학급 및 유아수

구분	모집대상	학급수	지원대상	정원
교육과정	만 3세	1	2018/01/01~2018/12/31	11
교육과정	만 4세	1	2017/01/01~2017/12/31	13
교육과정	만 5세	1	2016/01/01~2016/12/31	18
교육과정+방과후 과정	만 3세	1	2018/01/01~2018/12/31	5
교육과정+방과후 과정	만 4세	1	2017/01/01~2017/12/31	9
교육과정+방과후 과정	만 5세	1	2016/01/01~2016/12/31	6

3. 모집대상 관련 안내

조기입학유아, 취학유예자 안내	조기입학유아(2019.1.1~2.28)와 취학유예자는 유치원에 사전 문의 후 현장접수
교육과정 운영시간	09:00~13:30
교육과정+방과후 과정 운영시간	07:00~20:00
교육과정+방과후 과정 운영대상	맞벌이가정 자녀를 대상으로 함(방과후 과정 증빙 서류 제출은 선발 후 등록기간(11월 25일, 26일, 29일)에 제출, 기간 내 미제출 시 입학이 취소될 수 있음)
기타 안내	• 교육과정 운영시간(09:00~13:30), 교육과정+방과후과정 운영시간(07:00~20:00) • 방과후 과정 운영시간은 협의에 따라 1시간 내에서 조정될 수 있음 • 교육과정반 선발 유아는 오후 방과후 과정반(09:00~17:00)을 지원할 수 있으며 전원 선발 가능함 • 방과후 과정은 09:00~17:00까지의 수업시간 및 한달 내 기준 수업 일수를 반드시 준수해야 함. • 특수교육대상자(100% 의무수용)는 특수교육지원센터의 배치에 따름 • 모집대상 연령의 유아모집 미달 시 혼합연령 학급으로 편성될 수 있음 • 일반모집 인원수는 우선모집 결과에 따라 달라지며, 우선모집 이후 '처음학교로' 시스템에 공지함

4. 모집방법 및 일정

전형	절차	모집일정
추가 모집	기간	2021/12/06 10:00～2021/12/22 16:30
	접수방법	온라인

5. 통학차량코스

통학차량	없음

[그림 8-7] '처음학교로'에 탑재된 유치원 모집요강의 예시

출처: 유치원정보공시(www.childinfo.go.kr). 서울우면초등학교병설유치원 2022학년도 신입원아 모집요강.

3) 대면 입학 상담

입학을 위한 원아모집은 입학 연도 이전 가을에 실시하는 경우가 대부분이나, 새 학기를 앞두고 입학 상담을 해야 할 경우가 많다. 낯선 부모가 입학 상담으로 첫 방문을 하거나 전화를 걸어 문의할 때는 다음과 같은 점을 유의하여 상담과 안내를 한다.

(1) 맞이하기

입학 상담을 위해 처음 기관에 온 부모는 누구에게 어떻게 말문을 열까 살피며 적합한 상황을 포착하기 위해 긴장하기 마련이다. 그러므로 교사는 가급적 먼저 반갑게 맞이하는 인사를 하며 방문 용건을 확인하도록 한다. 입학 관련 문의와 상담을 원한다면, 이 업무를 맡은 교직원을 만날 수 있도록 하기 위해 정해진 곳에서 잠깐 기다리도록 안내한다.

(2) 상담 지원하기

대개 3월 입학 전에 학기 초 준비를 위해 출근한 초임교사는 입학 상담 업무를 직접 하기보다는 관찰과 지원을 하는 입장에 있게 된다. 청결하고 조용하여 방해받지 않는 곳에서 안정된 상담이 이루어질 수 있도록 한다. 초임교사는 상담이 이루어지

는 동안 차 대접하기, 입학 관련 안내문 제공하기, 전화를 대신 받아 메모 남기기, 부모가 동반한 유아와 잠시 놀이하기 등의 지원 업무를 할 수 있다.

(3) 안내문 준비

입학 안내문에는 유치원의 교육철학, 원훈, 교육과정, 학기 일정, 운영시간, 차량 운행 안내 및 교육비 등에 대한 상세한 정보가 있다. 안내문에 담긴 정보 외에 다른 사항에 대해 상담이 필요할 때 문의할 수 있는 홈페이지 안내, 전화번호 안내 등을 표시하여 추후에도 상담이 가능함을 안내한다.

(4) 입학 관련 서류 준비

입학이 결정되면, 유아가 입학하기 전에 반드시 제출해야 할 서류를 안내하여 구비한다. 유아 개인 신상서, 주민등록등본, 부모 요구 조사서, 건강 진단서, 응급처치 동의서, 서약서 및 증명사진 등이 필요하다. 유아별로 파일을 준비하여 서류 목록에 체크하여 빠짐없이 보관한다.

입학 상담 시 부모들의 질문 BEST 3

일반적으로 원아모집기간 중 자녀의 입학 상담을 원하는 부모들의 많은 질문을 살펴보면 다음과 같다.

Q1. 교육비는 얼마나 되나요?

입학금과 교육비에 대해 한마디로 답하기 어려운 경우가 많다. 초임교사에게는 더욱 부담스러운 질문이므로 이 부분에 대해서는 입학 상담의 업무를 맡은 교사 및 선임교사에게 안내하는 것이 안전하다. 여의치 않아 꼭 설명해야 한다면 예년의 경우와 함께 올해의 책정된 교육비 내역을 소개하며 변화의 이유를 설명한다. 국가의 교육비 지원 및 수익자로서 학부모가 부담해야 할 비용, 납입 결제방법 등에 대해 안내한다.

Q2. 프로그램이 다양한가요?

유치원이 지향하는 교육철학, 신념 및 원리 등을 간단히 소개하고, 누리과정에 근거하여 운영하는 교육과정, 유치원의 연령별 중점 교육이나 특색교육이 있다면 안내한다. 특히 하루일과, 주간 교육과정, 방과후 과정 등에 대해 운영계획서나 안내문을 미리 준비하여 이를 중심으로 소개하는 것이 효과적이다.

Q3. 통학버스의 노선이 궁금해요.

부모들은 어린 유아가 집에서 먼 거리를 다니게 될 것에 대한 두려움이 있고, 가급적 통학버스를 오랜 시간 탑승하지 않기를 바라는 마음에서 버스 노선을 확인하려 한다. 미리 통학버스 노선도를 홈페이지에 게시하거나 안내문을 만들어 배부하고 정차시간, 소요시간, 안전관리 및 가정에서 지켜야 할 약속 등을 중심으로 소개한다.

3. 교실 환경 구성

유아들과 함께 생활할 교실의 환경을 구성하는 일은 새 학기를 준비하는 교사의 주된 업무다. 흥미 영역을 구성하고 3월 교육계획안을 중심으로 자료와 교재·교구를 준비한다. 아울러 필요한 정보를 게시하기 위한 벽면을 구성하며, 안전을 점검하여 유아들을 맞이할 준비를 한다.

1) 물리적 여건과 구조를 고려하기

교실의 환경을 구성하기 위해서는 교실의 크기, 채광, 급수 시설, 출입문의 위치, 전기 배선, 이동 경로 등의 기본적인 여건을 고려하여 흥미 영역을 구성한다. 새로운 교실을 사용해 보지 않고서 영역을 배치하는 것은 쉬운 일이 아니다. 유아들과 생활하면서 시행착오를 줄이기 위해서는 이전에 그 교실을 사용했던 선배 교사의 경험을 참고하는 것이 도움이 된다. 환경구성 시 고려할 사항은 다음과 같다.

(1) 교실의 크기

교실이 넓으면 여러 놀이영역을 독립적으로 다양하게 구성할 수 있으나, 교실이 좁으면 비슷한 특성을 가진 영역끼리 함께 구성하도록 한다. 예를 들어, 언어와 도서영역, 수·조작놀이영역, 쌓기놀이영역과 역할놀이영역을 주제에 따라 합하거나 분리할 수 있다.

(2) 채광

빛이 잘 들어오는 곳은 식물을 키우기에 좋고 습도를 낮게 유지할 수 있으므로 과학영역, 미술영역이 적합하다.

(3) 급수

교사가 손을 씻어야 할 필요가 있는 급식·간식 배식을 하는 곳, 물을 사용하는 미술영역과 과학영역을 가까이에 두도록 한다.

(4) 출입문의 위치

유아들의 등하원 시 소지품을 정리하기 위한 사물함과 출석을 표시하는 영역이 적합하며, 유아들의 집중이 필요하고 조용한 활동이 이루어지는 도서영역, 언어영역, 수·과학영역은 피하도록 한다.

(5) 전기배선

실물환등기, CD기, OHP기, 컴퓨터, PDP 모니터, DVD 등의 교수용 매체와 기기를 사용하거나, 가습기, 자외선 소독기, 공기 청정기 등의 전자 기기를 두어야 하므로 모이는 공간, 교사용 책상, 컴퓨터영역, 언어영역 등에 가까이 두도록 한다.

(6) 이동 경로

세면대, 화장실, 전이공간이나 비상구 등으로 유아들이 이동해야 할 필요가 많은 공간에는 가급적 쌓기놀이영역과 역할놀이영역과 같이 유동적으로 놀이가 확장되거나 통합적으로 이루어지기 쉬운 영역이 배치되는 것이 바람직하다.

2) 놀이를 위한 환경 구성하기

유아들의 놀이를 위한 공간은 기본적으로 생활주제 중심의 흥미영역으로 구성할 수 있으나 2019 개정 누리과정에서는 유아가 주도하는 놀이가 활성화될 수 있도록 흥미 영역의 운영 방식을 자율화하였다. 기존에 유아의 놀이를 제한했던 고정된 흥미 영역의 개수, 유형, 운영 방식 등을 자율적으로 개선하여 유아의 자유로운 놀이가 가능하도록 할 수 있다. 유아의 놀이가 미리 계획한 생활주제에 맞지 않더라도 교사가 유아의 관심과 생각을 우선적으로 존중하고 지원할 수 있다(교육부, 2019).

유아의 놀이가 활성화되고 다양한 배움을 경험하도록 유아 주변의 친근한 공간, 자료와 일상의 경험을 놀이 환경에 포함시킬 수 있다. 유아는 놀이에서 다양한 사물, 자료, 자연물 등을 제공하여 유아가 환경과 즐겁게 상호작용할 수 있도록 지원해야 한다.

대부분 유치원에서 3월에는 진급과 입학으로 새 선생님과 친구들을 만나서 유치원의 일과에 적응하고 약속과 규칙을 다루는 생활주제로 시작할 수도 있으나 유아들이 놀이의 주도성을 갖도록 하기 위한 교사의 다양한 접근과 전략이 있을 수 있다. 새 학기를 준비하면서 어떻게 유아들과 놀이 공간을 구성해 나갈지 미리 전략을 구상해 보도록 한다. 다음의 예시를 통해서 교사가 유아들과 놀이 환경을 어떻게 구성해 갈 수 있는지 살펴본다.

(1) 유아 주도의 놀이 공간을 확보하기

만 4세반을 맡은 박 교사는 새로 배정된 기존의 교실에 있던 6개의 흥미 영역(쌓기, 미술, 역할, 언어, 도서, 수조작)에서 3개의 영역(쌓기, 미술, 도서)만 남기고 교실의 빈 공간을 마련하였다. 첫날 3개 영역의 놀이로 시작하여 유아들과 몇 주간 지내면서 공간을 어떻게 사용할지 함께 의논하면서 구성하기 위해서다.

(2) 교사가 개방적인 놀잇감을 제공하기

만 5세반 오 교사는 교실에 책상과 의자만 남겨 두었다. 큰 바구니들에 깨끗이 씻은 다양한 재활용품을 종류별로 가져다 두었다. 유아들이 필요로 하는 것을 주문하면 가져다주는 방식으로 미술영역을 구성할 생각이다.

(3) 유아들에게 공간 운영의 기회 제공하기

만 5세반을 맡은 김 교사는 빈 교구장을 비치하여 '맘대로 영역'을 제안하고자 한다. 그 영역의 놀잇감은 유아들이 산책할 때 수집했던 자연물, 집에서 가져온 재활용품, 유아들이 다시 사용하려고 모아 둔 여러 가지 물건과 재료들로 채워질 것이다. 이 영역은 유아들의 필요에 따라 약속을 정하여 운영하도록 할 생각이다. 한 유아가 자신에게 무엇이 필요하다고 메모(예: 빨간 실이나 끈)를 남기면 어느새 친구들이 그것을 바구니에 가져다 놓을 것이고, 유아들은 친구에게 왜 그것이 필요한지, 얼마나 필요한지 물으며 소통하게 될 것이다.

(4) 교실을 물려준 형들이 추천해 준 놀이를 참고하기

만 3세반을 맡은 강 교사는 새 학기가 되어 동생들에게 교실을 물려주고 떠나는 형, 누나, 언니, 오빠들이 제일 재밌었던 놀이에 대해 동생들에게 추천하는 편지를 받아 두었다. 편지를 모아 둔 파일에는 여러 가지 놀이 이름과 놀이 방법을 소개하는 글, 그림, 사진들이 있었다. 그 목록의 놀이 중에서 유아들이 원하는 놀이를 해 볼 수 있도록 의견을 모을 생각이다.

3) 벽면 구성 시 고려사항

학기를 준비하기 위한 학급의 벽면 구성은 학급 구성원과 학급생활에 대한 정보를 제공하는 기능뿐만 아니라 교육적이고 심미적인 기능을 한다. 학기를 준비하는 벽면 구성의 예를 들면, 유아들의 출석 표시, 날짜 표시, 월별 생일 게시, 하루일과 게시, 유아들의 작품 게시 등을 하는 벽면 공간을 확보하는데, 유아들의 작품을 기다리는 게시판에는 입학을 축하하는 글을 만들어 붙일 수 있다.

(1) 출석 표시판

유아들이 교실에 들어와 자신의 등원을 표시할 수 있는 공간이다. 출석 표시판은 유아들의 사진을 이용한 조각을 붙이거나 떼는 방식이 일반적이며, 유아들의 눈높이에 맞추어 손이 쉽게 닿을 수 있는 곳에 둔다. 유아는 친구들의 출결에 관심이 많으므로 출석판 가까이에서는 많은 상호작용을 할 수 있다. 예를 들어, 출석한 유아들의 수와 결석한 유아들의 수를 함께 세어 볼 수 있다.

[그림 8-8] 출석 표시판

(2) 날짜 표시판

일반적으로 날짜 표시판은 유아들이 출석을 표시하는 공간에 만들기도 하고, 유아들과 모이는 공간에서 쉽게 볼 수 있도록 만들기도 한다. 교사와 등원하여 처음 모이는 시간에 날짜와 요일, 날씨에 대한 이야기를 나누며 날짜 표시판을 이용하기도 한다. 유아들이 스스로 월과 일의 표시를 바꿔 볼 수 있도록 해도 좋고, 달력을 보는 방법을 가르쳐 주기 위해 월별 달력을 이용할 수도 있다.

[그림 8-9] 날짜 표시판

(3) 생일 게시판

유아들의 생일을 월별로 알 수 있도록 하는 생일 게시판은 학급 전체 구성원에 대한 정보를 주며, 유아들의 자기 지식을 돕고, 또래들과 관심사를 나눌 수 있도록 한다. 유아들의 사진과 이름을 생일이 있는 월에 부착하고 12개월이 모두 모여 학급 전체가 될 수 있는 상징적 의미를 담을 수 있도록 한다.

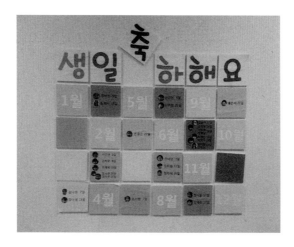

[그림 8-10] 생일 게시판

(4) 일과 게시판

유아들이 등원부터 하원까지 그날의 하루일과를 어떻게 보낼지에 대한 일련의
활동들의 이름과 순서를 알려 주는 기능을 한다. 유아들이 등원하면서 쉽게 볼 수

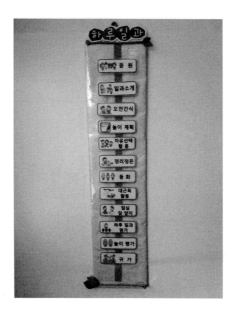

[그림 8-11] 일과 게시판

있도록 교실 입구에 부착하거나, 하루일과 안내를 위해 모이는 공간에서 쉽게 볼 수 있는 곳에 게시하는 것이 좋다.

(5) 작품 전시 공간

유아들의 작품을 전시하는 공간을 일관성 있게 정해 둘 수도 있고, 교실의 벽면, 천정과 바닥, 교구장 뒷면과 같은 자투리 공간 등 다양한 곳을 활용할 수 있다. 유아들이 또래의 작품을 용이하게 볼 수 있는 높이와 안전을 고려한다. 학기를 준비하는 시기에는 교사의 솜씨자랑 공간이 되기보다는 유아들의 작품을 기다리는 메시지나 입학을 축하하는 글을 부착한다.

[그림 8-12] 작품 전시

4. 오리엔테이션

입학을 앞둔 신입 유아들을 위해 입학 전 오리엔테이션을 실시한다. 대개 신입 유아와 재원 유아의 부모를 위한 오리엔테이션을 각각 실시하여 부모와의 파트너십을 강화하고 이를 통해 유치원 교육이 가정에서도 연계가 충분히 이루어지도록 한다.

1) 부모 오리엔테이션

유치원의 교육철학과 전반적인 교육과정의 운영 방침을 알리는 부모 오리엔테이션은 부모들에게 신뢰감을 심어 줄 수 있도록 체계적으로 짜여 있어야 한다.

(1) 안내와 식전 준비

음향, 실내온도, 조명, 환기 등을 모두 미리 점검하고, 오리엔테이션의 일정과 순서 내용을 전면에 게시하여 부모들이 시작 시간과 끝나는 시간을 알 수 있도록 한다. 부모들이 앉을 의자는 가급적 학급별로 배치해 둔다. 대개 유치원의 의자는 유아용 의자이므로 성인이 오래 앉아 있으면 불편하기 때문에 계획적인 진행을 하여 시간 내에 마칠 수 있도록 한다.

유치원 입구와 현관에서 밝은 표정과 목소리로 부모와 유아를 맞이한다. 학급안내를 한 후 오리엔테이션 자료를 배부하고 행사 장소로 안내한다. 행사가 시작되기 전까지 행사장의 전면에 재원생들의 1년간 생활 모습 동영상을 유치원 원가를 배경으로 틀어 주거나, 유치원의 역사와 3~5세 누리과정에 대한 홍보 영상을 보여 주어 부모의 유치원 교육과 운영에 대한 이해를 돕는다.

(2) 유치원의 교육철학과 교육과정 소개하기

대개 원장의 입학 축하 인사말과 함께 원의 교육철학 및 설립 이념, 연혁, 원훈, 교육 목표와 교육 프로그램을 소개한다. 국가 수준 교육과정을 충실히 다루는 유치원으로서 당해 연도에 어떠한 교육과정을 계획하고 있는지 구체적으로 소개한다. 월별 행사나 현장학습, 특별한 활동 등을 안내한다.

(3) 유치원 생활 안내하기

연령별 학급의 일과를 소개한다. 등원부터 귀가할 때까지 유아들이 어떻게 하루를 지내게 되는지 안내한다. 아울러 유치원에 입학하고 적응하기 위한 부모의 협조사항들과 함께 학급의 담임교사와 상담을 요청하는 절차와 전화 통화가 가능한 시간 등을 안내한다.

(4) 유치원의 교직원 소개하기

각 연령별 학급의 담임교사를 포함한 원장, 원감, 행정사무원, 관리기사, 운전기사, 조리사와 같은 교직원들을 맡은 직무와 함께 간단히 소개한다. 공식적인 소개이므로 용모와 품행을 단정히 하고 예절 바른 태도로 임하는 것이 바람직하다. 친숙한 분위기를 만들기 위해 사적인 정보(결혼 여부, 경력, 학력 등)를 공개하는 것은 피하도록 한다.

(5) 가정 연계를 위한 안내

유치원의 부모회를 조직하고, 부모들이 유치원의 교육과정 운영에 함께 참여하도록 하기 위한 가족 행사, 자원봉사, 가정에서의 부모 역할에 대한 안내를 한다. 예를 들면, 부모 운영위원회의 운영과 선출, 필요한 부모 자원봉사(현장견학 도우미교사, 교재·교구 제작, 교실 청소와 놀잇감 세척, 급식 식단 모니터링, 교통안전 도우미 등)에 대해 안내한다. 부모의 자원봉사 영역을 표시할 수 있는 안내문을 제공하고, 부모가 표시하여 제출하면 이를 참고하여 가정과의 협력이 충실히 이루어지도록 한다.

(6) 교실 소개 및 협조사항 안내하기

학급별로 부모들에게 교실을 안내한다. 교실의 환경구성에 담긴 교육적 의미를 천천히 설명하고, 유아들의 연령에 적합한 놀이와 놀잇감, 요구되는 기본생활습관과 자조기술 등을 설명하며 가정에서도 협력하도록 안내한다.

등원과 결석 시 협조사항, 학급별(지역별·코스별) 귀가시간, 통학버스를 이용하는 유아의 승하차 안전에 대한 지침, 유아의 등하원 안전을 위한 지침, 투약의뢰 및 응급처치 동의 등 건강과 안전에 대한 부모의 협조를 당부한다.

기타 궁금한 사안에 대해 질문하는 시간을 가지도록 한다. 이때 건의사항에 해당하는 것은 그 자리에서 즉시 수용 가능성 여부를 언급하기보다는 부모의 제안을 좋은 의견의 하나로 수렴하고 장단점을 파악하여 그 결과를 추후에 알리겠다고 답하는 것이 바람직하다.

2) 유아 오리엔테이션

신입 유아들을 위한 오리엔테이션은 유아가 유치원 전체의 물리적 공간, 학급의 흥미 영역의 구성, 교사와 또래와의 만남 등을 경험해 보기 위해 마련하며, 대개 2시간~2시간 30분 내외로 운영하는 것이 일반적이다.

유치원 전체의 환경과 공간 구성을 알려 주기 위해 유아들과 함께 둘러본다. 원장실, 교사실, 상담실, 각 반 교실, 주방, 식당, 유희실 등 유치원에 있는 각각의 방 이름과 기능을 소개한다. 또한 유아들이 학급에서 사용하는 물리적 공간에 대해 소개를 한다. 반 이름, 화장실 위치, 자신의 신발장, 서랍장의 위치 등 개인 공간을 확인한다.

교실의 흥미 영역을 소개하고, 실내 자유놀이를 하는 방법을 설명하며 한두 가지의 영역을 선택하여 놀이를 해 보고 정리하며 유치원에서의 놀이 선택과 평가를 경험해 보도록 한다. 간식을 준비하여 손 씻기, 간식 배식하기, 감사하며 먹기, 간식 접시 정리하기, 물 마시기, 조용한 놀이를 하며 기다리기 등의 과정을 따라 또래와 즐겁게 간식을 먹는 경험을 갖도록 한다.

또래와 함께 모두 모여 간단하고 재미있는 동화를 듣거나 새 노래(예: 원가, 아침인사 노래)를 배워 보는 시간을 마련한다. 유아들이 친구들과 새 선생님에게서 재미있게 활동을 하고 자신이 학급의 일원이라는 소속감을 가지도록 한다.

활동 1

　2월 초순 유치원에 부모 A, 부모 B가 재원생 부모 C의 추천을 받아 유치원 입학에 대한 상담을 원하여 방문하였습니다. A군과 B양은 어머니의 손을 놓고 들어오자마자 유희실의 실내 놀이시설에서 놀이를 하고 있습니다. 원에는 방과후 과정반 담당 이 교사와 신입 교사인 김 교사뿐입니다. 원장님과 원감님은 외부에 회의로 출타를 하고, 부장교사는 지금 연수 중입니다. 신입교사인 김 교사는 이 상황을 어떻게 대처해야 할까요? 교사와 부모들의 역할을 정해서 역할극을 해 봅시다.

활동 2

　지역사회의 특성을 고려하여 연령별로 연간교육계획안을 작성해 봅시다.

활동 3

　다양한 크기의 종이에 학급의 환경과 영역 구성을 해 봅시다. 창문, 교실 문, 화장실 출입구, 세면대, 급수대 등을 미리 그려 놓습니다. 나머지 환경구성을 해 볼까요? 유아들의 서랍장, 교구장, 책상과 같은 가구를 배치해 봅니다. 카펫, 쿠션은 어디에 둘까요? 그곳에 두는 이유는 무엇인가요?

제9장

새 학기 시작

좋은 교사는 ……

1. 우리 반 유아들에 대한 기대와 설렘으로 새 학기를 시작한다.

2. 입학식과 함께 학기 초기를 긍정적으로 시작하는 것이 장기적인 유치원 적응과 밀접한 관계가 있음을 깊이 인식한다.

3. 유아들이 유치원을 '즐거운 곳' '또 가고 싶은 곳'으로 느낄 수 있도록 입학 초기의 유아 적응을 돕기 위한 다양한 방법을 알고 실천한다.

4. 모든 유아에게 관심을 가지고 주의 깊게 관찰하며 각 유아의 특성을 민감하게 파악한다.

5. 유아의 선호 경향 및 특성을 고려하여 유아에게 다가가고 상호작용한다.

제9장

새 학기 시작

　입학식, 수업 첫날 그리고 첫 한 달은 유치원의 1년 중 가장 중요하고 결정적인 시기이다. 특히 유치원에서 보내는 첫날은 유아의 기관 적응과 유치원에 대한 이미지를 결정하므로 유아가 유치원이나 선생님, 또래 친구들에 대해 좋은 느낌을 가질 수 있도록 하루를 잘 보내는 것이 중요하다. 따라서 교사는 유아가 유치원에 대한 좋은 인상을 가지고 앞으로의 시간들을 기대할 수 있도록 학기 초 일과 운영에 대한 계획을 잘 세우고 효과적으로 운영해야 한다. 특히 유치원에서의 첫날, 유아가 새로운 환경을 친숙하게 느끼고 원만한 적응을 할 수 있도록 유아에게 관심을 표현하고 따뜻하게 보살펴 주어야 한다. 아울러 유아가 재미있는 놀이와 활동을 하면서 '유치원은 즐거운 곳, 따뜻한 곳, 또 가고 싶은 곳'이라는 인상을 가질 수 있도록 하는 데 최선의 노력을 다해야 한다.

> 드디어 우리 반 아이들과 함께 유치원에서의 하루를 보내는 첫날이다. 아침부터 콩닥콩닥 가슴이 뛴다. 설레고 기대되는 만큼 긴장도 된다. 곧 만나게 될 우리 반 아이들, 어떤 아이들일까? 이미 오리엔테이션과 입학식을 통해 나를 만났고 짧은 시간이지만 우리 교실에서 놀아 본 경험이 있으니 기분 좋은 모습으로 교실에 들어오겠지? 혹시 새로운 환경에 대한 낯선 느낌과 불안 때문에 울거나 집에 가겠다고 하면 어떡하지? 첫날의 기분이 1년의 기분을 결정하는 만큼 시작을 즐겁게 하는 것이 중요하다. 우리 반 아이들 모두가 매일매일 유치원에 오고 싶다고 말할 수 있게 오늘 하루를 최고로 행복한 날로 만들어야겠다.
>
> −초임교사의 저널

1. 입학식

입학식은 유아와 부모가 유치원에 대한 첫 이미지를 형성하는 행사로 유아가 유치원의 생활을 시작한다는 의미를 전달할 수 있어야 한다. 교사는 유아들을 환영한다는 메시지를 전달해야 하며, 유아가 유치원의 약속과 규칙을 준수한다는 의식을 가질 수 있도록 입학식을 진행한다.

1) 입학식 계획

입학식의 순서와 형식은 정해져 있는 것이 아니기 때문에 유치원의 특성과 유아의 발달 특성을 고려하여 축하 의식을 가지면 된다. 또한 입학식 행사를 원활하게 진행하기 위해 사전 계획과 준비를 철저히 하도록 한다.

표 9-1 입학식 행사 계획

구분	내용
목표	입학식을 통하여 유아가 새로운 환경에 대한 흥미를 느끼고 친밀감을 갖는다.
시간	오전 중 1시간 예상
장소	강당에서 행사 진행
참여 대상	신입 유아와 부모
필요물품 구입	입학 축하 선물, 현수막
역할 분담	책자 및 환경구성, 행사 진행에 대한 역할 분담
안전 및 비상대책	날씨가 춥거나 눈 또는 비가 올 경우에 대비한 난방, 우산꽂이 준비

입학식 행사를 체계적으로 진행하기 위해서는 교사들의 역할 분담이 잘 되어 있어야 한다. 교사 역할 분담은 〈표 9-2〉와 같이 할 수 있다.

일부 유치원의 경우, 입학식보다는 각 반에서 부모와 유아가 함께 참여하는 공개수업으로 대신하기도 한다. 입학일 공개수업은 1시간 30분 정도의 짧은 시간 동안 교실과 놀이영역을 소개하고, 부모와 함께 놀이하는 시간을 계획하여 유아들이 교실에 적응할 수 있도록 한다. 또한 기본생활습관과 관련된 짧은 이야기를 준비하여 들려주기도 한다. 만약 입학식을 하지 않고 입학 첫날 수업을 한다면 이에 따른 계획과 준비를 해야 한다.

- 부모에게 입학일 수업 일정을 사전에 공지한다. 또한 오리엔테이션 기간에 입학일 수업과 관련된 가정통신문을 전달한다.
- 교사는 환영의 분위기가 느껴지도록 교실 환경을 구성한다.
- 입학일의 수업 내용을 계획하고 자료를 준비한다.

표 9-2 입학식 준비를 위한 역할 분담

내용	담당	시기	확인
입학식 안내문 작성	김○○	02. 26.	✓
행사 순서지 작성	주○○	02. 26.	✓
유아 이름표 제작	담임교사	02. 25.	✓
마당 게시판의 입학식 포스터 제작	박○○	02. 05.	✓
현관 장식(풍선장식 등)	신○○	02. 27.	✓
강당 환경구성(현수막, 모빌 등)	유○○	02. 26.	✓
행사장의 기자재 점검	이○○	02. 28.	
태극기, 국민의례 음향 준비	유○○	02. 28.	
강당 의자 배치, 청소 등	교사 전체	02. 28.	
유치원 안내 자료(동영상, PPT)	이○○	02. 26.	✓
신입생 제출 서류 확인	담임교사	02. 28.	
반별 유인물 최종 점검	담임교사	02. 28.	
입학식 진행	원감, 원장	입학식 당일	
사진촬영	이○○	입학식 당일	
학부모만족도 조사 및 수거	유○○	입학식 당일	

2) 입학식 진행

교사는 정해진 식순에 따라 입학식을 진행한다. 그 과정에서 교사들은 사전에 정한 역할 분담 계획을 바탕으로 각자의 장소에서 역할을 수행하면 된다. 입학식의 순서와 역할 분담은 〈표 9-3〉과 같다.

표 9-3 입학식 진행 및 역할 분담

입학식 순서		장소	내용	역할 분담
음악 틀기		강당, 현관	• 강당과 현관에 밝은 느낌의 클래식이나 동요를 틀어 놓는다.	서○○
유아와 부모 맞이하기		현관	• 현관에서 유아와 부모를 맞이하고 신발장과 강당을 안내한다. • 부모에게 실내화를 권한다. • 이름표가 준비되었다면 찾아서 유아에게 걸어 준다.	김○○, 이○○
식순표 배부		강당 입구	• 강당 입구에서 부모와 유아에게 인사하고 식순표를 부모에게 배부한다.	박○○
자리 안내		강당 입구	• 유아와 부모가 강당의 준비된 의자에 앉을 수 있도록 안내한다.	주○○
유치원 영상물 틀기		강당 내	• 기다리는 유아와 부모들을 위해 1년 동안의 유치원 교육활동이나 행사 사진 또는 동영상을 틀어 놓는다.	장○○
입학식	개식사	강당 내	• 계획된 식순에 따라 행사를 진행한다. • 유아들에게는 지루한 시간일 수 있으므로 짧게 진행한다. • 축하행사는 유아를 위한 노래, 마술, 동화 등으로 진행할 수 있다.	진행: 유○○ 보조: 장○○ 연혁: 원장
	국민의례			
	입학허가 선언			
	유치원 연혁			
	입학축하 행사			
	폐식사			
담임교사와 유아들의 만남		각 반 교실	• 담임교사는 입학식이 끝나고 유아들을 인솔하여 교실로 이동한다. • 교사는 유아들에게 환영의 인사를 하고 1년간 지내게 될 교실과 담임교사를 소개한다. • 유아들에게 축하 선물을 나누어 준다.	학급담임
부모 간담회 (만족도 조사)		강당 내	• 원장은 부모에게 유아들이 등원할 때 준비해야 할 사항과 주의사항을 전달한다. • 준비한 만족도 설문지를 배부, 수거한다.	원장 유○○

만약 입학식을 하지 않고 입학일 수업을 하는 유치원이라면 다음과 같이 진행할 수 있을 것이다.

- 수업이 없는 교사는 현관에서 유아와 부모를 맞이하고 각 반으로 안내한다.
- 담임교사는 교실의 입구에서 유아와 부모에게 인사를 하고 교실의 놀이 공간을 안내한다.
- 유아들이 다 모이면 교사 및 친구들과 인사를 한다.
- 교사가 출석카드를 보고 이름을 부르면 유아들이 대답을 한다.
- 교실의 놀이 공간과 놀잇감에 대해서 알아보고 부모와 놀이를 한다.
- 유아와 부모가 놀이하는 동안 교사는 개별 유아와 인사를 나눈다.
- 유아와 부모가 하던 놀이를 정리하면 대집단 영역에 모여 유치원에서 지켜야 할 약속이나 하루일과에 대해서 이야기를 나눈다.
- 유아들에게 내일은 부모와 헤어져 혼자 온다는 것을 알리고 헤어지는 인사를 한다.
- 3월 1주 주간계획안과 가정통신문을 유아들에게 나누어 주고 부모에게 전달하도록 당부한다.
- 교사와 유아들이 바깥놀이나 강당에서의 놀이를 하는 동안 부모와 원장이 만나서 간담회를 할 수도 있다.

3) 입학식 평가

교사협의회를 통해 입학식의 시간이나 일정 등이 유아에게 의미 있는 행사였는지, 역할 분담이 적절하게 이루어졌는지를 평가하고 행사일지에 기록으로 남긴다. 평가 결과는 다음 해의 입학식을 계획하고 준비하는 데 기초 자료가 될 수 있다.

표 9-4 입학식 평가 내용

일련번호	평가 내용	비고
1	입학식의 진행 시기 및 시간은 적당했는가?	
2	환경구성은 유아를 환영하는 분위기였나?	
3	입학식 계획 및 진행을 위한 업무 분담은 잘 이루어졌는가?	
4	업무분장에 따라 각자의 역할을 잘 수행하였는가?	
5	입학식에 참여한 유아(부모)의 반응은 어떠한가?	
6	개선해야 할 부분은 무엇인가?	

[그림 9-1] 입학식 행사

2. 수업 첫날

유치원 입학 후 1~2주 동안은 낯선 환경과 사람들에 대한 라포 형성 및 초기 적응이 이루어지는 결정적 시기이다. 따라서 거의 모든 유치원들이 정규 수업에 비해 시간을 단축한 형태의 일과를 운영하면서 유아가 유치원의 물리적 · 인적 환경 및 일과에 적응하도록 돕는 데 관심을 집중한다. 유치원의 첫날은 대개 점심을 먹기 전 오전 수업까지 운영하는 경우가 대부분이며, 유아가 등원하기 전 준비부터 귀가하기까지의 일과 운영 과정에서 교사가 준비하고 고려해야 할 점을 살펴보면 다음과 같다.

1) 유아 등원 전 준비

유아가 유치원 교실이라는 새로운 환경과 그 안에서 만나는 사람들을 보다 가깝고 편안하게 느끼고, 자신이 이곳에서 환영받는다는 느낌을 가질 수 있도록 교사는 유아가 등원하기까지 만반의 준비를 해 두어야 한다.

새 학기의 첫날을 맞이하기까지 교사가 최종적으로 점검해 보아야 할 내용은 다음과 같다.

(1) 유아의 이름을 정확하게 외워서 불러 줄 수 있는가

유아와의 친밀한 관계 형성을 위한 첫 번째 단계는 교사가 유아의 이름을 외워서 따뜻하고 기분 좋은 목소리로 불러 주는 것이다. 유아의 이름을 몰라서 이름표를 확인하고 부르거나 이름을 잘못 부르는 것은 유아에게 '우리 선생님은 나에게 관심이 없구나. 선생님은 나를 좋아하지 않는 것 같아.'라는 느낌을 가지게 한다. 어색한 모습으로 유치원 현관을 들어서는 유아에게 "○○야, 반갑다. 유치원에 일찍 왔구나. 선생님은 우리 ○○가 오길 많이 기다렸단다."라고 인사해 줄 때, 유아는 교사를 더욱 가까운 사람으로 느끼게 되며, 이렇게 기분 좋은 상호작용은 새로운 환경에 대한 유아의 적응을 돕는 양분이 될 수 있다.

(2) 유아에 대한 기본 정보를 숙지하고 있는가

사전에 개별 유아의 입학 원서를 읽어 보면서 유아의 가족관계, 유아가 살고 있는 동네, 유아가 좋아하는 것과 싫어하는 것, 건강상 유의점, 그 외 정보들을 충분히 숙지해 두어야 한다. 이러한 정보들은 유아와의 대화를 보다 쉽게 시작하는 단서가 될 수 있으며, 유아의 행동 특성이나 특별한 반응을 이해하고 공감해 줌으로써 보다 긍정적인 관계를 맺는 데 도움이 될 수 있다.

(3) 물리적 환경이 유아에게 안전하고 매력적이며 정돈되어 있는가

유아를 맞이하기 전에 교사는 교실 환경이 충분히 청결하고 위생적이며 안전한지 꼼꼼하게 점검해야 한다. 또한 심미적이고 흥미로운 물리적 환경을 구성함으로써 유아들에게 '오래 머물고 싶은 공간' '또 오고 싶은 공간'이라는 이미지로 기억될 수 있어야 한다. 뿐만 아니라 모든 물건들이 정해진 자리에 잘 정리되어 있어 유아가 체계적이고 일관된 질서 안에서 안정감을 느낄 수 있도록 정돈된 환경을 마련하는 것이 중요하다.

(4) 유아를 환영하는 메시지가 유치원(교실) 곳곳에 반영되어 있는가

'안녕하세요' '환영합니다' '어서 오세요' '입학을 축하합니다' '만나서 반갑습니다'와 같이 환영의 메시지가 담긴 문구를 현관이나 교실 입구 등에 게시한다. 또한 유아가 사용할 사물함이나 신발장, 벽면 구성, 그 외 작품 파일 등에 유아의 사진이나 이름을 붙여 두어 유치원과 학급의 구성원으로 환영한다는 메시지를 효과적으로 전할 수 있다.

(5) 학급의 일과표는 유아가 보기 쉽게 게시되어 있는가

어린 유아라 할지라도 무조건 마음대로 하도록 방임하는 것보다는 정해진 일과 안에서 다음 상황을 예측할 수 있을 때 더욱 안정감을 느낄 수 있다. 예를 들어, '급

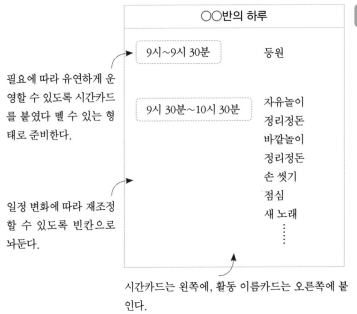

필요에 따라 유연하게 운영할 수 있도록 시간카드를 붙였다 뗄 수 있는 형태로 준비한다.

일정 변화에 따라 재조정할 수 있도록 빈칸으로 놔둔다.

○○반의 하루

| 9시~9시 30분 | 등원 |

| 9시 30분~10시 30분 | 자유놀이
정리정돈
바깥놀이
정리정돈
손 씻기
점심
새 노래
⋮ |

시간카드는 왼쪽에, 활동 이름카드는 오른쪽에 붙인다.

고려할 점

• 모든 일과 및 영역 활동 단어카드를 준비한다.

• 유아들이 그린 그림카드를 활용하면 어떤 활동인지 쉽게 알아볼 수 있고, 글자를 모르는 유아 학급에서는 글자카드로 대신할 수 있다.

[그림 9-2] 학급 일과표 예시

식 시간' 전이나 '바깥놀이' 전에 '화장실 다녀오기' 일정을 잘 이해하고 있는 유아는 수시로 "화장실 가도 돼요?"라고 묻는 행동을 반복하지 않을 수 있다. 이처럼 규칙적인 일과의 흐름을 알려 주는 일과표는 유아가 다음 상황을 예측할 수 있어 불안을 느끼지 않고 안정감 있게 활동에 집중할 수 있도록 돕는다. 따라서 교사는 등원 후 교실에서 가장 먼저 할 일이 무엇인지, 그다음에는 어떤 일과가 이어질 것인지에 대한 흐름을 유아들이 쉽게 알 수 있도록 일과표를 만들어 게시해 놓도록 한다.

(6) 유아가 선택할 수 있는 재미있는 놀이(활동)가 충분히 준비되어 있는가

유아들 모두가 같은 자리에 앉아 같은 활동을 정해진 시간 내에 마치도록 요구되는 대집단 중심의 활동은 대다수 유아들을 지치게 하거나 지루하게 만든다. 그보다는 유아가 하고 싶은 놀이를 스스로 선택할 수 있도록 허용하되, 재미있어서 오랜 시간 집중할 수 있는 활동을 다양하게 준비해 줌으로써 '유치원은 재미있는 곳, 신나는 곳, 내 마음대로 선택할 수 있는 곳'이라는 느낌을 갖게 하는 것이 중요하다.

(7) 교사가 지닌 이미지가 충분히 따뜻하고 친절한가

새 학기 첫날 교사의 모습은 유아에게 강렬한 인상을 남긴다. 유아의 마음속에 우리 선생님은 '예쁘고 친절하며 필요할 때 나를 도와주고 위로해 주며, 모르는 것을 친절하게 가르쳐 주는 사람'으로 기억될 수 있다면, 새 학기의 첫날은 매우 성공적일 것이다. 따라서 교사는 머리모양과 의상, 화장법에 이르기까지 온화하고 밝은 이미지가 느껴지며 자신의 강점을 잘 표현하는 방향으로 이미지를 연출하도록 한다. 또한 유아에게 친절하지만 교사가 기대하는 바를 명료한 메시지로 전달하기에 자신의 목소리의 크기와 어조 및 억양, 발음 등이 적합한지를 한번 더 점검하여 보다 효과적인 의사소통이 이루어질 수 있도록 준비한다.

2) 유아 맞이하기

유아와 눈높이를 맞춘 다음, 기분 좋은 목소리로 "○○, 안녕하세요. 만나서 반갑습니다."와 같이 유아의 이름을 부르면서 인사를 나눈다. 유아가 부모와 함께 등원한 경우, 부모와도 친근감 넘치는 표정과 목소리로 인사를 나누면서 관심을 표현한다. 부모를 맞이하거나 배웅할 때에는 현관에 나와서 하는 것을 원칙으로 한다. 부모와 교사가 가까운 사이라고 느끼는 유아는 유치원 적응을 더욱 잘하는 경향이 있으므로 교사는 빠른 시간 내에 유아의 가족과도 친밀한 관계를 형성하도록 노력해야 한다.

상호작용 예시

- 유아에게: "해주, 안녕하세요. 곰돌이 머리띠가 해주에게 아주 잘 어울리네요. 해주가 웃는 모습을 보니 선생님도 기분이 아주 좋아요."
- 학부모님께: "해주 어머니, 안녕하세요. 우리 해주가 아주 부지런한가 봐요. 유치원에 일찍 왔네요."

3) 함께 모이기

유아들이 교실의 함께 모이는 자리에 모여 앉도록 안내한다. 모든 유아가 모일 때까지 친숙한 노래를 함께 부르거나 간단한 말놀이(수수께끼, 같은 글자로 시작하는 말 등)를 하면서 기다린다. 유아들이 모두 자리에 모이면 함께 인사를 나누고 우리 유치원과 우리 반 이름, 우리 반 선생님 이름 등을 알아본다. 또한 오늘이 몇 월 며칠, 무슨 요일인지 알아보고, 날씨는 어떤지에 대해 이야기를 나눈다.

그런 다음, 미리 준비해 두었던 유아 이름카드를 가지고 개별 유아의 이름을 불러 주면서 출석 상황을 확인한다. 글자를 잘 모르는 유아라면 이름 글자 옆에 사진이 붙어 있는 이름카드를 제작하여 활용하는 것이 좋다. 다음으로 일과표를 제시해 주고 오늘 유치원에서의 시간을 어떻게 보낼 것인지에 대해서 소개한다. 이때 교사는 유아들이 유치원에서의 하루를 기대할 수 있도록 밝고 활기찬 표정과 목소리, 유쾌한 분위기로 안내하도록 한다.

활동에 대한 소개를 할 때 교사는 유아들에게 어떤 자료(재료)를 가지고 어디에서 어떤 방법으로 놀이할 수 있는지를 구체적으로 설명해 주며, 활동 결과물은 어떻게 할지에 대해서도 안내해 준다. 특정 놀이에만 유아들이 몰리지 않도록 놀이를 시작하기 전 적정 인원을 안내해 주는 것이 좋으며, 비는 자리가 있을 때 그 놀이에 참여할 수 있다는 기본적인 약속을 알려 준다. 또한 유아들과 함께 놀이를 끝내는 시간과 정리정돈 방법 및 정리 신호에 대한 약속을 한 후 놀이를 시작하도록 한다.

4) 즐거운 자유놀이

교구장에 유아들이 특별히 좋아하는 놀이 자료를 준비해 두고 유아 스스로 선택하여 놀이하는 시간을 갖는다. 퍼즐이나 블록, 가족놀이, 미술, 책 보기와 같이 평소 유아들에게 친숙한 활동과 함께 완성된 작품을 집으로 가져갈 수 있는 활동을 한두 가지 마련하여 제공한다. 예를 들어, 미술영역에서의 만들기 활동에 참여한 유아들이 자신이 완성한 작품을 가정으로 가져갈 수 있도록 허락한다면 활동에 참여하고 싶은 마음과 성취감 및 만족감을 더욱 크게 느낄 수 있을 것이다.

5) 정리정돈 및 손 씻기

유아들에게 정리시간이 되었음을 알려 주고 자신이 가지고 놀았던 놀잇감들을 제자리에 정리하도록 독려하며, 교사도 함께 치우기를 하면서 바람직한 정리정돈 행동의 모델을 보여 준다. 정리정돈이 끝나면 유아들과 함께 깨끗하게 치워진 교실을 둘러보면서 놀잇감들이 제자리에 잘 정돈되어 있는지를 살펴본다. 그런 다음, 차례를 지켜서 손을 씻은 후 함께 모이는 자리에 다시 모이도록 지도한다. 또한 간식을 먹기 위해 영역별로 소집단의 유아들이 함께 모여 앉을 수 있도록 안내한다.

정리정돈에 열심히 참여한 유아의 행동을 칭찬해 주는 상호작용 예시

- "우리 ○○반 친구들이 놀잇감들의 집을 잘 찾아 주었구나."
- "놀잇감들이 제집을 찾아서 편안하고 기분이 좋겠다."
- "아직 자기 자리를 찾지 못한 놀잇감이 있는지 잘 살펴보자."
- "모두 힘을 모아서 정리하니까 우리 교실이 다시 깨끗해졌네."
- "우와, 재미있게 놀이한 후에 정리도 열심히 했구나. 내일 깨끗한 교실에서 더 재미있게 놀 수 있겠다."

6) 맛있는 간식시간

유아들과 함께 간식을 나누어 먹으면서 자연스럽게 대화를 나눈다. 모든 유아가 선호하는 메뉴의 간식을 선택하는 것이 중요하므로 평소 유아들 사이에서 인기가 높았던 간식을 준비하는 것이 좋다. 간식을 먹으면서 유아들끼리 즐겁게 이야기를 나눌 수 있도록 편안한 분위기를 만들어 준다.

7) 기분 좋게 귀가하기

유아들과 함께 자리에 모여 앉아서 유치원에서 보낸 시간 중 즐거웠던 일을 회상하여 말해 본다. 유아들이 내일을 기대하고 기다리는 마음을 가질 수 있도록 미리 다음날의 일과를 간략하게 소개해 줄 수도 있다. 그리고 유아들을 만나서 기쁘고 반가운 교사의 마음을 표현하고, 내일 꼭 다시 만나기를 바란다는 것을 이야기해 준다. 유아들과 함께 헤어지는 인사를 나눈 후, 유아의 이름을 한 명씩 불러 주면서 귀가하도록 안내한다. 이때 교사는 개별 유아와 악수를 하거나 하이파이브를 하는 등 가벼운 신체 접촉을 함으로써 유아가 교사와의 친밀감을 느끼며 기분 좋게 귀가하도록 도울 수 있다.

유치원에서 보내는 첫날 일과 운영 예시

- 09:30 등원
- 09:30~09:40 함께 모이기
- 09:40~10:30 자유놀이
- 10:30~10:40 정리정돈, 손 씻기
- 10:40~11:10 간식
- 11:10~11:30 동화, 귀가

---

3. 입학 초기 유아의 적응 지원하기

입학 초기는 모든 것이 낯설게 느껴질 수 있는 시기이다. 따라서 교사는 유아가 하루라도 빨리 새로운 환경과 사람들에게 익숙해지고 편안해질 수 있도록 다음과 같은 측면을 고려하여 유아의 적응을 도와야 한다.

1) 유치원의 일과에 익숙해지도록 자세히 설명해 주기

규칙적이고 일관성 있게 진행되는 일과는 유아들이 다음 상황을 예측하고 자신의 욕구를 조절하며, 매 상황에서 보다 유능하게 행동하도록 도움으로써 유치원에서의 생활에 보다 잘 적응할 수 있도록 한다. 따라서 교사는 유아들이 교실에서의 생활에 익숙해지기까지 매일의 일과를 자세히 소개해 주고 되도록이면 규칙적인 순서에 따라 일과를 운영하는 것이 좋다. 반복적으로 이루어지는 기본 일과의 예로는 등원하면 자신의 물건을 사물함에 정리하고 약속된 장소에 출석카드나 준비물을 내는 것, 급식시간 전이나 실외놀이 후에 손을 씻는 것, 자유놀이가 끝나면 정리정돈을 하고 자리에 모이는 것, 귀가 방법에 따라 정해진 장소로 이동하여 기다리는 것 등이 있다.

교실의 일과에 익숙해질수록 유아는 자신의 활동을 계획하고 실천하며 평가하는 과정에 주도적으로 참여하게 된다. 또한 유아가 스스로 할 수 있는 일들이 늘어나면서 교사는 일일이 안내하고 설명하는 시간을 줄여 꼭 필요한 상황에서의 역할을 보다 효율적으로 수행할 수 있게 된다.

2) 유치원 시설 및 공간의 위치와 사용 방법 알려 주기

유아들과 함께 유치원 곳곳을 둘러보면서 어디에 어떤 장소가 있는지, 그 공간의 이름이 무엇이며 그곳에서 어떤 일들을 할 수 있는지에 대해서 알려 준다. 또한 각 공간을 사용할 때 지켜야 할 약속이나 예절에 대해서도 알아보도록 한다. 예를 들어, 화장실에 들어가기 전에 노크를 하는 것, 유희실(강당)에 가고 싶을 때에는 교사의 허락을 얻어야 한다는 것, 복도에서 걸어 다니는 것 등 안전을 위한 약속이나 여러 사람이 함께 사용하는 공간에서 지켜야 할 기본적인 예절에 대해 살펴보고 이야기를 나눌 수 있다. 또한 유치원에서 일하는 다양한 구성원(교사, 조리사, 버스기사 등)과 인사를 나눌 수 있도록 안내한다.

아울러 교실에 비치되어 있는 놀이 자료와 재료들을 살펴보면서 어떤 놀이들을 할 수 있는지, 주의해야 할 점이 무엇인지에 대해 설명해 주고 궁금한 내용에 대해 이야기 나누는 시간을 갖는다. 유치원의 모든 공간을 한꺼번에 둘러보고 소개하기보다는 여러 날에 걸쳐 차근차근 알아봄으로써 유아가 다양한 공간에 대한 호감과 친숙함을 느끼고 익숙해질 수 있도록 안내하는 것이 적합하다.

3) 기본생활습관 지도하기

유아가 집단 내에서 잘 적응하고 원만한 생활을 하기 위해 지켜야 할 행동이 무엇인지 알고 실천할 수 있도록 가르쳐 주고 함께 연습하여 익숙해지도록 돕는다. 특히 학기 초에 집중적으로 지도해 주어야 할 기본생활습관은 다음과 같다.

(1) 개인 소지품 정리 및 관리하기

유치원 가방과 실내화, 도시락(물병), 개인용 문구, 의류 등 유아 개인 물건을 정해진 자리에 보관하고, 사용 후 제자리에 정리하며 귀가할 때 스스로 챙겨 갈 수 있도록 지도한다. 유아의 물건마다 이름을 적도록 하고 평소 자기 물건을 꼼꼼히 챙기는 습관을 갖도록 격려한다.

(2) 자조기술 익히기

옷 입고 벗기, 신발 신고 벗기, 식사하기, 손 씻기, 용변 처리하기 등 유아 스스로 자신의 일을 처리하고 조절하는 기술을 익히고 발전시켜 가도록 일과 안에서 연습할 수 있는 시간과 기회를 충분히 제공한다. 유아가 할 수 있는 부분은 스스로 하도록 격려해 주되, 어려워하는 부분을 조금씩 도와주면서 혼자 할 수 있는 영역을 늘려 가도록 지도하는 것이 중요하다.

(3) 안전하게 행동하기

유아는 흥미와 호기심이 앞서 자칫 위험한 행동을 하게 되는 경우가 있으므로 교사는 매 상황에서 위험 요인을 예측하여 최대한 예방하도록 한다. 아울러 유아에게 안전하게 생활하고 놀이하기 위해 주의할 점을 알려 주고 이를 행동으로 실천하도록 지도한다. 유아는 또래친구의 위험한 놀이를 쉽게 따라 하고, 성인이 자리를 비웠을 때 안전사고가 더 많이 발생될 수 있으므로 교사는 매 순간 유아의 안전에 민감해야 하며, 어떤 일이 있어도 유아들만 남겨 두고 자리를 비워서는 안 된다. 또한 안전사고 및 감염병 발생에 대한 유치원의 대응매뉴얼을 미리 숙지하여 사고 발생 시 최대한 신속하고 효율적으로 대처할 수 있도록 대비한다.

4) 유아가 유치원에 대한 좋은 이미지를 가질 수 있도록 돕기

(1) 유아들이 선택할 수 있는 다양한 놀이를 마련하여 제공하기

언제 시간이 지났는지 모를 정도로 바쁘고 할 거리가 많은 교실에서 놀이를 함으로써 유아는 충분히 즐거움을 느끼고 앞으로의 유치원 생활을 기대하고 기다리게 된다. 더욱이 그러한 놀이를 유아 자신이 선택할 수 있다면 다음에는 어떤 놀이를 할 것인지, 어떻게 할 것인지에 대한 계획으로 설렘을 느낄 것이고, 놀이의 과정과 결과에 대한 만족감도 더욱 클 것이다. 따라서 교사는 유아가 선택할 수 있는 다양한 놀이를 충분히 제공해 줌으로써 유아가 유치원에서 보내는 시간을 즐겁게 느끼고 기대하도록 가능한 한 모든 노력을 기울여야 한다.

(2) 유아가 주도적으로 활동하는 기회를 제공하기

유아는 자유놀이가 허용되고 필요한 지원이 이루어지는 교실에서 스스로 활동을 선택하고 계획, 실행함으로써 선택에 대한 책임과 주도성을 배울 수 있다. 이와 함께 유아가 학급 구성원으로서의 중요한 역할을 담당하고, 학급에 크고 작은 기여를 할 수 있을 때 더욱 큰 성취감과 만족감을 느낄 수 있다. 급식 도우미와 같은 당번 활동 및 교사의 간단한 업무를 보조하는 역할(예: 출석카드에 도장 찍기, 도서 정리하여 교체하기 등) 등이 그 예가 된다.

(3) 유아와의 개별적 만남을 통해 사랑과 지지를 전달하기

유아의 건강한 적응을 위해 가장 중요한 것은 교사와 유아 간에 긍정적이고 친밀한 관계를 맺음으로써 유아가 안정감을 갖도록 하는 것이다. 교사로부터 애정 어린 관심을 받고 있다고 느끼는 유아는 새로운 환경에 적응하는 데 한결 성공적이기 때문이다. 그러나 실제로 많은 교사가 하루 중 대부분의 시간을 전체 유아를 대상으로 한 상호작용을 하면서 보내는 것이 현실이다. 유아와의 개별적인 만남을 정기적으로 갖기 위해서는 교사의 의지와 노력이 필요하다. 하루에 몇 명의 유아를 어떤 장면에서 만날 것인지 일정을 계획하되, 모든 유아가 골고루 기회를 갖도록 하는 것이 중요하며, 계획된 시간 외에도 틈이 날 때마다 꾸준히 유아를 만남으로써 유대감을 형성하는 데 노력을 기울여야 한다. 하루일과 중 유아의 개별적인 활동이 주로 이루어지는 자유놀이 시간을 활용하는 것이 효율적이다. 또한 일찍 등원하는 유아나 늦게 귀가하는 유아와의 개별적인 만남을 계획하는 것은 실천 가능한 일이므로 이를 적극 활용하여 유아와 개별적인 접촉시간을 자주 갖도록 한다.

5) 또래와 사이좋게 잘 지내도록 지원하기

친구를 사귀고 또래로부터 인정받는 것은 유아의 긍정적 자아개념과 친사회적 기술 획득, 집단 안에서의 적응뿐 아니라 학업 성취에도 중요한 영향을 미친다. 유아가 친구를 사귀고 관계를 유지하기 위해서는 여러 가지 사회적 기술이 요구되므로 교사의 적절한 개입과 도움이 필요하다. 유아의 또래관계를 지원하는 과정에서 교사가 고려해야 할 내용은 다음과 같다.

(1) 또래거절의 원인 파악 및 문제 개선을 돕기

교사는 또래들 사이에서 자주 또는 지속적으로 거절당하는 유아가 있는지를 살펴보고 그 원인을 파악하여 예방하고 문제가 개선될 수 있도록 돕는다. 또래들로부터 거부되는 유아는 대개 다음의 특성을 지닌다.

- 또래가 싫어하는 방식으로 상호작용한다(예: 물어보지 않고 물건을 마음대로 가져가는 것).
- 또래의 의도를 잘못 이해한다.
- 또래와의 문제 상황에서 공격적인 방법으로 문제를 해결하려고 한다.
- 놀이 친구의 제안이나 요구에 엉뚱한 반응을 보인다.
- 또래에게 거절을 표현할 때 이유나 대안 없이 무조건적인 거부를 나타낸다.

(2) 또래 간 사회적 갈등 해결 방법 가르치기

유아들 사이에 갈등이 일어날 경우 교사는 적절한 수준의 중재와 도움을 제공한다. 신체적인 공격이 일어날 때에는 즉시 이를 제한해야 하며, 유아가 다른 유아의 입장에 관심을 가지고 평화로운 방법으로 문제를 해결하는 방법을 배울 수 있도록 다음에 유의하여 지도한다.

- 갈등이 일어났을 때, 교사가 처음부터 이를 차단하기보다는 유아들이 문제에 대처하는 과정을 주의 깊게 지켜본다. 또래와의 갈등을 경험함으로써 유아는 다른 사람이 나와 다른 의견을 가질 수 있다는 것을 이해하고, 함께 협력해서 모두가 만족하는 대안을 찾는 경험을 통해 문제해결 능력을 키울 수 있기 때문이다.
- 갈등을 중재할 때에는 갈등에 관련된 유아 모두의 이야기를 충분히 듣는 것으로부터 시작한다. 공격한 유아의 이야기는 무시한 채, 신체적 공격을 당한 유아 또는 울면서 말하는 유아의 이야기를 우선하여 듣거나 한쪽의 이야기만 듣고 중재를 시작하지 않도록 주의한다.

유아 간 갈등 중재를 위한 상호작용의 시작을 어떻게 할까?

"쌓기놀이를 하면서 무슨 일이 있었는지 이야기해 주겠니? 선생님은 너희들 모두의 이야기를 듣고 싶단다. 경민이부터 순서대로 이야기해 보자. 정원이는 경민이 이야기가 다 끝날 때까지 귀 기울여 잘 들어 보자."

(3) 적합한 수준으로 자기 주장하는 방법 가르치기

공격적인 유아나 잘 울고 칭얼거리는 유아가 명확하고 우호적인 말로 자신의 요구를 표현하는 방법을 배우고 익혀서 사용하도록 지도한다. 먼저, 유아와 마주 앉아 역할극을 하듯이 자신의 요구를 명확한 언어로 표현하는 연습을 충분히 하도록 한다. 다음으로 유아들끼리 앉아서 배운 대로 이야기해 보는 기회를 갖게 함으로써 사회적으로 용인되는 수준에서 자기 의사를 표현하는 능력을 키울 수 있다. 또한 가상의 갈등 상황에 대해 다양한 문제해결 방법을 생각해 보고 선택한 결과에 대해 평가해 보는 활동을 제공한다(예: 동화 들려주기, 토의, 역할극).

상호작용 예시

- 친구에게 "나도 그거 필요해."라고 말해 보자.
- "○○야, 내가 먼저 사용하고 있었어. 나는 더 놀고 싶어."라고 말해 보자.
- "그럼 내가 기다릴게. 네가 다 놀고 나면 나한테 줄래?"라고 말해 보자.

---

(4) 놀이 참여기술 가르치기

또래들과의 놀이에 끼어들지 못하는 유아가 있을 때 교사가 나서서 진행 중인 놀이에 억지로 끼워 넣는 것은 효과적이지 않다. 그보다는 다른 유아들이 하는 놀이를 관찰하여 어떤 놀이가 이루어지고 있는지를 이해한 후에 놀이에 기여하면서 자연스럽게 끼어들 수 있는 역할을 생각하여 제안하도록 하는 것이 좋다.

6) 학부모와 돈독한 유대관계 맺기

기관에서 유아가 갖는 교육적 경험이 장기적인 관점에서 효과를 거두기 위해서는 가정으로부터의 관심과 지지가 절대적으로 필요하다(Powell, 1995). 부모 역시 교사와의 원만한 교류를 통해 정서적 안정감과 신뢰감을 갖게 된다. 교사-부모 간

긍정적인 관계를 통해 그 누구보다도 큰 이득을 얻는 것은 유아이다. 교사와 부모가 제공해 주는 일관성 있는 양육(교육) 실제 안에서 유아는 새로운 환경에 보다 잘 적응할 수 있을 것이기 때문이다(Epstein, 1987).

또한 학부모에 대해 교사가 갖는 느낌은 유아에 대한 느낌과 긴밀하게 연결되기 때문에 부모와 교사가 긍정적인 관계를 맺을 때 유아는 교사로부터 자신의 가치를 인정받고 존중받는다고 느낌으로써 자기 존재에 대한 긍정적인 인식을 갖게 된다.

따라서 교사는 평소 유아의 부모와 친밀하고 돈독한 관계를 구축하기 위해 노력해야 한다. 등·하원 시의 짧은 만남이나 쪽지, 메모, 이메일, 전화 상담 등은 유아 발달 및 적응에 관한 정보를 정기적으로 나누고 협의하는 효과적인 통로가 될 수 있다.

7) '분리불안'을 보이는 유아의 적응 돕기

학기 초에 두드러지게 나타나는 분리불안 증상은 영유아기에 양육자와의 경험을 통해 형성된 애착관계와 밀접한 관련성을 가진다. 안정애착은 일관적이고 신속하며 적절한 양육 방법을 통해 형성되는 것으로 향후 긍정적인 자기상, 문제 대처 능력, 타인과의 안정된 관계에 지속적으로 영향을 미치기에 중요하다. 새로운 환경에서의 생활이 시작되는 학기 초에는 많은 유아가 불안을 경험하지만 이는 유치원 적응과 함께 점차 해소되는 측면이므로 심한 수준의 분리불안을 지속적으로 나타내는 유아를 위한 세심한 배려와 지도가 요구된다. 분리불안 유아가 보이는 주요 증상은 다음과 같다.

- 위축된 행동, 대인관계 접촉에 불안감을 보인다.
- 눈 맞춤을 거의 안 하고, 주변의 변화에 민감하며, 적응에 오랜 시간이 걸린다.
- 작은 일에도 지나치게 울거나 의존한다.
- 긴장 상황에서 신체적인 아픔을 호소한다.
- 등원 거부로 나타나거나 일과 중에 귀가하고 싶다고 한다.

분리불안 유아를 지도하는 과정에서 교사가 고려해야 할 사항은 다음과 같다.

- 주변 환경을 안정감 있게 조성해 준다.
- 또래들과의 놀이에 선뜻 응하지 못하는 유아의 마음을 수용하고 지지해 준다.
  (상호작용 예: "지금은 놀이를 시작하고 싶지 않구나. 그러면 친구들이 무슨 놀이를 하는지 구경해 볼까?")
- 유아가 느끼는 불안 정서를 수용해 준다.
  (상호작용 예: "엄마가 빨리 안 오실까 봐 걱정이 되는구나.")
- 일상적이지 않은 일정에 대해서는 가능한 한 일찍 그리고 자세히 예고해 준다.
  (상호작용 예: "3일 후/세 밤 자고 나면 우리는 미술관으로 견학을 갈 거야.")

8) 적응 지도를 위해 유아 개별 정보와 관찰 기록 활용하기

학기 초 유아의 부모로부터 유아에 대한 기본 정보를 확보하고, 적응 기간 동안의 발달과정을 면밀히 관찰하고 기록함으로써 유아를 이해하는 데 활용하며, 앞으로의 지도 방향을 설정하는 근거로도 활용한다.

활동 1

　　장래 유치원 교사가 된다면 자신의 학급을 어떻게 운영하고 싶은가요? 만 5세(또는 만 3, 4세) 반 담임교사라고 가정하고 우리 반의 새 학기 학급 운영계획을 세워 봅시다.

- ○○반의 어린이상

- ○○반 교육목표

- ○○반의 자랑

- ○○반 교사 소개

좋은 교사는 ……

1. 교육과정과 연계하여 행사를 계획하고 운영한다.

2. 행사의 의미를 이해하고 유아의 입장에서 교육적인 행사를 계획한다.

3. 효율적인 행사 운영을 위한 계획 · 준비 · 실행 · 평가의 과정을 이해한다.

4. 유치원의 대표적인 행사의 운영 방법에 대해 안다.

제 **10** 장

교육 행사

유아교사는 진행되는 주제와 연계하여 유아들이 현장견학이나 유치원 주변을 산책하면서 직접적인 경험을 할 수 있는 기회를 제공한다. 또한 계절적 특성을 반영하거나 공휴일, 명절과 연계된 교육 행사를 계획하여 운영한다. 일부의 유아교육기관에서는 행사를 일상적인 교육활동과는 분리된 별개의 활동처럼 생각하는 경우도 있다. 그러나 행사는 유아들의 유치원 생활이나 일상에서의 생활, 세시풍속이나 국가적 행사와 밀접한 관련이 있으며 단순히 남에게 보여 주기식이 아니라 유아가 그 의미를 생각하고 직접 참여하여 즐기는 경험이 되어야 한다. 이 장에서는 유아들에게 의미 있는 행사를 체계적으로 계획하고 운영하는 과정에서 교사가 점검해야 할 사항들을 살펴본다.

> 빨리 다음 주가 되었으면 좋겠어요. 금요일에 생일축하를 하는 날이에요. 이제 진짜 여섯 살
> 이 돼요.
>
> —만 4세 유아
>
> 현장견학이 어렵기는 해도 견학을 가면 교실에서 경험하는 것보다 훨씬 많은 것들을 보고 느
> 끼고 오는 것 같아요. 대신 현장견학을 가기 위해서 준비를 철저히 해야겠죠.
>
> —만 5세반 담임
>
> 아이가 입학식을 하는데 내가 떨리고 긴장을 했어요. 집에서는 어린아이 같은데 입학식 할 때
> 보니까 의젓하고 듬직해 보였어요. 아이도 중요한 의식을 치른다고 생각하는 것 같아요.
>
> —만 3세 유아의 부모

앞의 사례들을 보면 생일축하나 견학, 입학식 등의 교육 행사는 유아와 교사, 부모 모두에게 의미 있는 경험을 제공하는 날임에 분명하다.

1. 행사의 의미와 교육적 가치

행사는 기념일이나 명절의 의미를 다지기 위한 목적으로 그리고 진행되는 주제에 대한 이해를 돕기 위해 특별한 의도를 가지고 계획하며 실시하는 활동이다. 유아는 행사를 통해 질서 의식, 성취감, 소속감 및 또래 간의 협동심을 발달시킬 수 있다. 또한 유아와 교사, 유치원과 가정 그리고 지역사회와의 유대감을 높일 수도 있다(박은혜 외, 2012).

그러나 행사가 항상 교육적으로만 진행되는 것은 아니다. 다음의 글은 행사에 대한 현장교사의 면담 자료다.

행사를 하다 보면 어느새 1년이에요. 한 달에 적게는 두 번, 많으면 매주 있는 경우도 있어요. 그러다 보니 쉴 틈이 없어요. 행사를 줄이고 싶어도 부모들이 자주 견학 가기를 원하니까 무조건 한 달에 두 번 정도는 견학을 가야 하고, 전시회도 있고, 발표회도 해야 하고, 운동회나 참여수업도 해야 하고…… 다 하면 좋겠지만, 어떤 때는 행사를 위해 사는 것 같아요. 아이들도 행사에 쫓겨서 매일 뭔가를 만들고, 그리고, 준비해야 해요. 아이들은 흥분해 있고, 놀이 시간도 부족하다고 말해요.

－만 4세반 담임

이처럼 하루일과 중 행사를 위해 할애하는 시간이 많다 보니 유아들의 자유놀이 시간도 부족하고 활동도 차분하게 진행하기 어려울 수 있다. 만약 유치원에서 부모나 외부인에게 보여 주기 위한 목적으로 특정 활동을 반복 연습하거나 의미 없는 견학을 계획한다면, 유아들의 성장과 발달에도 유익하지 않을 것이다. 따라서 유치원의 행사는 남에게 잘 보이기 위해 인위적인 별도의 프로그램을 계획하고 운영하는 것이 아니라 교육과정의 필요에 의해 유아 중심으로 계획하고 실시해야 한다(이대균, 송정원, 2009).

2. 행사의 목표 및 내용

유아들에게 의미 있는 행사를 운영하기 위해서는 행사의 목적 및 목표를 먼저 고려해야 한다. 진행되는 주제 또는 교육과정에 대한 이해를 돕기 위한 목적인지 아니면 유아교육기관의 하루일과 및 교육활동에 대한 부모들의 이해와 참여, 부모－자녀의 긍정적인 관계 형성이 목적인지에 따라 행사의 내용도 달라질 것이다. 유치원에서는 유치원 적응, 자녀발달 이해, 유치원의 하루일과 이해, 지역사회 이해 및 체험, 우리나라 전통문화 이해와 체험 등의 내용에 따라 규모가 크거나 혹은 작은 행사를 운영할 수 있다.

  유치원의 행사는 입학식과 발표회, 전시회, 부모 참여수업, 생일축하, 소풍, 부모
상담 외에도 주제와 관련된 현장 방문, 지역인사 초빙, 야외로 자연관찰을 나가는
일까지 포함할 수 있다. 교사는 계절과 유치원의 특성, 진행되는 주제와의 관련성을
고려하여 연간행사일정을 계획한다. 〈표 10-1〉은 연간행사계획의 예이다.

표 10-1 연간행사계획안 예시

월	예상 주제	행사
3	유치원과 친구	• 입학식, 구강검진 • 부모교육 • 안전교육 • 3월 생일축하
4	봄과 동식물	• 씨앗(모종) 심기, 공원 견학 • 부모상담 • 안전교육, 동물원 견학 • 4월 생일축하
5	나와 가족	• 어린이날 행사 • 운동회 또는 엄마참여수업 • 소풍, 안전교육 • 5월 생일축하
6	우리 동네	• 우리 동네 산책 • 시장 견학 • 안전교육 • 6월 생일축하
7	여름과 우리 생활	• 물놀이 • 안전교육 • 공원 또는 산, 계곡 체험 • 7월 생일축하 • 여름방학 • 운영위원회

8	환경과 생활	• 안전교육 • 자연체험 • 8월 생일축하
9	우리나라	• 송편빚기, 민속놀이 • 박물관 견학 • 안전교육 • 9월 생일축하
10	세계 여러 나라	• 아빠참여수업
	가을과 우리 생활	• 안전교육 • 자연체험 • 10월 생일축하
11	교통기관	• 부모교육, 부모상담 • 교통공원, 기차박물관 견학 • 안전교육 • 11월 생일축하
12	겨울과 우리 생활	• 신입원아모집 • 산타 행사(또는 음악회) • 12월 생일축하 • 겨울방학
1	생활도구	• 과학관 견학 • 안전교육 • 1월 생일축하 • 운영위원회
2	초등학교에 가요	• 초등학교 견학 • 수료 및 졸업식 • 신입원아, 부모 오리엔테이션 • 2월 생일축하

3. 행사의 절차

성공적인 행사의 운영을 위해서는 계획과 준비 → 진행 → 평가의 과정을 체계적으로 운영해야 한다. 행사는 매월 1회 정기적으로 이루어지는 행사도 있고, 연 1회 시행하는 행사도 있다. 행사 성격에 따라 준비 기간이 짧은 것도 있지만 긴 시간을 들여 체계적으로 준비해야 하는 것도 있다.

계획과 준비	• 행사의 목적, 장소, 시간, 참여 대상, 경비, 필요물품 목록, 식순, 역할 분담 • 필요한 물품 구입과 제작, 설치, 안내장 및 공문 발송, 우발적인 상황에 대한 대비

진행	• 계획에 따른 역할 수행 • 유아의 흥미와 참여 정도 관찰, 지원 • 상황에 따른 유연한 대처 • 안전사고 예방 및 사고 발생 시 신속한 대응

평가	• 잘된 점과 미흡한 점 • 자료 정리 및 보관

[그림 10-1] 행사 운영의 절차

1) 행사 계획과 준비

행사는 참여 대상이나 인원, 공간 등에 따라 행사의 내용과 성패가 좌우되기 때문에 계획 단계부터 체계적인 계획을 세워야 한다. 교사는 지난해 시행되었던 행사에 대한 부모와 교사들의 평가와 요구를 반영하여 행사를 계획한다. 오리엔테이션을 예로 들어, 행사 계획과 준비의 과정을 제시하면 〈표 10-2〉와 같다.

표 10-2 행사 계획과 준비의 과정 예시

구분	내용	예시
목표 확인	이 행사를 통해 유아 또는 부모들이 얻게 되는 경험은 무엇인가에 대해 생각한다.	• 유아 또는 부모들의 유치원 적응 및 이해
시간, 장소 계획	언제, 어디에서 행사를 진행할 것인지를 계획한다.	• 언제: 입학 전 1회 또는 2회 정도 • 어디서: 교실 또는 강당
참여 대상 계획	누구(유아, 부모)를 대상으로 행사를 진행할 것인지 계획한다.	• 유아를 대상으로 유치원 교실 소개와 기본 생활습관 지도 • 부모를 대상으로 유치원 교육과정 안내와 협조사항 당부
필요물품 계획	행사 진행을 위하여 필요한 책자, 교재 · 교구, 안전장비, 선물 등의 물품을 계획한다.	• 유치원 교육과정 안내 책자, 유아 선물, 가방, 활동복, 컴퓨터, 빔 등의 기자재
소요경비 계획	비용이 드는 행사인지의 여부와 비용이 필요하다면 어느 정도의 예산이 적정한지를 계획한다.	• 유아의 가방과 활동복의 수량과 비용 책정, 선물 수량과 비용 책정, 부모에게 배부할 유치원 교육과정 책자 발간 부수와 비용 책정
역할 분담	환경 구성, 물품 구입, 부모 공지 등의 업무분장을 계획하여 효율적으로 행사를 진행할 수 있도록 한다.	• 유치원 안내 책자 원고 작성 • 업체(인쇄소, 가방, 선물) 연락 • 물품 구입 • 행사일정 계획 • 부모(유아)에게 연락 • 현관 등의 환경정비
비상대책 계획	안전사고 및 비, 바람 등 날씨에 대한 대비를 한다.	• 눈에 대비하여 현관에 우산꽂이 준비 • 미끄럼 방지를 위한 매트리스 준비

(1) 목표 확인

교사는 행사를 통하여 유아 또는 부모가 경험하게 될 내용을 기초로 목표를 분명히 확인한다.

(2) 시간과 장소

연간행사계획안에는 행사의 시기를 대략적으로 계획하고 실제 행사를 계획하는

표 10-3 시간에 따른 행사 계획 예시

시간	행사 내용
오전 또는 오후	생일축하, 입학식, 오리엔테이션, 안전교육, 씨앗(모종) 심기, 현장견학, 어린이날 행사, 구강검진
전일	가족 운동회, 소풍, 현장견학
방과후	부모상담, 부모교육, 산타 행사 또는 음악회, 전시회, 운영위원회

단계에서는 구체적인 일정과 장소를 계획하고 이에 따라 준비를 한다. 일주일 중 어느 요일인지, 하루 중 오전인지 오후인지 또는 유아들이 귀가한 이후인지 등의 시간에 따라 준비사항이 달라진다.

장소도 유치원 내에서 이루어지는지, 아니면 야외에서 이루어지는지에 따라 준비사항이 달라진다. 유치원 내일 경우 교실인지 강당인지에 따라 환경 구성의 시기와 방법을 다르게 해야 하며, 야외에서 이루어지는 행사일 경우는 해당기관에 사전에 허락을 구해야 하고 교사가 사전답사를 다녀와야 한다.

표 10-4 장소에 따른 행사 계획 예시

장소	행사 내용
교실	생일축하, 입학식, 오리엔테이션, 안전교육, 부모상담, 운영위원회
강당	입학식, 오리엔테이션, 부모교육, 산타 행사 또는 음악회, 전시회, 어린이날 행사
실외놀이터	씨앗(모종) 심기, 작은 운동회, 어린이날 행사
야외	씨앗(모종) 심기, 현장견학, 소풍
지역사회 기관	보건소, 지역사회 기관

(3) 참여 대상

행사의 참여 대상이 유아인 경우와 유아와 부모일 때 그리고 부모만 참여할 때에 따라 행사의 장소나 시간, 진행 방법이 달라진다. 만약 부모가 참여하는 경우라면

표 10-5 참여 대상에 따른 행사 계획 예시

참여 대상	행사 내용
유아	생일축하, 현장견학, 산책, 씨앗(모종) 심기, 소풍, 안전교육, 어린이날 행사, 물놀이, 송편 빚기, 전통예절교육, 인형극 관람, 구강검진
부모	부모교육, 부모상담, 부모 오리엔테이션, 운영위원회
부모와 유아	입학식, 부모참여수업, 가족 운동회, 산타 행사 또는 음악회, 전시회

맞벌이 가정의 부모들도 참여할 수 있는 시간으로 행사 일정을 계획해야 하기 때문이다. 교사는 이를 고려하여 계획을 세우고 교사들 간의 역할 분담을 한다.

(4) 필요한 물품 구입 및 소요경비 계획

행사를 위해서는 교재·교구 구입 또는 다과 준비 등이 필요하다. 교사는 행사에 필요한 물품이 유치원에 있는 자료인지 새로 구입해야 하는지를 나누어 기록한다. 기존의 자료를 활용할 수 없을 경우 교사는 예산 범위 안에서 물품을 새로 구입하는데, 이를 위해 구입할 수 있는 물품들의 목록과 수량, 단가 등을 계획한다. 오리엔테이션을 예로 들어 제시하면 〈표 10-6〉과 같다.

행사의 경비를 누가 부담하는가도 행사 계획에서 고려해야 할 사항이다. 유치원의 경비로만 진행되는 행사일 경우는 주어진 예산 안에서 규모 있게 자료 등을 구입

표 10-6 오리엔테이션 물품 구입 목록 예시

일련번호	품명	보유여부 확인	구입 계획			
			단가	수량	금액	구입처(연락처)
1	모빌	교재실				
2	유아 선물	–	5,000원	70개	350,000원	○○문구 (02-000-0000)
3	가방		40,000원	70개	2,100,000원	○○문구 (031-000-000)

하면 되지만, 부모가 경비를 지불하는 경우에는 사전에 가정통신문이나 부모 모임을 통해 이를 알리고 동의를 얻는 과정을 계획해야 한다.

(5) 역할 분담

행사의 규모나 참여 대상, 행사 장소 등에 따라 학급담임 혼자 역할을 수행해야 하는 경우가 있고, 동료교사와 역할을 나누어서 진행하는 경우가 있다. 예를 들어, 생일축하나 신체검사, 면담 등에 대해서 협의는 하지만 교사 개인이 준비해야 할 부분이 많다. 반면에 입학식이나 운동회, 참여수업 등은 교사들이 협의하여 역할을 나누어 준비하도록 한다.

교사들은 역할 분담에 따라 계획 및 준비 단계에서 필요한 공문 보내기와 물품 구입하기, 사전답사하기, 행사장 환경 구성하기, 초대장 보내기 등의 역할을 효율적으로 처리할 수 있다.

표 10-7 오리엔테이션 준비를 위한 역할 분담

일련번호	내용	담당	시기	확인
1	오리엔테이션 안내문 작성	김○○	02.11.	✓
2	순서지 작성	주○○	02.11.	✓
3	유아 이름표 제작	담임교사	02.12.	✓
4	현관 장식(풍선장식 등)	신○○	02.12.	✓
5	강당 환경 구성(현수막, 모빌 등)	유○○	02.12.	✓
6	행사장의 기자재 점검	이○○	02.13.	✓
7	태극기, 국민의례 음향 준비	유○○	02.13.	
8	강당 의자 배치, 청소 등	교사 전체	02.13.	
9	유치원 교육과정 책자 원고	이○○	02.09.	
10	유치원 교육과정 소개 PPT	김○○	02.10.	
11	반별 유인물 최종 점검	담임교사	02.13	
12	유아 선물 포장	주○○	02.12.	
13	유아 가방, 활동복 구입	원장, 원감	02.12.	

표 10-8 오리엔테이션 진행을 위한 역할 분담

일련번호	내용	담당	비고
1	현관 인사 및 안내	김〇〇, 이〇〇	
2	유아 이름표 배부	김〇〇, 이〇〇	
3	강당 입구 안내	박〇〇	
4	행사 전 강당과 현관에 음악 틀기	박〇〇	
5	오리엔테이션 진행	원장, 원감	
6	국민의례 음향 및 기기 담당	유〇〇	
7	피아노 연주	주〇〇	
8	다과 준비 및 안내	한〇〇	
9	사진, 동영상 촬영	한〇〇	
10	교실에서의 유아놀이 지도	보조교사	

(6) 안전 및 비상시에 대한 대책 마련

행사를 야외에서 진행할 경우 비가 오거나 바람이 많이 분다면 행사 진행에 어려움이 있을 수 있다. 이와 같이 비상시를 위한 대책을 사전에 마련해 놓으면 예기치 않았던 상황이 발생해도 차분하게 대비할 수 있을 것이다.

2) 행사 진행

교사는 계획된 대로 행사를 차질 없이 진행해야 한다. 학급 차원에서 진행되는 행사의 경우는 담임교사가 책임을 지고 계획대로 행사가 진행될 수 있도록 하면서 유아들의 관심과 흥미를 고려하여 융통성을 발휘한다.

유치원 단위로 이루어지는 행사의 경우 교사는 사전에 식순을 정하고 진행할 때 필요한 인력과 자료를 점검한다. 교사는 협의한 대로 역할을 나누어서 각자의 역할을 충실히 이행하면 된다. 행사 중에는 원활한 진행을 위하여 교사들 간에 의사소통을 자주 한다.

3) 행사 평가

행사 평가는 다음 행사를 계획하는 데 중요한 기초 자료가 될 수 있으므로 행사 이후에는 반드시 평가를 하고 이를 기록으로 남기도록 한다. 평가는 유아와 함께하는 평가, 교사회의를 통한 평가, 부모들의 설문지나 면담을 통한 평가로 나누어 볼 수 있다.

유아와 함께하는 평가는 유아들의 참여 정도나 기분, 유아들의 말을 관찰하여 얻을 수도 있고, 행사 이후 유아들에게 행사에 참여한 경험이나 느낌을 이야기해 보도록 할 수 있다. 또한 부모들도 행사 평가의 중요한 자원이 된다. 행사의 좋았던 점이나 부족한 점 그리고 개선할 점 등을 말로 표현하거나 설문지에 기록하게 하여 이를 분석할 수 있다. 교사회의를 통한 평가는 행사가 끝나고 행사의 전 과정을 되돌아보면서 수정할 부분 등을 협의하여 행사일지에 기록으로 남긴다.

표 10-9 행사 평가 내용

일련번호	평가 내용	비고
1	행사 진행 시기 및 시간은 적당했는가?	
2	행사를 위한 공간(환경) 구성은 적절했는가?	
3	행사 준비 및 진행을 위한 업무 분담은 잘 이루어졌는가?	
4	업무분장에 따라 각자의 역할을 잘 수행하였는가?	
5	행사에 참여한 유아(부모)의 반응은 어떠한가?	
6	개선해야 할 부분은 무엇인가?	

4. 행사의 실제

1) 생일축하

유아에게 생일축하는 매우 의미 있는 행사다. 유아는 다른 친구의 생일축하를 보면서 자신의 생일을 기다리게 된다. 생일축하는 유아 자신의 소중함과 성장과정에 대해 생각할 수 있는 시간을 제공하며 친구들의 생일을 축하해 주는 방법을 배울 수 있다는 점에서 교육적 가치가 있다.

생일축하의 방법은 학급별로 할 수도 있고, 유치원 전체 유아가 모여서 할 수도 있다. 시기적으로는 유아의 생일에 간단하게 생일축하를 할 수도 있고, 매달 날을 정하여 그 달에 생일을 맞은 유아들이 함께 축하를 받기도 한다. 여기에서는 매달 교실에서 축하하는 방법을 주로 설명하고, 추가적으로 생일날마다 하는 방법과 강당에서 유치원 유아들이 다 함께 모여 하는 방법을 설명하고자 한다.

(1) 생일축하 계획

생일축하의 방법이나 시기는 서로 다르지만, 생일을 맞은 유아가 축하를 받고 다른 유아들은 다른 사람의 생일을 축하해 주는 의미 있는 날이 되도록 교사는 생일축하에 대한 체계적인 계획을 세워야 한다.

생일축하에 원장이 교실에 와서 생일 맞은 유아를 축하해 주기로 했다면, 사전에 원장과 시간 약속을 한다.

만약 개인별로 생일축하를 한다면 교사는 달력에 학급 유아들의 생일을 표시하

표 10-10 생일축하 행사 계획

구분	내용
목표	유아의 성장과정에 관심을 갖고 친구의 생일을 축하하는 마음을 갖는다.
시간	오전 중 30분 예상(다른 학급과의 시간 협의)
장소	교실
참여 대상	유아
필요물품 구입	생일선물(10,000원 × 생일 맞은 유아 수), 카드(1,000원 × 생일 맞은 유아 수)
역할 분담	물품 구입, 사진촬영, 생일카드 작성 등의 역할 분담
안전 및 비상대책	• 생일 초에 불을 켤 때 화재 등의 안전사고에 유의한다. • 생일축하 시간이 갑자기 옮겨지거나 늦어질 때를 대비하여 놀이 활동 또는 동화를 준비한다.

표 10-11 반별 생일축하 준비를 위한 역할 분담

내용	담당	시기	확인
생일축하 세부 일정 및 시간 논의	교사 전체	03. 20.	✓
가정통신문 발송(생일축하 안내)	담당교사	03. 20.	✓
생일축하 환경 게시물 제작	담임교사	03. 20.	✓
생일선물 구입	김○○	03. 20	✓
생일카드 준비	담임교사, 원장	03. 25.	
생일선물과 그림 준비	유아	03. 25.	
생일 음식(케이크 또는 떡, 음료) 구입	이○○	03. 25.	
생일축하 진행	담임교사	생일축하 당일	
사진촬영	보조교사	생일축하 당일	

고 그 주의 가정통신문에는 해당 날짜에 생일축하를 할 것임을 부모에게 알린다. 교사는 생일 카드와 선물을 준비해 놓는다. 하루일과를 계획할 때 생일축하 시간을 계획한다.

유치원 전체 유아들이 함께 강당에 모여 하는 생일축하의 경우는 그 달의 생일을 맞은 유아와 유치원의 모든 유아들이 한 장소에 모여서 진행하게 되므로 시간도 오래 걸리고 참여하는 유아들에게는 지루한 시간이 될 수 있다. 교사들은 이에 유의하여 행사를 계획해야 한다.

표 10-12 유치원 전체 생일축하 준비를 위한 역할 분담

내용	담당	시기	확인
생일축하 세부 일정 및 시간 논의	교사 전체	03. 20.	✓
가정통신문 발송(생일축하 안내)	주임교사	03. 20.	✓
강당에 생일축하 환경 게시물 제작	김○○, 이○○	03. 20.	
생일선물 구입 및 주문	김○○	03. 20.	✓
생일카드 준비	담임교사, 원장	03. 25.	
생일선물과 그림 준비	유아	03. 25.	

생일 음식(케이크 또는 떡, 음료) 구입	이○○	03.25.
생일 상 차림	이○○	03. 27.
생일축하 진행	박○○	03. 27.
축하인사말	원장, 담임교사	03. 27.
기자재 및 음악 담당	주○○	03. 27.
교실에서 강당으로 유아 통솔	담임교사	03. 27.
생일축하 행사 시 유아 통솔	담임교사, 보조교사	03. 27.
사진촬영	보조교사	03. 27.

(2) 생일축하 진행

생일축하 이전에 사전 경험으로 생일축하 노래를 배우고, 생일 맞은 유아에게 선물할 그림이나 만들기를 할 수도 있다. 생일 맞은 유아뿐 아니라 학급의 모든 유아들이 서로 축하하는 행사가 되기 위하여 〈표 10-13〉과 같은 순서로 진행한다.

표 10-13 생일축하 진행 및 역할 분담

생일축하 순서	장소	내용	역할 분담
모이기	교실	교사가 생일축하가 시작됨을 알리면 유아들은 활동을 정리하고 대집단 영역에 모인다.	교사
생일상 준비	교실	• 유아들과 함께 생일상을 준비한다. • 책상 위에 테이블보를 깔고 생일축하 현수막을 부착한다. • 케이크 또는 떡, 음료를 그릇에 담아 준비한다.	교사, 유아
생일노래 부르기	교실	• 유아들이 생일인 유아를 호명하면 생일상 앞에 앉는다. • 생일인 유아에게 생일축하 노래를 불러 준다.	유아
촛불 끄기	교실	• 교사는 유아와 함께 유아의 나이만큼 초를 꽂는다. • 교사는 초에 불을 켠다. • 생일인 유아는 소원을 말하고 촛불은 끈다.	교사, 유아
케이크 자르기	교실	유아와 친구 또는 교사와 함께 케이크를 자른다.	교사, 유아

선물 증정	교실	• 교사가 준비한 카드를 읽는다. • 원장의 선물과 카드를 준다. • 유아들이 만든 그림카드, 만들기, 목걸이를 선물한다. • 유아들이 생일인 유아에게 축하의 말을 한다. • 노래, 춤, 수수께끼 등을 생일인 유아에게 선물한다.	교사, 유아
사진촬영	교실	• 생일축하의 전 과정을 사진 찍는다. • 교사와 유아의 사진을 찍는다.	보조교사
간식	교실	점심 또는 간식 시간에 케이크와 음료수를 함께 먹는다.	유아

유아 개인별로 생일을 축하한다면 교사는 아침 모임시간에 생일 맞은 유아를 소개한다. 놀이 시간에 유아를 위한 카드와 선물을 만들도록 하고, 놀이 이후나 귀가 전에 생일축하 노래를 부르며 준비한 선물을 전달한다.

유치원 전체 유아들이 모여서 하는 생일축하도 교실에서 하는 생일축하와 진행 방법은 크게 다르지 않다. 다만, 많은 유아가 모여 있기 때문에 지루해하지 않도록 유아들의 관심을 끌 수 있는 노래와 손유희 등을 활용한다.

생일축하를 통해 유아의 성장과정을 축하해 주기

• 부모는 유아의 어렸을 때 사진이나 아기 때 사용하던 물건 등을 유치원으로 보낼 수 있다.
• 유아의 한 살부터 현재까지의 성장과정을 보여 주는 사진집을 보낼 수도 있다.
• 부모가 유아의 성장과정 사진을 보내 주었다면 사진을 소개하는 시간을 갖는다.
• 생일축하 이후 유아의 사진집을 언어영역에 제시한다.

(3) 생일축하 평가

입학식처럼 생일축하도 다음의 사항들을 평가한다.

표 10-14 생일축하 평가 내용

일련번호	평가 내용	비고
1	생일축하 진행 시기 및 시간은 적당했는가?	
2	생일축하를 위한 (환경)구성은 적절했는가?	
3	생일축하 준비 및 진행을 위한 업무 분담은 잘 이루어졌는가?	
4	생일축하의 진행 순서는 적당했는가?	
5	모든 유아가 참여하는 생일축하였는가?	
6	소외감을 느끼는 유아는 없었는가?	
7	매달 진행하는 행사라고 형식적으로 진행하지는 않았는가?	
8	새로운 생일축하 방법은 없는가?	

[그림 10-2] 생일축하 행사

2) 현장학습

현장학습은 유아들이 생생한 현장에서 자연적·역사적·사회적 현상 등을 실제로 보고 듣고 느끼고 참여하는 능동적인 형태의 학습활동이다. 현장학습은 직접적이고 구체적인 현장 경험을 통해 유아의 경험 세계를 확장하고 교육과정을 강화하는 효과적인 학습활동이 될 수 있다.

(1) 현장학습 계획

현장학습이 행사가 아닌 교육적 경험이 될 수 있도록 교사는 현장학습의 계획과 준비 그리고 유아들의 사전 활동과 본 활동, 사후 활동에 이르기까지 교육적 가치가 있는 일련의 경험들로 잘 계획하여 진행하여야 한다.

표 10-15 현장학습 행사 계획

구분	내용
목표	현장학습을 통하여 주제에 대한 탐구 기회를 갖는다.
시간	2~3시간 정도 계획
장소	주제, 계절, 발달수준에 적합한 장소 섭외 안전하며 유아들에게 친숙한 장소 섭외
참여 대상	유아
필요물품 구입	입장료, 교통비(버스 대절 비용), 약품 등
역할 분담	장소 섭외, 공문발송, 사전답사, 대절 버스 섭외 등의 역할 분담
안전 및 비상대책	날씨가 춥거나 눈 또는 비가 올 경우를 대비한 대체 활동 계획 교통기관 안전, 야외에서의 안전한 활동 지도

표 10-16 현장학습 준비를 위한 역할 분담

내용	담당	시기	확인
기관 섭외 및 공문 발송	행사담당	04.20.	✓
사전답사	담임교사, 보조교사	04.20.	✓
현장학습 계획	담임교사	04.20.	✓
가정에 안내문 및 동의서 보내기	담임교사		
조력자, 자원봉사자 교육	원감		
필요물품 준비	담임교사		
사진촬영	담임교사, 보조교사		

　　현장학습을 하고자 하는 기관으로의 공문 발송과 해당 기관 담당자와의 협의가
필요하므로 다음의 업무 또한 차질 없이 진행해야 한다.

　　① 기관 섭외 및 협조공문 발송
　　사전에 견학 가기를 원하는 장소(기관)에 견학 인원과 일정, 협조를 구하는 부분
에 대한 구체적인 내용이 기록된 공문서를 발송한다. 이때 업무 담당자의 이름과 소
속을 확인해 두어 문제가 생겼을 때 문의하거나 확인할 수 있도록 한다.

　　② 사전답사
　　교사는 사전답사를 하여 견학에 소요되는 시간, 견학 장소까지의 이동 거리, 교통
편, 교육내용의 적합성, 안전 여부, 시설, 교육 지원자 가능 여부, 담당자의 연락처
등에 대해 꼼꼼하게 기록한다. 또한 화장실이나 급수대의 위치, 견학 장소의 입장료
유무 여부와 입장시간, 주차장의 위치 및 버스를 타고 내리는 장소 등을 확인한다.
일정에 간식 또는 점심시간이 포함된다면 그것의 허용 여부와 가능한 장소 등을 미
리 섭외해 둔다. 현장 사진을 확보하여 사전 활동을 위한 자료로 활용할 수도 있다.

　　③ 현장학습 계획

　　• 시간 및 집단 구성 계획하기
　　날씨와 견학의 성격에 적합한 시간을 정하고 유아들의 참여시간과 이동시간 등
을 계획한다. 견학시간은 유아와 교사, 조력자들의 입장을 충분히 고려하여 계획
한다. 또한 견학의 목표와 성격에 따라 유아 집단을 어떻게 구성할 것인지에 대해
계획을 세운다. 즉, 대집단으로 이동할 것인가, 유아들을 몇 개의 소집단으로 나
누어 이동할 것인가, 모두가 함께 이동하며 둘러보기에 초점이 있는 견학인가 아
니면 소집단별 또는 개인별로 주어진 과제를 수행할 견학인가에 따라 집단 구성
을 세밀하게 계획한다.

○○유치원

수신   ○○○도서관장

(경유)

제목   어린이도서관 현장학습 의뢰

1. 귀 기관의 무궁한 발전을 기원합니다.

2. 우리 유치원 운영계획에 의거하여 어린이도서관을 견학하고자 하오니 협조하여 주시기 바랍니다.

    가. 일시: 2022. 04. 20. (수), 11:00~12:00

    나. 견학목적: 어린이도서관의 이용방법과 책에 대한 관심 갖기

    다. 인원: ○○유치원 만 5세 유아 ○○명

    라. 견학 내용:

        1) 어린이도서관 둘러보기

        2) 어린이도서관의 이용 방법 알아보기

        3) 내가 좋아하는 책 선택하여 읽기

    마. 협조사항: 소장도서 및 이용 방법에 대한 안내

붙임 1. 도서관 현장 학습 계획서 1부.

    2. 현장견학 참여자 명단 1부.   끝.

○○유치원장

담당   원감   원장

협조

시행 ○○유치원-1(2022. 03. 25.)   접수   (2022.   .   .)

우 219-000 ○○도 ○○시 ○○동   / www.***.go.kr

전화 (031)600-0000 전송 (031)600-0000 / 담당자의 전자우편주소 / 공개(비공개)

[그림 10-3] 견학 협조공문 예

• 견학 내용 계획하기

효과적인 견학을 위해 교사는 사전 활동 → 본 활동 → 사후 활동 등 일련의 과정을 구체적으로 계획한다.

• 현장 안내인과 협의하기

현장 관리인이나 안내자가 있는 공공기관일 경우에는 그들과 함께 방문의 목적, 사용할 시간, 유아의 수, 학습 내용과 수준, 안내의 내용과 설명 등에 대한 사전 협의를 한다.

견학 동의서

　　　　　　　　　　　　　　　　　　　　　　년　　　월　　　일

우리는 _____를 위해 _____으로 견학 가려고 합니다.

_____월 _____일 _____시에 떠날 예정이며, _____경에 돌아올 예정입니다.

특기사항: (여기에는 옷차림, 점심 준비, 준비물 등에 관해 적음)

귀댁 자녀 _____를(을) 견학에 참여시킬 것인지의 여부를 동의서에

서명해서서 견학 출발 전날까지 학급 담임교사에게 보내 주시기 바랍니다.

──────────────── 절　취　선 ────────────────

견학 동의서

　　　　　　　　　_____의 _____ 견학을 동의합니다.

　　　　　　　　　　　　　　　　　　_____월 _____일

　　　　　　　　　　　　　　　　　　_____의 부모

　　　　　　　　　　　　　　　　　　_____인

[그림 10-4] 견학 동의서

④ 가정에 안내문 및 동의서 보내기

견학 일정이 정해지면 견학에 대한 내용을 안내하고 협조와 동의를 구하는 안내문을 가정에 보낸다. 또한 부모에게 견학 동의서를 함께 발송하여 사전 승인을 얻도록 하며, 견학에 함께 참여하기를 원하는 부모 도우미도 미리 지원받는다. 견학 안내문 작성 시 [그림 10-4]의 양식을 참고할 수 있다.

⑤ 조력자 확보와 자원봉사자 교육

안전한 견학을 위해서는 충분한 수의 성인 조력자가 필요하다. 부모 자원봉사자가 결정되면 견학의 시작부터 마무리까지 자원봉사자가 해야 할 역할에 대한 사전 교육을 실시한다.

⑥ 필요 물품 준비

교사는 만약의 상황을 위해 음료 및 간식, 필요한 여벌옷이나 모자, 상비약(해열제, 소화제, 상처에 바르는 연고, 소독약, 밴드 등), 쓰레기를 담을 비닐봉지와 여분의 봉지(젖은 옷을 담을 수 있는 것), 휴지, 물수건, 돗자리 등 필요한 물품을 꼼꼼히 준비한다. 또한 사진기, 녹음기, 필기도구, 그 외의 유아들이 활동할 자료 등을 준비하여 견학한 내용을 기록하고 이를 후속 활동에 연결할 수 있도록 한다. 아울러 견학에 참여하는 유아들의 명단과 연락처, 다른 기관에서 온 유아들과의 구별을 위한 표지 등을 준비하여 유아들의 안전관리에 만전을 기하도록 한다.

(2) 현장학습 진행

① 사전 활동

사전 활동은 유아들이 견학의 구체적인 목표를 인식하고 견학할 내용과 그 이유를 이해하며 견학에 대한 흥미와 관심을 갖도록 돕는 다양한 활동을 의미한다. 사전 활동을 함으로써 유아는 무엇을 보고 무엇을 알아볼 것인지에 대해 생각해 보게 되며, 활동에 대한 흥미와 동기유발이 충분히 이루어질 수 있다.

- 견학 장소에 대해 알고 있거나 경험한 내용을 말이나 그림 또는 글로 표현한다.
- 견학 장소에서 볼 것들에 대해 이야기 나눈다.
- 견학 장소에서 지켜야 할 약속을 정한다(예: 버스 안에서 지켜야 할 약속, 견학 장소에서 지켜야 할 약속 등).

② 본 활동

견학 지도 시 교사는 유아들이 흥미를 가지고 발견하는 것들에 대해 적절하게 반

표 10-17 현장학습 진행 및 역할 분담

현장학습 순서	장소	내용	역할 분담
모이기	교실	• 대집단 영역에 모여서 오늘의 일과를 알아보고, 견학할 장소와 지켜야 할 약속을 이야기한다. • 현장학습에서 알아보고 싶은 질문 목록을 만든다.	교사, 유아
견학 준비, 화장실 다녀오기	교실	화장실을 다녀와서 줄을 선다.	유아
차량 승차, 인원점검	유치원	• 차례로 차에 승차하고 안전벨트를 맨다. • 교통안전 지도를 한다. • 인원점검을 한다.	유아
견학지 도착, 화장실 다녀오기	견학지	견학 장소에 도착 후 인원을 점검하고 화장실에 다녀오도록 한다.	교사, 유아
견학활동	견학지	• 견학지에 대한 전반적인 안내를 한다. • 견학 장소를 천천히 둘러보며 관찰한다. • 견학지에서 일하는 사람들의 설명을 듣는다. • 궁금한 내용을 질문한다. • 중요한 내용은 사진을 찍는다. • 견학지에서 일하는 사람들에게 감사의 인사를 한다.	교사, 견학지 담당자
화장실 다녀오기, 인원점검	견학지	• 화장실을 다녀온다. • 인원을 점검한다.	유아
차량 승차	견학지	안전하게 차량에 승차한다.	유아
유치원 도착, 현장학습 회상	교실	오늘의 활동에 대해 평가한다.	유아

응하고 유아들의 질문에 답하면서 유아들의 관찰과 탐색활동이 지속적으로 이루어 질 수 있도록 해야 한다. 이를 위해 교사는 유아들이 알아보고자 했던 내용을 충분 히 경험할 수 있는 시간을 주어야 한다. 또한 교사는 유아들이 안전 규칙을 인식할 수 있도록 반복적으로 언급하며 수시로 인원을 점검한다.

- 견학 시 함께할 짝을 정하고, 그날의 인솔교사가 누구인지 어떤 복장을 하고 있 는지 살펴보도록 하며, 모이는 시간의 신호는 무엇이고 어디에서 모일 것인지 를 유아들이 분명히 숙지하도록 지도한다.
- 유아가 흥미를 보이는 내용을 스스로 찾아보고 자세히 탐색할 수 있도록 충분 한 시간을 주어야 한다.
- 교사는 수시로 인원수를 점검하여 유아의 안전을 도모하도록 하며, 유아가 지 치지 않도록 중간에 꼭 휴식을 갖도록 한다.
- 교사는 견학에서 경험한 내용을 주의 깊게 기록하거나 녹음하며, 사진을 찍고 관련 자료를 수집하도록 한다.
- 사후 활동을 위한 다양한 물품을 수집한다.

③ 사후 활동
사후 활동은 견학에서 유아들이 직접 느끼고 체험하여 이해한 내용을 교실에서 의 활동으로 연장시키는 중요한 단계의 활동이며, 다음과 같은 활동들을 전개할 수 있다.

- 유아들이 견학 장소에서 경험한 내용이나 새롭게 알게 된 사실을 기억하여 글 이나 그림으로 표현해 보도록 한다.
- 견학한 곳에 관한 책을 읽거나 슬라이드 감상하기, 자원인사 초청하기 등의 활 동을 한다.
- 수수께끼나 스무고개, 빙고게임, 같은 종류끼리 모아 보기와 같은 활동을 통해 유아가 개념을 형성할 수 있도록 도울 수도 있다.

- 점토나 그 외의 만들기 재료를 이용하여 견학을 통해 본 것들을 구성해 보거나 그림, 동시, 동요 또는 신체로 표현해 본다.
- 역할놀이영역에 견학 내용과 관련된 소품과 의상 및 기타 재료들을 준비해 주어 유아들이 견학을 통해 얻은 경험을 재현해 볼 수 있도록 돕는다.
- 쌓기놀이영역과 연계하여 놀이를 확장할 수도 있다.
- 견학 안내자나 직원, 부모 자원봉사자 등 견학을 도와주신 분들에게 그림이나 글로 편지를 써서 감사하는 마음을 전달한다.
- 가정 연계활동을 한다.

(3) 현장학습 평가

교사는 현장학습에 대해 〈표 10-18〉과 같은 사항들을 평가하여 다음 해의 현장 견학 계획에 반영한다. 또한 공문 접수 시기, 담당자 등을 기록해 놓는다.

[그림 10-5] 현장학습

표 10-18 현장학습 평가 내용

일련번호	평가 내용	비고
1	현장학습 장소까지의 이동 시간은 유아들에게 적당한가?	
2	현장학습 장소가 유아들의 학습 공간으로 적당한 곳인가?	
3	유아들이 휴식하고 식사할 곳이 있는가?	
4	유아들에게 안전한 공간이었는가?	
5	현장학습과 교실 교육활동의 연계가 잘 되고 있는가?	
6	현장학습 일정은 유아들에게 의미 있는 시간이었는가?	
7	현장학습을 통해 유아들이 알게 된 것은 무엇인가?	

3) 부모참여수업

부모참여수업은 부모가 유아의 유치원 생활을 자연스럽게 관찰하고, 유아교육기관의 교육 내용과 방법을 이해하는 기회가 될 수 있다. 또한 부모와 자녀가 함께 놀이하면서 친밀감을 높일 수도 있다.

(1) 부모참여수업 계획

유아들의 유치원 적응이 어느 정도 이루어졌을 때 부모참여수업을 계획한다. 부

표 10-19 부모참여수업 계획

구분	내용
목표	부모참여수업을 통하여 유치원의 교육과 유아들의 발달을 이해한다.
시간	5, 6월 중 1시간 30분~2시간 정도 계획
장소	교실
참여 대상	부모, 유아
필요물품 구입	놀이활동을 위한 교재 · 교구, 간식, 기념품
역할 분담	주제 및 놀이활동 선정, 물품 구입, 교재 · 교구 제작 및 환경 구성 등
안전 및 비상대책	놀이안전 지도

모참여수업은 부모가 유치원의 교육을 이해할 수 있는 기회이므로 〈표 10-19〉를 고려하여 계획한다. 특히 부모참여수업을 차질 없이 진행하기 위해서는 역할 분담을 구체적으로 해야 한다.

- 참여수업 이후 부모모임이 있을 경우 원장은 모임의 내용을 정한다.
- 부모들이 모이는 장소의 환경 구성을 한다.
- 교사들은 강당에 의자를 준비해 놓는다.
- 참여수업에 대한 설문지를 준비해 놓는다.

표 10-20 부모참여수업 준비를 위한 역할 분담

내용	담당	시기	확인
부모참여수업의 주제, 교육활동 선정	교사 전체	05.20.	✓
부모참여수업 일과 및 수업계획	교사 전체	05.20.	
부모의 참여 여부 확인(가정통신문)	담임교사	05.20.	✓
부모참여수업 안내문 배부(가정통신문)	담임교사	05.20.	✓
유아작품 전시 및 교실환경 구성	담임교사	05.20.	
유인물(수업 안내 및 참여 방법) 복사	원감	05.20.	
부모 이름표 제작, 준비	담임교사	05.20.	
교재 · 교구 제작	담임교사, 보조교사	05.20.	
부모참여수업 만족도 설문 제작, 복사	김○○	05.20.	
유치원 현관 및 복도 환경 구성	이○○, 박○○	05.20.	
현관 인사 및 안내	유○○	행사 당일	
교실활동 보조	신○○	행사 당일	
부모참여수업 만족도 설문 배부, 수거	신○○	행사 당일	

(2) 부모참여수업 진행

교사는 부모들이 서로 인사를 나눌 수 있는 기회를 제공하고 교실환경을 천천히 둘러보도록 한다. 저경력의 교사들은 부모들이 교사의 수업을 참관하기 때문에 긴장할 수도 있지만 부모참여수업은 교사의 수업평가가 아니라 부모가 유치원의 하루일과에 참여하여 자녀들의 유치원 생활을 이해하고자 하는 목표가 더 크다는 점을 기억한다.

수업 이후 부모와 유아가 바깥놀이를 함께할 수도 있고, 부모모임을 가질 수도 있다. 부모모임을 갖는다면 유아들은 바깥놀이를 하고 부모들은 강당에 모여 원장과 부모교육 또는 부모회를 한다. 이때 학급담임 외의 교사들은 부모를 모임 장소로 안내한다. 원장이 모임을 진행하는 동안 보조 역할을 맡은 교사들은 강당에 대기한다. 모임이 끝나면 부모와 유아가 귀가할 수 있도록 한다.

표 10-21 부모참여수업 진행 및 역할 분담

부모참여수업 순서	장소	내용	역할 분담
인사 나누기	교실	• 교실 입구에서 부모가 이름표를 부착하고 교실에 입실한다. • 부모에게 수업계획안(일정표)을 나눠 준다. • 부모, 유아와 인사를 나누고 다른 부모, 유아와도 인사를 나누도록 한다. • 유아들의 작품을 관찰할 수 있는 시간을 준다.	교사
모이기	교실	출석을 부르고, 오늘의 하루일과를 알아본다.	교사
자유놀이	교실	각 영역별 놀이를 부모와 유아가 함께한다.	교사
정리정돈 및 평가	교실	놀이영역을 정리하고 놀이 참여 경험을 이야기 나눈다.	교사
대 · 소집단활동	교실	게임 또는 동극, 요리, 신체표현 등 교사가 계획한 대 · 소집단 활동에 부모와 유아가 함께 참여한다.	교사
일과 평가	교실	오늘의 활동 경험을 평가한다.	교사
부모교육	강당	• 유아들은 교실에서 교사와 활동을 지속하고, 부모는 강당에 모인다. • 원장 또는 강사가 부모교육을 진행한다. 또는 부모참여수업에 대한 평가회를 한다.	원장
설문지 작성	강당	담당교사는 부모에게 설문지를 배부하고 부모가 설문을 마쳤을 경우 수거한다.	담당교사
귀가	교실	유아와 부모가 만나서 귀가를 한다.	교사

부모참여수업을 위한 조언

- 부모들 앞에서 수업을 한다고 긴장하지 말고 유아들만 생각하고 수업에 집중한다.
- 하루일과의 마지막 활동은 부모와 유아가 정서적으로 교류할 수 있는 활동을 계획한다. 예를 들어, 부모가 쓴 편지를 자녀에게 읽어 주기, 자녀를 안고 귓속말하기, 사랑의 표현하기, 자녀가 부모에게 노래 불러 주기 등은 부모와 유아 모두에게 잔잔한 감동을 주고 서로의 마음을 소통할 수 있는 시간이 될 것이다.

(3) 부모참여수업 평가

교사회의에서 부모참여수업의 진행과 평가 결과를 논의한다. 교사는 행사일지에 잘된 점과 수정, 보완할 점을 자세히 기록하고 이를 다음 부모참여수업 계획에 반영한다.

표 10-22 부모참여수업 평가 내용

일련번호	평가 내용	비고
1	부모들은 준비된 활동에 적극적으로 참여했는가?	
2	부모참여를 통하여 유치원의 하루일과를 이해할 수 있었는가?	
3	유아들의 놀이를 이해할 수 있었는가?	
4	부모참여 시간과 진행은 적당했는가?	
5	학습 자료는 부모와 유아의 흥미와 호기심을 끌기에 적합했는가?	
6	부모들은 참여수업에 대한 만족도가 높은가?	

4) 부모상담

부모상담은 교사와 부모가 가장 적극적으로 의사소통할 수 있는 방법으로 교사는 부모와의 대화를 통해 유아의 발달 상황과 가정환경을 알 수 있고, 부모는 교육 기관에서의 유아의 행동을 이해할 수 있다. 부모상담은 형식적 면담과 비형식적 면담으로 나눌 수 있는데, 여기에서는 형식적 면담을 중심으로 알아보고자 한다.

(1) 부모상담 계획

형식적 부모상담은 대부분 1년에 1~2회 정도 실시하는데, 1학기 부모상담은 유아에 대한 전반적인 정보를 수집하기 위한 목적도 있고, 부모와 교사가 긍정적인 관계를 형성하기 위해서다. 2학기 부모상담은 그동안 유치원 교육을 통해 유아의 향상된 부분과 더 지원해 주어야 할 부분을 중심으로 이루어진다. 상담은 개별상담과 집단상담으로 나눌 수 있다. 개별상담은 교사와 부모가 1:1로 만나서 개별 유아의 문제에 대해 상담을 하는 것이고, 집단상담은 부모들을 집단으로 나누어서 하나의 주제에 대해 부모들이 서로의 의견을 나누는 과정이다. 개별상담과 집단상담을 위해 교사가 계획해야 할 내용은 〈표 10-23〉과 같다.

표 10-23 부모상담 계획

구분	내용
목표	• 부모상담을 통하여 유아의 가정과 유치원 생활에 대한 정보를 공유한다. • 유아의 발달을 이해하고 문제가 되는 행동을 지도하기 위해 함께 노력한다.
시간	• 1학기 3월 말 또는 4월 초, 방과 후에 부모 1인 20분 정도 • 2학기 10월 말 또는 11월, 방과 후에 부모 1인 20분, 1그룹 50분 정도
장소	교실
참여 대상	부모 개인 또는 그룹
필요물품 구입	다과, 포트폴리오 파일 구입(유아 관찰 정보, 작품)
역할 분담	상담일정 계획, 가정통신문, 관찰일지 정리, 면담일지 복사 등
안전 및 비상대책	상담에 불참한 부모에 대한 상담계획, 맞벌이 가정 부모에 대한 배려 등

① 개별상담 계획하기

학기 초에 시행하는 개별상담은 주로 교사가 가정에서의 유아생활 또는 부모의 양육관에 대한 정보를 알아보고자 시행하고, 학기말에 하는 개별상담은 1년 동안의 유아의 유치원 생활 및 또래 관계, 변화에 대한 정보를 부모와 공유하기 위해 시행한다.

- 상담 2~3주 전에 부모에게 상담에 대한 안내문을 보낸다. 안내문에는 상담시기를 알리고, 부모가 상담하고 싶은 시간대와 상담하고 싶은 내용을 기록하여 보내도록 한다.
- 부모가 원하는 시간과 유치원과의 거리, 형제 유무, 부모의 퇴근시간 등을 고려하여 15~20분 정도로 상담시간을 정한다. 직장의 퇴근이 늦은 부모를 고려하여 늦은 시간에 배치한다.
- 정해진 상담시간을 가정통신문을 통해 부모에게 알린다.
- 부모가 상담하고 싶은 내용을 확인하고 필요한 경우 유아를 관찰하여 자료를 정리한다.
- 상담일지에 교사가 상담하고자 하는 내용과 부모의 관심 내용을 기록하고 이와 관련된 자료(유아관찰일지, 유아 작품, 사진 등)를 파일에 정리한다.
- 교사는 부모의 연령, 학력, 직업, 가정환경, 양육 방식 등에 대한 사전 정보를 확인한다.
- 연령별 유아들의 발달 경향성과 부모들이 주로 하는 질문 목록을 정리하고 이에 대한 답변을 만들어 보는 것도 도움이 된다.
- 경력교사가 일주일 먼저 부모상담을 하고 초임 또는 저경력 교사가 이를 관찰하도록 하는 것도 도움이 된다. 또는 경력교사와 초임교사가 부모상담 역할극을 할 수도 있다.
- 교실 환경은 유아의 작품을 게시하거나 진행 중인 주제와 관련된 자료 등을 게시하여 부모에게 교실의 놀이와 활동을 소개할 수 있다.
- 상담 당일에는 교실의 문 앞에 상담 일정을 부착하고 부모들이 대기하는 공간을

준비한다. 대기 공간에는 책상과 의자, 유치원 안내 책자, 도서 등을 준비한다.
- 상담테이블은 교사와 부모가 마주 앉을 수 있도록 하되, 정면보다는 90° 각도
  에 위치하는 것이 좋다.
- 교사가 문 앞을 보고 부모는 문을 등지고 앉도록 테이블과 의자를 놓는다.
- 면담 중 시간을 확인할 수 있도록 교사의 앞쪽에 시계를 놓는다.
- 테이블 위에는 상담일지와 유아 관찰 자료 등을 상담 순서대로 정리해 놓는다.
- 테이블 위에 테이블보를 깔고 꽃을 놓는 것도 좋다.
- 교사들의 역할 분담을 계획한다.

표 10-24 개별부모상담 준비를 위한 역할 분담

내용	담당	시기	확인
상담 안내문 발송	담임교사	부모상담 2~3주 전	✓
상담시간 계획 및 가정통신문 발송	담임교사	부모상담 2주 전	✓
유아 관찰 일지 작성과 관찰 자료 정리	담임교사	부모상담 1주 전	
부모상담의 방법과 내용 교육	원장, 원감	부모상담 1주 전	
상담일지 작성	담임교사	부모상담 전·후	
유치원 환경 구성(현관)	김○○	부모상담 전날	
유아 작품 게시 및 환경 정비	담임교사	부모상담 전날	
상담 환경 구성(상담테이블, 상담 자료)	담임교사	부모상담 당일	
상담 대기실 정리 및 안내문 부착	이○○	부모상담 당일	
상담 대기실의 유치원 안내 책자 준비	이○○	부모상담 당일	
부모상담 시행	담임교사	부모상담 당일	
부모상담 후 전화 상담	담임교사	부모상담 이후	
부모상담 결과 회의	교사 전체	부모상담 이후	

② 집단상담 계획하기

개별상담과 마찬가지로 교사는 면담에 대한 안내문을 가정으로 발송하고 부모들이 참석할 수 있는 시간대를 고려하여 상담을 계획한다. 집단상담만의 특성을 고려한 준비사항은 다음과 같다.

- 한 집단에 8~10명 정도가 참석할 수 있도록 일정을 계획한다.
- 유사한 관심사를 가진 부모들이 한 집단이 될 수 있도록 구성할 수 있다. 예를 들면, 자녀들의 문제가 유사한 부모들이 함께 모여 의견을 나눌 수 있도록 한다.
- 집단상담의 주제를 정한다.
- 참석한 부모들이 서로의 얼굴을 볼 수 있도록 테이블을 배치한다.
- 부모들이 서로를 알 수 있도록 이름카드(유아의 이름)를 테이블 위에 놓거나 이름표를 걸도록 한다.

(2) 부모상담 진행

① 개별상담 진행

- 현관 담당교사는 부모에게 반갑게 인사를 하고 교실로 안내한다.
- 교실에서 상담이 진행되고 있을 경우 대기 장소로 안내한다.
- 담임교사는 부모를 만나 일상적인 이야기나 날씨 등을 화제로 인사를 나눈다.
- 면담의 취지와 소요시간을 알린다.
- 교사는 먼저 부모의 이야기를 주의 깊게 듣는다.
- 교사는 부모의 유아에 대한 고민을 듣고, 교실에서 관찰한 사실을 중심으로 답변한다.
- 교사는 유아의 장점을 먼저 이야기하고 개선해야 할 점에 대한 교사의 관찰 내용을 이야기한다.
- 유아의 지도 방법에 대해 조언을 할 때는 교사의 일방적인 생각보다는 부모의 의견을 먼저 묻는다.

- 상담 내용은 일지에 기록을 하고 추후 변화된 점을 지속적으로 상담하기로 하고 마무리한다.
- 기다리는 부모를 고려하여 상담시간을 지켜서 마친다.
- 바른 자세로 앉아서 상담을 하고 시선은 부모의 얼굴을 응시하도록 한다. 그러나 지나치게 빤히 쳐다보지 않도록 한다.

부모상담에서 교사가 피해야 할 말, 말, 말

- "아이들이 다 그래요. 크면 다 괜찮아져요."
- "잘 놀아요."
- "이런 아이는 처음이에요."
- "너무 공격적이에요."
- "다른 아이들의 부모들이 항의를 해요."
- "이 아이는 ADHD인 것 같아요."
- "부모님 그러시면 안 되죠. 아이와 애착 형성이 안 된 것 같아요."

이러한 말들은 유아의 문제를 대충 뭉뚱그려 말하여 부모의 신뢰를 잃게 하거나, 지나치게 단정적으로 말하여 부모에게 심리적 부담을 줄 수 있는 말들이다. 또한 유아의 문제를 해결하려는 노력보다는 부모의 죄책감을 자극하는 말이므로 피해야 할 말들이다.

② 집단상담 진행
- 교사는 부모들에게 인사를 하고 집단상담의 취지를 알린다.
- 부모들이 서로 인사를 나누도록 한다.
- 집단상담의 진행은 정해진 주제를 제시한 후 주제에 대한 부모의 의견을 나눌 수도 있고, 주제 없이 자유롭게 부모들이 유아의 친구관계, 성격, 생활습관, 학

업문제 등에 대한 고민을 나누도록 한다.
- 교사는 부모들이 골고루 이야기할 수 있도록 배려한다.
- 교사는 부모들의 이야기를 기록하였다가 필요한 경우 그 내용을 정리하여 들려준다.
- 문제의 해결을 부모들이 할 수 있도록 한다.
- 집단상담을 마무리할 때 교사는 오늘의 주제, 부모들의 의견 그리고 결론을 정리하여 들려준다.
- 집단상담이 끝나고 교사는 학급 운영을 위해 부모의 협조가 필요한 사항이나 공지사항 등을 안내한다.
- 상담에 참석한 부모들에게 감사의 인사를 전하고 집단상담을 마무리한다.

[그림 10-6] 부모상담

(3) 부모상담 평가

교사는 부모와의 상담 내용을 상담일지나 유아 평가 자료 등에 기록한다. 변화된 점이 있다면 이 또한 기록을 하고 부모에게 전화 상담을 하거나 메모를 써서 가정으로 보낸다.

표 10-25 부모상담 평가 내용

일련번호	평가 내용	비고
1	부모상담 시간을 사전에 공지하였는가?	
2	부모들의 상담 참여율은 높은가?	
3	부모들이 상담 만족도는 높은가?	
4	상담을 통하여 유아의 가정생활 및 행동에 대한 정보를 얻을 수 있었나?	
5	상담일지를 구체적으로 기록하였나?	
6	부모와 상담 이후 지도 목표 및 내용을 약속하였나?	

4) 운동회

운동회는 유아들끼리 또는 유아의 가족이 게임에 함께 참여하면서 서로 동질감을 느끼고 승리를 기뻐하고 격려하는 가운데 결속력을 강화해 주는 행사다.

(1) 운동회 계획

교사는 운동회의 시기와 참여 대상을 먼저 결정해야 한다. 운동회는 유아들만 하는 운동회와 유아와 가족이 참여하는 운동회, 지역주민이 함께 참여하는 운동회로 나누어 볼 수 있다. 운영시간은 오전만 하거나, 점심 이후 2~3시까지 진행되거나, 저녁 무렵까지 이어지기도 한다.

표 10-26 운동회 계획

구분	내용
목표	• 운동회를 통하여 부모와 유아가 친밀감을 형성한다. • 신체활동에 적극적으로 참여하여 신체의 건강을 유지한다.
시간	5월 또는 10월, 토요일 또는 공휴일, 3~4시간 정도
장소	유치원 마당 또는 인근 초등학교 운동장
참여 대상	부모, 유아
필요물품 구입	운동도구, 현수막, 선물, 약품 등
역할 분담	운동회 일정 계획, 가정통신문 발송, 부모 이름표 제작, 운동도구 구입 및 제작, 선물 구입 및 포장 등
안전 및 비상대책	• 안전한 신체활동 • 우천 시 비상연락을 통하여 연기를 알리고 교실 대체활동 진행

• 운동회 시간은 직장에 다니는 부모들이 참여할 수 있도록 토요일 또는 일요일 (공휴일)로 계획한다.

• 운동회 장소는 초등학교 운동장이나 공원, 지역 운동장 등을 활용할 수 있으며 사전에 협조문을 보내서 사용 가능 여부를 확인해야 한다.

• 운동 종목은 유아들만 하는 게임, 유아와 부모가 함께 참여하는 게임, 부모들만 참여하는 게임 등을 골고루 계획한다.

• 유아와 부모들이 함께할 수 있는 체조나 율동, 게임을 계획한다. 유아들이 체조를 자신 있게 할 수 있도록 교실에서 모이거나 식사시간 이후 음악에 맞춰 체조(율동)를 한다. 바깥놀이 시간에는 유아들이 운동회 날에 할 게임(운동)을 경험해 보도록 한다.

• 운동회의 일정과 내용이 정해지면 부모에게 일정을 알리는 가정통신문을 보낸다. 행사 3주 전부터 지속적으로 행사 일정을 안내한다.

• 유아들은 초대장을 만들어서 늦어도 일주일 전에는 가정으로 가져간다.

• 운동회 포스터, 안내판을 유아들과 함께 만들고, 게임이나 응원을 위해 필요한

표 10-27 운동회 준비를 위한 역할 분담

내용	담당	시기	확인
운동장 섭외와 관계자 면담, 협조문 발송	김○○	2~3월	✓
확인전화, 사전답사	김○○	05.04.	✓
가정통신문, 초대장 발송	이○○	04.30.	✓
기념품, 우승 기념품 결정	박○○	05.04.	✓
선물 포장	교사 전체	05.11.	
운동회 일정 계획, 초대 인사 결정	김○○	04.30.	✓
운동장의 포스터, 안내판(반별 모이는 곳, 화장실, 점심 먹는 곳, 쓰레기 버리는 곳 등) 제작	주○○, 이○○	05.04.	✓
운동장 꾸미기[만국기, 안내글(그림), 반 표시 부착 등]	교사 전체	05.12.	
운동도구 제작, 구입, 가족 이름표 제작	교사 전체	05.12.	
애국가, 국민의례, 체조(율동) 노래와 마이크, 음향기기 점검 및 준비	정○○	05.11.	
비상약품 준비, 의료진 섭외, 우천 시 연기, 비상연락망 조직	정○○	05.04.	✓

소도구가 있다면 놀이 시간에 만든다. 운동장의 만국기는 각 반의 유아들이 만든 것을 활용한다.
• 운동회 진행을 위해 보조 인력이 필요하다면 자원봉사자를 모집하여 교육한다.

(2) 운동회 진행

① 운동회 시작 전
• 유아와 가족들이 등원하기 전에 흥겨운 음악을 틀어 놓는다.
• 교사 또는 자원봉사자는 행사장 입구에서 가족들이 도착하는 대로 이름표를 붙이도록 한다.
• 각 반별 모이는 장소를 안내한다.

- 학급담임은 유아들이 화장실을 다녀오게 한다.
- 진행자는 가족들이 모여서 줄을 서도록 안내 방송을 한다.
- 유아와 가족들은 줄을 선다. 유아와 가족이 함께 줄을 설 수도 있고, 유아들은 앞에, 가족들은 유아들의 뒤에 서도록 할 수도 있다.

② 운동회 진행

운동회의 순서에 따라 행사 내용과 교사의 역할을 진행한다. 부모와 유아들이 참여하는 행사인 만큼 교사 각자가 맡은 역할을 잘 알고 수행할 수 있어야 한다.

표 10-28 운동회 진행 및 역할 분담

운동회 순서	장소	내용	역할 분담
개회사	운동장	유아들이 반별 또는 청·백팀으로 나누어서 줄을 설 수 있도록 한다.	진행자, 인솔: 담임
국민의례	운동장	• 국기에 대한 경례 • 국기에 대한 맹세문 낭독	진행자
인사말(원장)	운동장	운동회의 취지 및 안전사항을 말한다.	원장
어린이 체조와 율동	운동장	유아들 앞에서 시범을 보인다.	시범교사
어린이경기, 비닐 터널 통과하기, 홀라후프 통과하기	운동장	• 진행자는 게임의 방법을 설명한다. • 교사가 시범을 보인다. • 유아가 차례대로 참여할 수 있도록 한다. • 게임이 끝난 유아는 줄의 뒤로 가도록 안내한다. • 게임의 평가를 한다.	진행교사, 시범교사, 인솔교사
부모와 함께 하는 경기, 안고 달리기	운동장	• 진행자는 게임의 방법을 설명한다. • 교사가 시범을 보인다. • 부모와 유아가 차례대로 참여할 수 있도록 한다. • 게임이 끝난 부모와 유아는 줄의 뒤로 가도록 안내한다. • 게임의 평가를 한다.	

점심식사	운동장	• 가족들과 정해진 자리에서 점심식사를 하도록 안내한다. • 식사가 끝난 가족들은 개별적인 게임(놀이)을 할 수 있도록 한다.	진행자
단체경기, 줄다리기 또는 콩 주머니 던지기	운동장	• 가족 모두 참여하는 단체 게임을 한다. • 교사는 질서 유지에 힘쓴다.	진행자, 인솔교사
운동회 평가(원장)	운동장	• 운동회에 참석한 유아와 가족이 서로 축하하고 격려할 수 있도록 한다. • 가족들과 함께 노래를 부른다.	원장
폐회선언	운동장	• 운동회가 끝났음을 알린다. • 참석한 가족들에게 선물을 나누어 준다.	진행자, 담임교사

(3) 운동회 평가

교사회의 시간에 〈표 10-29〉의 사항에 대해 평가하고, 평가 내용을 행사일지에 기록하여 다음 운동회 계획에 반영한다.

표 10-29 운동회 평가 내용

일련번호	평가 내용	비고
1	운동회 시기와 장소는 적합했는가?	
2	운동회 하루 일정과 시간은 적절했는가?	
3	운동회 경기들은 유아의 발달에 적합했는가?	
4	운동회에 대한 부모와 유아의 반응은 어떠한가?	
5	선물에 대한 부모와 유아의 반응은 어떠한가?	
6	교사들의 업무 분담은 적절하게 이루어졌는가?	
7	교사들은 자신의 업무를 잘 수행했는가?	
8	운동회를 위한 사전 활동과 사후 활동은 연계가 잘 이루어졌는가?	
9	운동회의 자료들은 어떻게 보관할 것인가?	

[그림 10-7] 운동회

5) 산타 행사

　종교와 상관없이 유치원에서 산타 행사를 하는 경우가 있다. 성탄 행사 또는 산타 잔치 등 다양한 이름으로 부르는데, 공통점은 이웃과 서로 사랑하면서 화목하게 지내고 서로를 축하하는 축제가 되도록 한다는 것이다. 그러나 일부 유치원에서는 이날의 의미보다는 유아들이 춤과 동극 등을 연습하여 보여 주는 행사에 초점을 맞추는 경우도 있다. 이를 재롱잔치라고 부르는 경우도 있고 음악회 또는 발표회라고 부르는 경우도 있는데, 유치원에 따라 산타 행사와 발표회를 같이 하는 경우도 있고, 산타 행사만 하는 경우도 있다. 여기서는 산타 행사만 소개하고자 한다.

(1) 산타 행사 계획

표 10-30　산타 행사 계획

구분	내용
목표	• 우리 주변에 도움이 필요한 사람들에게 관심을 갖는다. • 서로 사랑과 감사의 마음을 나눈다.
시간	12월 말, 방과 후 시간 2시간 정도
장소	유치원 강당(강당이 없을 경우 인근 학교의 강당 사용)

참여 대상	부모와 유아 또는 유아만
필요물품 구입	선물, 카드 등
역할 분담	행사장 환경 구성, 선물 구입 및 포장, 음악 준비 등
안전 및 비상대책	안전지도

- 선물을 유치원에서 구입하는지, 부모들이 보내 주는지를 결정한다.
- 가정으로 산타 행사에 대한 일정을 안내한다.
- 행사 장소는 유아들이 만든 모빌이나 그림 등으로 장식한다.
- 행사 전에 캐럴을 반에서 유아들과 자주 불러서 노래에 익숙해지도록 한다.

표 10-31 산타 행사 준비를 위한 역할 분담

내용	역할 분담	시기	확인
가정통신문 및 초대장 발송	이○○	12. 15.	✓
선물 구입, 선물 포장	교사 전체	12. 20.	
일정 계획	김○○	12. 10.	✓
강당 환경 구성	교사 전체	12. 20.	
산타 섭외	이○○	12. 01.	✓
음원(애국가, 국민의례, 캐럴, 발표음악 등) 점검, 기자재(마이크, 컴퓨터, CD 등) 점검	정○○	12. 20.	
행사 진행(사회)	박○○	행사 당일	
유아 인솔	김○○	행사 당일	
현관 인사 및 안내	신○○	행사 당일	
비상약품 준비	정○○	행사 당일	✓

(2) 산타 행사 진행

산타 행사는 부모와 유아가 함께 참여하는 경우도 있으나 여기에서는 유아만 참여하는 행사에 초점을 맞춰 행사 진행을 제시하였다.

표 10-32 산타 행사 진행 및 역할 분담

산타 행사 순서	장소	내용	역할 분담
모이기	교실	방과 후 교실에 모여서 행사 일정과 유의사항을 듣는다.	담임교사
강당에 모이기	강당	강당에 모여서 겨울 노래 또는 산타 노래를 부른다.	행사 진행 교사
이야기 나누기	강당	우리 주변의 어려운 이웃에 대한 이야기를 나눈다.	행사 진행 교사
산타의 선물	강당	• 산타 할아버지가 선물을 들고 등장한다. • 서로 돕고 양보하기와 관련된 덕담을 한다. • 유아 개개인에게 칭찬과 당부의 말을 하고 선물을 나눠 준다.	섭외된 산타, 원장
다 함께 노래 부르기	강당	• 다 함께 캐럴 또는 겨울노래를 부른다. • 산타 할아버지와 인사를 한다.	행사 진행 교사
귀가	교실	• 오늘의 행사를 회상하고 평가한다. • 즐거운 마음으로 귀가한다.	담임교사

(3) 산타 행사 평가

교사회의 시간에 〈표 10-33〉의 사항에 대해 평가하고, 평가 내용을 행사일지에 기록하여 다음 산타 행사 계획에 반영한다.

[그림 10-8] 산타 행사

표 10-33 산타 행사 평가 내용

일련번호	평가 내용	비고
1	행사의 일정은 유아들에게 적합했는가?	
2	사전 준비는 잘 되었는가?	
3	진행시간과 장소를 적합했는가?	
4	유아들이 행사의 의미를 이해할 수 있었나?	
5	교실활동과 연계가 잘 이루어졌는가?	
6	다음 해 행사를 위해 조언할 것은 무엇인가?	
7	이 행사로 소외된 유아는 없는가?	
8	내년에도 이 행사를 해야 하는가?	

행사일지 작성

행사는 해마다 거의 고정적으로 반복된다. 만약 행사의 계획과 준비과정부터 진행 그리고 평가 내용을 체계적으로 기록해 놓는다면, 다음 해는 시행착오를 줄이고 행사를 진행할 수 있을 것이다. 교사 중 한 명이 행사일지를 담당하여 기록할 수도 있고, 교사 개개인이 행사의 전반적인 내용을 기록해 놓거나 사진을 찍어 두면 시간과 에너지를 절약할 수 있다.

교사들의 업무량이 많아서 퇴근을 늦게 하는 이유 중의 하나가 행사 준비라고 할 수 있다. 교사들이 해마다 행사의 시기와 내용은 크게 변한 것이 없음에도 불구하고 마치 처음 하는 행사처럼 막연하게 생각하거나 기억에 의존하여 계획하고 준비하는 경우가 있다. 그러다 보면 이전 해에 했던 실수를 반복하거나 새로 고민해야 하므로 시간 소모가 많을 수밖에 없다. 따라서 다음의 사항을 행사일지에 기록해 두면 다음해 행사계획에 도움이 된다.

- 계획과 준비과정의 업무 목록과 역할 분담표 기록
- 협조문 발송시기와 담당자 연락처, 명함 정리
- 자료 구입처와 비용, 수량, 재고, 보관 장소 기록(사진 포함)

- 가정통신문 내용과 발송시기 기록
- 행사 장소 사진, 준비를 위한 일의 목록과 역할 분담표 기록
- 교실에서 유아들이 준비해야 할 일의 목록과 자료, 완료시기 기록
- 행사 진행 순서와 교사 개개인의 역할 기록, 교사의 위치 기록(사진 포함)
- 평가 내용 기록

활동 1

유치원에서 진행되고 있는 행사들을 조사해 봅시다.

활동 2

유치원에서 하는 행사들은 긍정적인 측면도 있고 부정적인 측면도 있습니다. 유아들에게 교육적이고 긍정적인 행사는 무엇인지 토의해 봅시다.

활동 3

시대가 변화함에 따라 유아들의 생활 경험이나 요구는 달라지고 있는데 행사의 내용이나 방법들은 크게 변하지 않고 있습니다. 최근의 사회변화나 교육적 요구, 유아들의 관심 등을 반영한 행사를 계획해 보고 준비 및 계획, 행사 진행 순서와 역할 분담표를 만들어 봅시다.

• 제11장

학기 마무리

좋은 교사는 ……

1. 1학기를 마무리하면서 해야 할 일을 알고 방학식을 의미 있게 진행한다.

2. 방학 중 해야 할 업무를 파악하고 효율적으로 수행한다.

3. 1년을 마무리하면서 유아발달을 기록하고, 주변 환경과 업무를 정리하여 정확하게 인수인계한다.

4. 유아와 가족들에게 의미 있는 수료식 및 졸업식을 계획하고 실행한다.

제11장

학기 마무리

학기 말은 한 학기 또는 한 해 동안 유아의 성장을 되돌아보며 기록으로 남기고, 교육과정과 학급 운영을 평가하며, 보다 발전적이고 연속적인 교육이 이어지도록 학기를 마무리하는 기간이다.

방학이 되기를 손꼽아 기다렸어요. 방학이면 교사도 다 쉬는 줄 알았어요. 근데 방학 중에 해야 할 일이 만만치 않더라고요. 원장님이 이번 방학에는 교재 · 교구실을 다 같이 정리한다고 해서 걱정이에요. 공동 업무 말고도 아이들 포트폴리오도 정리해야 하고, 교실 청소도 해야 하고, 아이들에게 편지도 써야 하고……. 방학에도 해야 할 일이 너무 많아요. 특히 포트폴리오는 지금까지 미술활동에서 나온 결과물을 모아 놨다가 학기 말이나 학년 말 끝나면 가정에 보내 주는 것 정도로 생각하고 있었는데, 그렇게 하면 안 된다고 하네요. 방학 동안 유아 평가와 포트폴리오 만드는 것에 대해 연수도 받아야 할 것 같아요.

－초임 김 교사의 인터뷰 내용 중

학기를 마무리하고 방학식 또는 졸업식을 준비해야 하는 학기 말은 늘 몸과 마음이 분주한 시기다. 학기의 시작이 중요한 만큼 마무리도 중요한데, 이 장에서는 1학기 마무리, 1년 마무리로 나누어 교사의 실무를 살펴보고, 학기 말 행사진행 방법에 대해 살펴본다.

1. 1학기의 마무리

　　1학기를 마무리할 때 교사는 유아발달과 교육과정을 평가하여 새 학기 교육과정을 다시 수립하고, 방학 중 업무를 계획하며, 알찬 방학식을 준비하고, 방학에 해야 할 업무를 효율적으로 수행할 수 있어야 한다. 이에 대한 구체적인 내용을 살펴보자.

1) 유아 및 교육과정 평가

　　한 학기 동안의 교육과정을 잘 마무리하기 위해서는 유아의 전반적 발달을 점검하고, 교육과정 운영에 대해 평가하는 것이 매우 중요하다. 교육과정 운영의 질을 진단하여 보다 나은 방향으로 교육과정 운영을 개선하는 것을 목적으로, 전 학기의 평가 내용은 다음 학기의 교육과정 수립의 기초 자료로 활용해야 한다. 학기 말의 평가는 크게 유아평가와 교육과정 운영평가로 이루어지는데, 유아평가의 궁극적 목적은 유아의 행복과 전인적 발달을 지원하는 것이다. 교사는 유아의 놀이, 일상생활, 활동 속에서 유아의 고유한 특성이나 의미 있는 변화를 발견하고, 그것을 바탕으로 유아의 배움과 성장을 돕기 위하여 평가를 해야 한다. 유아의 배움이 나타나는 놀이, 일상생활, 활동에서 유아가 가장 즐기고 잘하는 것, 놀이의 특성, 흥미와 관심, 친구 관계, 놀이를 이어 가기 위한 자료의 활용 등에 주목하여 유아놀이를 관찰하고, 유아의 특성과 변화를 기록해야 한다. 수집된 모든 자료를 바탕으로 개별 유아의 특성과 변화 정도를 종합적으로 이해하여, 이를 바탕으로 다음 학기 부모와의 면담 자료 및 유아의 생활 지도에 활용할 계획을 수립한다(교육부, 2019).

또한 유치원의 교육과정이 유아 중심, 놀이 중심으로 적절하게 운영되고 있는지를 진단하기 위해 교육과정 운영을 평가해야 하는데, 놀이시간을 충분히 운영하였는지, 유아 주도적인 놀이와 배움이 이루어지고 있는지, 놀이 지원이 적절한지 등을 평가할 수 있다. 필요에 따라서는 부모와의 협력, 행정적·재정적 지원이 적절하게 이루어지고 있는지 등도 평가할 수 있다. 평가의 일정과 양식 등은 유치원에서 자율적으로 협의하여 선정하고, 이를 통해 실시한 교육과정 운영평가의 결과는 유치원에서 유아 중심, 놀이 중심의 교육과정의 운영을 보다 나은 방향으로 개선하는 데 사용해야 한다(교육부, 2019).

2) 방학식 및 방학 업무

방학식은 유아들이 방학의 필요성을 알고, 스스로 방학 계획을 세워 규칙적인 생활을 함과 동시에 건강하고 안전한 생활을 할 수 있도록 지도하는 것을 목적으로 한다. 방학식을 하기 전에 유아들에게 나누어 줄 방학생활안내문을 제작한다. 일반적으로 방학식은 각 교실에서 담임교사의 지도하에 이루어지며, 방학식을 마치면 안전 지도와 생활 지도 내용이 담긴 방학안내문을 가정으로 보낸다. 방학이 끝나고 유아들이 유치원으로 돌아오면, 방학 동안 있었던 일들을 이야기 나누거나 미술활동, 신체표현, 동화, 동시 등 다양한 방법으로 공유하고 방학과제물을 전시하고 발표하는 시간을 갖는다.

최근 맞벌이 가정이 증가하여 방학에도 유치원에 등원하는 유아가 많아지고 있으나, 유아의 건강한 성장을 위해 유치원을 벗어나 가족과 함께 다양한 현장체험의 기회도 갖고 휴식할 수 있도록 하기 위해 방학은 필요하다. 방학을 하기 전에 방학 기간, 개학일, 방학 중 교직원의 연수 및 근무 계획, 방학 중 원아의 생활 지도 계획, 비상연락망, 긴급 사태 발생 시 대처 요령이 기재된 방학계획서를 작성한다. 또한 실제적으로 교사들이 협의하여 방학 중 해야 할 업무를 분장하고 휴가 일정을 조정해야 한다. 『유치원 교직실무 편람』의 내용을 바탕으로 유아교사가 담당해야 하는 방학 업무를 살펴보면 다음과 같다(서울특별시 교육청, 2007).

(1) 휴가 일정 조정

방학하기 전에 교사회의를 통해 이번 방학에 해야 할 공동 업무를 정하고 업무를 마치는 데 걸리는 기간을 고려하여 다 같이 출근하는 날과 개별적으로 당직하는 날을 정한다. 휴가기간은 각 원의 근무 규정에 준하여 결정한다. 당직하는 날에는 고정적인 당번 업무와 더불어 편지 쓰기, 포트폴리오 정리하기, 교실 환경 구성하기와 같은 개인적 업무를 하고, 다 같이 출근하는 날에는 교재·교구 정리, 대청소, 공동 구역 환경 정리와 같은 공동 업무를 한다.

(2) 비상연락망 조직

방학 중에 발생할 수 있는 비상사태에 대비하여 비상연락망을 조직한다. 일차적으로는 교직원의 비상연락망을 만들고, 각 학급별로 부모 비상연락망도 만들어 놓는다. 비상연락망에는 교직원의 연락처뿐 아니라 소속 교육지원청, 경찰서, 지구대, 무인경비시스템, 기타 유관기관의 연락처도 기록하여 문제 상황 시 신속하게 연락을 취할 수 있도록 해야 한다.

(3) 방학 중 업무

교사가 한 학기 동안의 수업을 반성하고 교육과정을 점검하며 연수 등을 통해 교사로서 성장을 이루기 위해 방학은 중요한 시기다. 방학 중 교사가 감당해야 하는 주요 업무를 개별 업무, 당번 업무, 공동 업무로 나누어 살펴보자.

① 개별 업무

방학 중에는 유아들의 생활 지도를 위해 전화를 하거나 편지를 보내고 안부를 확인한다. 또한 교실 청소, 놀이영역 재구성, 교육과정 연구, 자료 정리 등 다양한 개별 업무를 할 수 있다. 유아교사는 방학 중에도 교사로서의 품위를 잃지 않도록 조심해야 하며, 전문성 향상을 위해 연수에 참가하고 자기 계발을 위해 노력해야 한다. 방학 중에 어디를 가든지 소재를 분명히 해야 하며 비상 시 연락 가능한 연락처를 항상 가지고 있어야 한다. 휴가 중에 일신상의 문제가 발생하면 즉시 원장에게

보고하고 대처해야 하며, 휴가 중에 허락 없이 유아들을 동원하거나 야외활동 등은
하지 않아야 한다.

② 당번 업무

방학 중이라도 종일반 운영과 유치원 관리를 위해 일정 기간 당번을 할 수 있다.
당번교사가 되었을 때는 정위치에서 근무하며 교사로서의 품위를 유지해야 한다.
하루일과의 시작과 끝에 유치원의 상황을 원장에게 보고한다. 주요 사태가 발생하
면 원장에게 즉시 보고하고 원장의 지시에 따라 사태를 처리한다. 방학 중 공문서는
'방학 중 공문서철'에 철하고, 원감 · 원장에게 보고하여 지시에 따라 처리하는 것이
좋다. 근무시간 중에 외부인이 내원하면 먼저 신분을 확인하고 안내하며, 관리시설
물 보안 점검을 철저히 하고, 공문함 · 캐비닛 · 책상서랍 등의 개폐사항을 점검하
고 이상 유무를 확인해야 한다. 특히 유치원 내 시설 관리를 철저히 해야 하는데, 건
물 안팎의 위험 시설과 노후 시설 등을 수시로 점검하고 정비해야 하며, 상하수도,
전기 시설 등을 철저히 점검해야 한다. 특히 퇴근 전에는 화재예방과 보안을 철저히
하고, 창문과 문의 잠금장치 등을 확인해야 한다. 혹시 비상사태가 발생하면 원장에
게 연락하고 지시를 따라야 한다.

③ 공동 업무

개학 전 일주일은 유치원 청소와 신학기 준비를 위해 모든 교사가 근무해야 한다.
개학 및 신학기 준비를 위해 일주일 동안 모든 교사가 출근을 할 때는 교실의 놀이
영역 구성, 교재 · 교구의 정리 및 교체, 청소 등 새 학기 준비를 위한 각종 환경 구
성을 정비해야 한다. 놀이 시설의 안전을 점검하고 유치원의 실내외를 소독하며, 교
무실과 창고의 물품을 정리하고 점검한다. 마지막으로는 새 학기 교육과정 운영에
대한 원내 자체 연수를 실시하여 교육과정을 확인한다. 교사들이 방학 동안 받은 연
수가 있으면 이를 서로 공유할 수 있도록 전달 연수를 실시한다.

2. 1년의 마무리

1년을 마무리하면서 유치원 교사가 정리해야 할 일에는 원아관리 업무, 교육과정 업무, 환경 업무 등이 있다.

1) 원아관리 업무 마무리

1년을 마무리하면서 유아와 관련된 업무 중 가장 중요한 일은 유아발달 평가 자료를 정리하고 생활기록부를 작성하는 일이다. 유아의 발달을 평가하여 기록하므로 1년간의 성장에 대해 알 수 있고, 새 학기를 시작하는 담임에게는 개별화 교육을 위한 계획을 세울 때 기초 자료를 제공할 수 있다. 학년 말에는 유아가 지난 1년을 되돌아보며 학급에서의 배움과 추억을 되새기고 진급하는 새로운 학급이나 초등학교에 대한 현장학습 기회를 제공하므로, 한 학년의 마무리를 잘 짓고 새로운 시작에 설렘을 갖도록 도와야 한다.

(1) 유아발달 평가 자료 정리

유아의 놀이와 일상을 관찰하여 기록한 자료를 모아 유아를 이해하고 놀이 지원에 중요하고 의미 있다고 판단되는 자료를 선별한다. 평가 자료를 수집할 때 수집과 기록 때문에 교사가 유아를 지원하는 데 어려움이 생겨서는 안 되며, 효과적으로 내용을 조직할 수 있고, 쉽게 기록을 활용할 수 있으며 관리하는 데에도 시간이 덜 드는 방법을 활용하여 자료를 수집하는 것이 좋다.

수집한 자료는 유아별로 포트폴리오를 만들어 관리하면 유아의 전반적 성장과 변화를 확인하는 데 도움이 될 수 있는데, 수집 날짜와 작업이 이루어질 때의 배경과 맥락을 기록하고, 유아의 놀이 및 발달과 관련된 내용을 함께 기록한다. 예를 들어, 유아들의 실제 놀이 모습, 유아의 놀이 결과물, 작품, 사진이나 동영상 등을 통해 유아의 흥미와 관심, 놀이 선호, 또래와의 상호작용 등 유아의 특성과 변화 정도를 평가하여 기록한다. 평가를 기술할 때, 누리과정의 5개 영역의 내용이 놀이에서 어떻게 경험되고 어떤 배움이 일어났는지 살펴보고, 이를 추후 놀이 지원에 어떻게 반영할 수 있을지 등을 함께 기록할 수 있다. 이정환과 박은혜(1996)가 제시하는 포트폴리오에 포함될 수 있는 자료의 종류는 다음과 같다.

- 유아에 대한 배경 정보(가정환경조사서, 건강기록부, 표준화검사 결과, 이전 담임교사의 평가 기록 등)
- 시간의 흐름에 따른 작업표본(끼적이기와 창의적 글쓰기 작업, 유아가 직접 쓰거나 교사가 받아서 적어 준 자료, 그림, 작업한 것을 스캔한 것, 읽은 책 목록, 활동 사진, 개별 또는 협동 작업 결과물)
- 다양한 상황에서 유아의 학습을 담은 사진, 오디오, 동영상 자료
- 교사의 관찰 기록 자료(일화 기록, 여러 영역의 체크리스트나 평정 척도)
- 주고받은 편지, 활동에 대한 자기반성적 평가지, 유아와 나눈 이야기와 대화 기록
- 부모면담 기록
- 교사 저널

(2) 생활기록부 작성

　유치원 생활기록부는 관찰 척도, 일화 기록, 부모면담 자료, 작품 분석 기록 등 교사가 수집한 다양한 자료를 토대로 유아의 1년간 성장·발달 내용 중 특기사항을 중심으로 기록해야 한다. 따라서 유아발달에 대한 평상시 관찰과 기록이 매우 중요하다. 유치원의 다양한 평가 자료가 있으나 이 모든 것을 종합하여 공식적으로 자료화한 것이 생활기록부이므로, 책임감을 가지고 신중하게 객관성·신뢰성·타당성이 있으면서 합리적인 언어로 기술하여야 한다. 생활기록부 작성에 대한 상세한 내용은 제12장의 2절을 참조하기 바란다.

(3) 1년간의 생활 돌아보기

'초등학교에 가요' 또는 '형님반에 가요'와 같은 주제를 마지막 주에 진행하면서 지난 1년간의 유치원 생활을 돌이켜 본다. 입학에서 지금에 이르는 1년 동안의 활동 사진을 순서대로 엮어 지난 추억을 이야기 나눈다. 가장 기억에 남는 일을 그림으로 표상하여 전시할 수 있으며, 감사한 일을 떠올리며 감사의 편지를 써 보는 활동을 할 수 있다. 또는 동생들에게 하고 싶은 말을 편지로 써서 복도 벽면에 게시하여 한 해를 마무리하는 분위기를 조성한다.

유아들과 한 해를 마무리하는 활동으로 뮤직비디오 만들기

유아들과 학급 친구들의 장점과 개성 등을 이야기 나누고, 각 유아의 특징을 가장 잘 나타내는 장면을 사진 또는 동영상으로 찍는다. 〈한국을 빛낸 100명의 위인〉이라는 노래를 '열매반을 빛낸 25명의 위인'으로 바꾸고 각 친구들의 특징이 잘 살아나는 노랫말로 개사한다. 예를 들어, '치타처럼 달리는 날쌘 김찬용, 우리 친구 김찬용, 수수께끼 척척 맞힌 멋진 이지연, 퀴즈달인 이지연'과 같이 노래를 만들어 함께 부르고 녹음한다. 모든 유아의 특징이 잘 보이는 사진과 동영상 자료를 엮어 파일을 만들고 녹음한 노래와 연계시킨다. 각 장면에 노랫말을 자막으로 처리해서 뮤직비디오를 만든 후, 졸업식 전날 또는 졸업식에서 상영한다.

(4) 상급반 또는 초등학교 견학

두려움 없이 새로운 학급 또는 학교에 잘 적응하도록 돕기 위해 현장방문활동을 계획한다. 같은 원에서 진급하는 경우에는 형님반에 방문하여 교실을 둘러보고 지금 있는 교실과 어떤 점이 같은지 또는 다른지 등을 이야기 나눈다. 형과 누나가 되어 달라지는 점이 무엇인지 생각해 보게 하고, 새로운 시작을 기대와 설렘으로 맞이하도록 도와준다.

초등학교로 진학하는 경우에는 근처의 초등학교에 현장학습 의뢰 공문을 보내고 초등학교를 방문하는 경험을 갖는다. 1학년 교실에 들어가서 환경을 둘러보고 책걸상에 앉아 보고, 가능하다면 초등학교 교사가 초등학교 생활에 대해 안내하는 시간을 가질 수 있다. 방문 전에 유아들과 함께 질문 목록을 정리하여 방문 시 유심히 관찰하거나 인터뷰를 하여 궁금한 것을 해소하도록 한다. 초등학교 진학에 대한 막연한 두려움을 갖지 않도록 돕는다.

유아뿐 아니라 부모도 초등학교 진학에 대한 준비가 필요하므로 2월의 부모교육으로 초등학교 교장을 초청하여 초등학교 입학을 위해 가정에서 준비해야 할 사항을 미리 알아본다.

2) 교육과정의 마무리

학년 말에 교사가 교육과정을 마무리하기 위해 해야 할 주요 업무로는 교사 자기평가서 작성, 프로그램 운영평가서 작성, 부모 만족도 조사, 문서 정리 및 보관 등과 같은 업무가 있다.

(1) 교사 자기평가서 작성

교육의 질은 교사를 뛰어넘을 수 없기 때문에 학년 말이 되면 교사가 자신의 자질과 수업에 대해 평가하는 것은 교육의 질 향상에 매우 중요하다. 정기적으로 교사의 전문성에 대해 평가하고 개선할 사항을 확인하여 변화하고자 노력하는 것은 교사가 갖추어야 할 기본적 태도 중 하나다. 일반적 특성과 전문적 특성으로 나누어 교사로서의 자질과 전문성을 스스로 점검하고 평가할 수 있는 체크리스트를 작성하여 교사 스스로 자신에 대해 깊이 성찰해 보는 기회를 갖는다(〈표 11-1〉 참조). 또한 정기적으로 자신의 수업에 대해 활동 유형별로 마련된 평가표를 활용하여 교수-학습방법을 평가할 수 있다.

자기평가를 통해 교사로서 자신의 강점과 약점에 대한 이해를 갖게 되면, 방학 동안 약점을 보완하고 강점을 부각시킬 수 있는 다양한 연수 계획을 세우고, 연수 외에도 자기계발을 위해 필요한 노력을 기울일 수 있다. 매일 자신을 새롭게 하며 노력하는 교사만이 유아의 발달과 성장을 최적으로 이끌어 낸다.

표 11-1 교사 평가 척도

유치원 교사의 교수실제 자기평가도구

※ 각 문항의 내용을 잘 읽어보신 후 해당하는 칸에 ∨ 표시해 주세요.

※ 각 문항은 1~4점으로 평정합니다. (거의 그렇다= 1점, 가끔 그렇다= 2점, 자주 그렇다= 3점, 거의 그렇다= 4점)

영역	기준		문항	거의 그렇지 않다	가끔 그렇다	자주 그렇다	거의 그렇다
I 학습자와 학습	I 학습자 발달과 개인차	1	나는 유아의 강점, 흥미와 요구를 고려하여 발달적으로 적합한 교수 방법을 고안한다.	1	2	3	4
		2	나는 유아의 발달이 학습에 미치는 영향을 이해하고, 이를 고려하여 적합한 교수 방법을 적용한다.	1	2	3	4
		3	나는 유아의 경험과 문화, 개인차를 고려하여 교수를 설계하고, 학습 자료와 교수 방법을 융통성 있게 수정한다.	1	2	3	4
	2 학습환경	4	나는 유아가 자율적, 주도적으로 학습에 참여하도록 학습경험을 설계하고 환경을 조성한다.	1	2	3	4
		5	나는 유아가 즐겁게 학습에 참여하도록 긍정적이고 안전한 학습 환경을 제공한다.	1	2	3	4
		6	나는 유아의 언어적, 비언어적 의사소통을 존중하고, 유아의 의사소통이 활발히 일어나도록 학습 분위기를 조성한다.	1	2	3	4
			제 I 영역 합계				
II 내용 지식과 기술	3 내용지식	7	나는 유아의 오개념을 이해하며, 유아가 정확한 개념을 이해할 수 있도록 안내한다.	1	2	3	4
		8	나는 주요개념, 내용지식을 이해하며, 유아가 내용지식과 기술을 습득하도록 돕는다.	1	2	3	4
		9	나는 유아가 사전지식을 떠올리고 새로운 개념을 습득하도록 자극한다.	1	2	3	4
		10	나는 교수자료와 매체의 사용법을 알고 효과적으로 사용한다.	1	2	3	4

4 내용 적용 기술	11	나는 유아가 다학문간 주제나 실생활 문제에 관심을 갖고 학습활동에 적용하도록 유도한다.	1	2	3	4
	12	나는 유아의 탐구학습과정을 이해하며, 유아가 이를 적용하여 문제를 해결하도록 돕는다.	1	2	3	4
	13	나는 유아의 창의적인 사고과정을 이해하며, 유아가 창의적인 일에 참여하도록 돕는다.	1	2	3	4
	14	나는 유아의 비판적 사고과정과 의사소통을 이해하며, 유아가 의사소통기술을 발달시키고 적용하도록 돕는다.	1	2	3	4
	15	나는 유아가 습득한 내용 지식과 기술을 실생활에 적용하도록 돕는다.	1	2	3	4
		제II영역 합계				
III 교수실행	5 교수 계획과 전략	16	나는 유아의 학습을 촉진하는 다양한 자원과 매체의 사용법을 알고, 효과적으로 활용한다.	1	2	3	4
		17	나는 교육목표와 내용에 적합하고 유아의 사전지식과 흥미에 기초하여 교수를 계획한다.	1	2	3	4
		18	나는 유아의 강점 요구, 반응을 고려하여 교수 자원과 전략을 조정한다.	1	2	3	4
		19	나는 학습의 계열성을 알고, 유의미한 학습을 위해 일관성 있게 교수를 계획하고 조정한다.	1	2	3	4
		20	나는 유아에게 적합한 학습경험을 계획하기 위해 다양한 교수방법을 통합적으로 활용한다.	1	2	3	4
		21	나는 유아의 의사소통을 지원하고 확장하기 위해 적절한 언어로 발문하고 의사소통한다.	1	2	3	4
	6 평가	22	나는 유아의 이해수준과 학습과정을 고려하여 다양한 평가를 균형적으로 사용한다.	1	2	3	4
		23	나는 유아의 학습 차이를 이해하고, 개인차를 고려하여 적합한 평가 자료와 방법을 활용한다.	1	2	3	4
		24	나는 유아를 평가기준의 결정과정에 참여시킨다.	1	2	3	4
		25	나는 학습목표에 연결되도록 평가도구와 방법을 설계한다.	1	2	3	4
		제III영역 합계				

IV 교수 전문성 제고	7 전문적 학습과 윤리적 실제	26	나는 전문성 개발을 위해 교수실제와 관련된 학습 및 연수 활동에 정기적으로 참여한다.	1	2	3	4
		27	나는 유아의 학습에 대한 책임감을 가지고 교수계획과 실제를 지속적으로 분석하고 반성한다.	1	2	3	4
		28	나는 개인적인 편견의 가능성을 인식하고, 이러한 편견의 영향을 성찰한다.	1	2	3	4
	8 리더십과 협력	29	나는 동료들과 협력하여 교수실제를 개선하고, 유아의 학습을 지원하는 교류에 앞장선다.	1	2	3	4
		30	나는 동료들과 교수계획과 실제를 공유하고, 피드백을 교환한다.	1	2	3	4
		31	나는 유아의 가족, 지역사회의 중요성을 알고, 다양한 방법으로 의사소통하고 협력한다.	1	2	3	4
제IV영역 합계							
총점							

출처: 정현빈(2018). 유치원 교사의 교수실제 자기평가도구 개발. 덕성여자대학교 대학원 박사학위논문.

(2) 프로그램 운영평가서 작성

1년의 교육과정을 마치면, 모든 교직원이 모여 유치원 프로그램 운영에 대해 평가한다. 물리적 환경, 교직원, 운영관리, 교육과정, 영양 · 건강 · 안전, 가정 및 지역사회와의 연계 등의 영역으로 구성된 체크리스트를 만들어 평가를 실시할 수 있다. 평가항목과 내용은 각 유치원의 협의에 의해 자율적으로 구성될 수 있으며, 평가 결과를 분석하여 다음 학기 또는 다음 해의 프로그램 운영에 반영하고 장단기 계획을 수립한다.

(3) 부모 만족도 조사

1년의 유치원 운영을 마치면 부모를 대상으로 유치원 운영에 대한 만족도와 의견을 수렴하는 설문을 실시한다. 이에 대한 결과를 분석하여 다음 해 교육과정 운영계획서에 반영해야 하며, 그 내용을 바탕으로 교직원이 협의하여 다음 해 교육과정 편성 및 운영에 반영해야 한다. 유치원 평가의 항목 중에도 부모, 유아, 교직원을 대상으로 하여 교육과정 전반에 대한 평가가 실시되었는지 그리고 평가 내용이 새로운 학년의 교육과정 구성에 어떻게 반영되었는지가 주요한 평가 준거로 다루어지고 있다. 원이 지난해 운영한 프로그램과 행사에 따라 만족도 조사의 구체적 설문은 다소 달라질 수 있으나, 보편적인 내용을 예시하면 〈표 11-2〉와 같다.

표 11-2 부모 만족도 설문지 예시

> 안녕하십니까?
> 부모님들의 적극적인 참여와 협조로 20○○학년도 유치원 운영이 순조롭게 추진된 것에 대해 감사드립니다.
> 이 설문은 유치원 운영에 대한 부모님들의 의견을 수렴하여 20○○학년도 교육계획 수립에 반영하고자 실시하는 것이오니, 잘 읽어 보시고 빠짐없이 작성하여 유치원으로 보내 주시기 바랍니다. 응답해 주신 내용은 유치원 운영에 큰 도움이 될 것입니다. 감사합니다.
>
> 20○○. 12.
> ○○유치원장

1. 1년간 실시된 유치원 교육과정 운영에 대한 만족도는 어떠하십니까? (   )

   ① 매우 만족   ② 대체로 만족   ③ 보통   ④ 불만족   ⑤ 매우 불만족

2. (위 1번의 ①, ②에 답하신 분만 응답) 유치원 교육과정 운영에서 어떠한 점에 만족하십니까?

3. (위 1번의 ④, ⑤에 답하신 분만 응답) 유치원 교육과정 운영에서 어떠한 점에 만족하지 않으십니까?

4. 유치원 교육에서 가장 중점을 두어 지도해야 할 것은 무엇이라고 생각하십니까? (   )

   ① 누리과정에 근거한 충실한 교육과정 운영   ② 창의 · 인성 교육
   ③ 기본생활습관 형성 지도   ④ 기타

5. 유치원 교육을 이해하는 데 도움되었던 것 세 가지를 골라 ○표 해 주세요.

내용	표시
유치원 가정통신문 및 부모교육 통신문	
학급별 교육활동 안내문(월간 · 교육계획)	
유치원 홈페이지	
교사와의 면담	
부모참여수업, 워크숍	
부모교육	
유치원 각종 행사	
기타( )	

6. 유치원에서 실시한 다양한 행사들이 유치원 교육과정을 이해하는 데 도움이 되셨습니까? (   )

　　① 매우 도움이 되었다.　　　　　　　　　　② 도움이 되었다.
　　③ 조금 도움이 되었다.　　　　　　　　　　④ 별로 도움이 되지 않았다.
　　⑤ 더 많은 행사가 있었으면 좋겠다. (예:)

7-1. 1년 동안 있었던 여러 행사 중 가장 좋았던 행사 세 가지를 골라 ○표 해 주세요.

행사명	표시
2월 부모 오리엔테이션	
3월 교사-유아 개별 오리엔테이션	
4월 교사-부모 개별 면담	
5월 어린이날 행사	
6월 봄소풍	
7월 물놀이	
9월 민속놀이	
9월 부모참여수업	
10월 유아교육진흥원 현장학습	
11월 가족 등반대회	
12월 크리스마스 행사 가족모임	

7-2. 1년 동안 실시된 안전교육 내용 중 좋았던 내용을 세 가지를 골라 ○표 해 주시고, 내년에도
     다루었으면 하는 안전교육 내용을 적어 주세요.

올해 실시된 안전교육 내용	표시
원에서의 안전(등하원 시 안전, 놀이터에서의 안전)	
황사 안전	
질병 예방(감기, 식중독, 신종플루, 감염)	
유괴 예방	
성폭력 안전	
식품 안전(식품 첨가물, 안전한 식품)	
여름철 안전(물놀이 안전, 자외선 안전)	
화재 안전	
미디어 안전	
교통 안전	
약물 안전(흡연, 음주, 약)	
재난 안전	
겨울철 안전	
내년에 추가되었으면 하는 안전교육 내용	

8. 유치원 현장학습의 횟수는 어느 정도가 적당하다고 생각하십니까? (   )

　　① 연 4회(1학기에 2번씩)가 적당하다.　　　② 연 6회(1학기에 3번씩)가 적당하다.

　　③ 연 8회(1학기에 4번씩)가 적당하다.　　　④ 기타

9. 내년에 유치원 현장학습 장소로 추천하고 싶은 곳이 있으면 적어 주세요.

_____

_____

_____

10. 유치원 교육과정 운영에서 부모님들께서 참여하고 싶으신 자원봉사 영역이 있으면 세 가지를 골라 ○표 해 주세요.

부모 자원봉사 영역	표시
현장학습 자원봉사	
학습 자료 준비 자원봉사	
요리활동	
책 읽어 주기/동화 들려주기	
텃밭 가꾸기	
김장하기	
기타( )	

11. 유치원 교육과정 운영 시 부모님들의 자원봉사는 어느 정도가 적당하다고 생각하십니까? (   )

① 주 1회　　　② 월 1회　　　③ 월 2회
④ 한 학기에 1회　　　⑤ 한 학기에 2회　　　⑥ 자원봉사 불참

12. 내년에 유치원에서 부모교육으로 강연회를 한다면 참여하실 의사가 있으십니까? (   )

① 있다　　　② 없다

13. 내년에 유치원에서 부모교육 연수가 개최된다면 어떤 내용이 좋을지 표시해 주십시오. (   )

① 독서교육　　　② 자녀와의 대화 방법　　　③ 유아의 감수성 정서지능 발달
④ 안전교육　　　⑤ 기타 의견

14. 유치원 운영이나 교육에 대한 건의사항이 있으면 적어 주시기 바랍니다.

_____
_____
_____
_____

(4) 문서 정리 및 보관

교육과정에 대한 전반적인 평가서 작성과 분석이 끝나면 마지막으로 교육과정과 관련된 제반 문서를 정리하여 보관해야 한다. 담임교사가 정리해서 원에 보관해야 할 주요 문서는 출석부, 경영록, 생활기록부, 행사계획서, 기타 담당 업무 관련 서류

등이다. 문서를 정리할 때 유의할 점은 다음과 같다.

- 출석부는 매월 날인하였는지 확인하고, 기록 양식에 따라 빠짐없이 기록되었는지 확인한다.
- 경영록에 기록되지 않은 날짜는 없는지, 교육일수가 끝까지 표기되어 있는지 점검한다.
- 경영록 맨 앞부분에는 1년 동안의 수정과 재계획의 과정이 보이는 연간교육계획안을 부착한다.
- 경영록 뒷부분에는 학기 말에 작성한 교사 자기평가서, 프로그램 운영평가서 등을 부착한다.
- 행사계획서는 순서대로 빠짐없이 기록되어 철로 정리되어 있는지 확인한다.
- 기타 시설 · 설비 관리 대장, 소모품 대장, 도서 대장, 교재 · 교구 대장 등 자신이 담당하여 맡고 있는 서류를 확인하고, 기록된 내용과 실제 물품을 확인 대조하여 변동사항을 기록한다.
- 자신이 담임을 맡은 학급을 이후에 맡게 될 교사를 위해 학급 관리와 운영에 대한 인수인계서를 작성한다.

3) 교실환경 정리

서류 정리까지 마무리하였다면 마지막으로 그동안 사용한 교실을 정리한다. 우선, 각 놀이영역에 있는 교재 · 교구의 상태를 점검하여 수리하고, 원래 있었던 교재 · 교구실에 정리한다. 책상과 의자의 상태를 점검하여 망가진 부분이 있으면 수리를 부탁하고, 벽면에 게시되어 있는 작품들을 떼어 내고 교실을 대청소한다.

4) 수료식 및 졸업식

수료식 및 졸업식은 일련의 교육과정을 마치고 새로운 시작과 성장을 확인하는 행사로, 유아 및 부모에게 매우 의미 있는 행사다. 졸업식은 만 5세 교육과정을 이수하고 초등학교에 입학할 때, 수료식은 그 이전의 과정을 이수하고 유치원에서 새로운 반으로 진급할 때 치르는 행사인데 함께 실시되는 경우가 많다. 유치원 생활을 마감하면서 유아와 부모가 그동안 가르쳐 준 교사에게 감사의 뜻을 전하고 교사와 내빈들은 유아의 새로운 생활의 시작을 축하하는 데 그 목적이 있다.

(1) 수료식 및 졸업식 준비

① 유치원 교육과정 운영계획서에 근거하여 수료식 · 졸업식 기안을 한다.

② 졸업식 안내문을 가정통신문으로 작성하여 각 가정에 보낸다.

③ 졸업 행사용 물품을 주문하고 확인한다.

④ 교사 협의 및 업무 분장을 한다.

⑤ 졸업 사진을 점검하고 졸업 대장과 수료 대장을 기록한다.

⑥ 순서지 등 필요한 자료를 준비한다.

⑦ 각 교실 및 복도 환경을 정비하고 졸업식장을 꾸민다.

- 방송 및 음향시설 점검
- 각종 기자재 점검(비디오, 컴퓨터 등)
- 태극기, 식순, 탁자, 탁자보 준비
- 물품 정비(순서지, 졸업장, 상장, 선물 등)
- 강당 및 현관 출입구 정비
- 졸업식장 환경 구성
- 현수막 및 강당 입구 안내 표시판 설치

⑧ 최종 점검 및 예행 연습을 한다.

- 수료가나 졸업가(송가와 답가)를 미리 배우고 애국가도 지휘에 맞춰 불러 본다.
- 국민의례, 수료증 · 졸업증 받는 방법 등을 미리 익힌다.
- 행사 음악, 특히 녹음 음악의 상태를 점검하고 빔 프로젝터 사용을 연습한다.

(2) 졸업식 및 수료식 진행

① 졸업 행사 물품과 식장을 마지막으로 점검한다.

② 수료식장·졸업식장이 쾌적하고 춥지 않도록 환기를 한 후 난방을 해 놓는다.

③ 유아들은 수료식·졸업식 시작 전에 등원하여 교실에서 출석을 점검한 후 오늘이 어떤 날인지, 어떤 마음과 태도로 지낼지 등에 대해 이야기를 나눈다.

④ 수료증·졸업증을 받는 순서대로 한 줄로 서서 식장으로 이동한다.

⑤ 식이 시작되기 전, 부모들이 기다리는 동안 잔잔한 클래식 음악을 틀어 놓는다.

⑥ 식장 입구에서 부모들을 환영하며 순서지를 나누어 주고 자리를 안내한다.

⑦ 진행자는 곧 식이 시작될 것임을 알린다.

⑧ 진행자의 안내와 함께 부모들의 박수를 받으며 각 반 유아들이 줄을 서서 입장한다(수료하는 유아반은 식이 시작되기 전에 미리 앉아서 준비하고 유치반만 신호에 따라 한 줄로 입장하여 자리에 앉는다).

⑨ 식순에 따라 졸업식을 진행한다.

⑩ 졸업식이 끝난 후 수료증 및 앨범, 단체 사진을 배부한 후 귀가시킨다.

⑪ 식장 및 교실을 뒷정리한다.

⑫ 수료식 및 졸업식에 대해 평가한다.

졸업식 식순

ㄱ. 개회사

ㄴ. 국민의례(애국가는 1절만)

ㄷ. 학사 보고(원감)

ㄹ. 졸업장 및 수료증 수여(원장): 졸업장 수여를 보조하는 인력이 필요하며, 유아는 미리 순서대로 대기시켜 놓는다.

ㅁ. 감사장 및 상장 수여

ㅂ. 원장님 말씀

   ㅅ. 졸업식 노래(유치반)

   ㅇ. 송별의 노래(유아반)

   ㅈ. 원가 제창

   ㅊ. 폐회사

졸업식 순서에 활용해 보세요

수료식 및 졸업식이 시작되기 전에 기다리는 동안 또는 식의 진행 중간에 학사 보고용으로 1년 동안의 유치원 생활 장면을 담은 동영상이나 PPT 자료를 스크린에 띄워 놓으면, 유아와 부모가 1년을 회고하며 성장을 확인하고 석별의 정을 나누는 데 도움이 된다. 단, 동영상과 사진 자료에 각 유아의 모습이 모두 들어 있는지 확인해야 하며, 모든 유아가 골고루 화면에 등장하도록 배려한다.

활동 1

감동과 감사가 넘치는 의미 있는 졸업식을 위해 어떤 순서로 하면 좋을지 톡톡 튀는 아이디어를 이야기 나누어 보고 행사계획안을 작성해 봅시다.

🎎 **활동 2**

  유아와 초임교사 입장에서 유치원의 1년 생활은 어떠할까요? 같을까요, 다를까요? 공통점과 차이점을 벤다이어그램으로 나타내 봅시다.

유아   초임교사

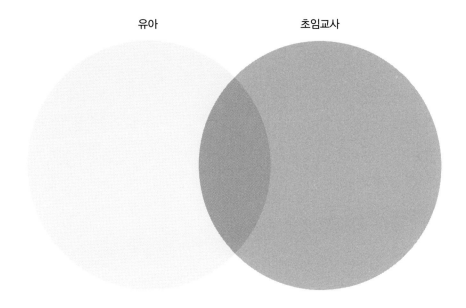

유치원 교사의 행정 실무

공문서 관리

좋은 교사는 ……

1. 가정과의 연계 및 협력을 위해 가정통신문을 목적에 맞게 작성할 수 있다.

2. 1년 간 유아의 발달과 성장을 정확하게 관찰하여 생활기록부를 작성하여 관리한다.

3. 기안문의 개념을 알고, 공문서를 작성하고 관리하는 실무를 할 수 있다.

4. 업무관리시스템을 활용하여 전자결재, 자료집계, 정보공시 등의 실무를 할 수 있다.

제**12**장

공문서 관리

교사는 학급관리 및 교육활동을 문서를 통해 계획하고 평가하며, 행정 업무로 문서와 관련된 실무를 담당할 때가 많다. 문서 작성과 관리는 유아의 발달을 기록하고 이를 부모에게 효과적으로 전달하기 위해 필요한 능력이며, 다른 유아교육기관과 중요한 정보를 소통하거나 교육청의 주요 업무를 전달받고 주요 현황을 보고하기 위해 필요한 과정과 절차라고 볼 수 있다. 따라서 공문서를 효과적으로 처리하는 것은 교사에게 요구되는 중요한 능력이다.

이 장에서는 가정통신문, 생활기록부, 기안문, 업무관리시스템과 관련하여 작성 요령 및 관리방안과 관련된 행정 실무를 다루고자 한다.

1. 가정통신문

가정통신문은 유아교육의 효율성을 높이기 위해 부모와 교사가 문서를 통해 연락함으로써 정보를 교환하고 의사소통하는 방법이다. 가정통신문을 통해 부모는 기관과 유아에 대한 정보를 얻게 되며, 가정과 기관 간에 간접적인 대화가 꾸준히 이루어질 수 있다.

가정통신문은 유아교육기관 소개 책자와 같이 연간으로 발간되는 것, 교육비나 부모교육의 계획 및 운영을 부모들에게 전달하기 위해 매월, 매주 또는 매일 발행하는 것, 그리고 유아교육기관이나 부모들의 필요에 의해 수시로 발간하는 것 등 매우 다양하다(김연진, 이상희, 2007).

가정통신문은 목적 및 성격에 따라 크게 두 가지로 나뉘는데, 부모역할의 변화와 향상을 돕는 것에 목적을 두는 가정통신문과 부모에게 기관 운영에 관한 정보를 제공하고 협조를 얻기 위한 가정통신문이다. 우선, 부모역할의 변화와 향상을 돕기 위한 가정통신문에서는 다음과 같은 내용을 다룰 수 있다.

표 12-1 부모역할의 변화와 향상에 목적을 두는 가정통신문 내용의 예

태도와 신념	지식과 정보	기술과 전략
• 자녀를 바라보는 건강한 시선 • 좋은 부모 • 미래의 자녀를 위한 부모 • 민주적인 부모 • 현대사회의 부모 • 자녀와의 바람직한 관계	• 좋은 도서 목록 • 문화행사, 박물관 정보 • 연령별 유아의 발달 및 행동 특성 • 영유아기 언어발달 특성 • 놀이의 중요성 • 부모사회 지원망의 중요성과 역할	• 책 읽어 주는 방법 • 연령에 적합한 박물관 활용 방법 • 발달 및 긍정적 행동을 지원하는 전략 • 언어발달 지원 전략 • 편식을 줄이는 전략 • 퇴행해서 오줌 쌀 때의 지도

출처: 김희진(2006).

부모에게 협조를 구하고 정보를 제공하는 가정통신문에서 다룰 수 있는 내용의 예시는 다음과 같다.

표 12-2 부모에게 정보를 제공하고 협조를 요청하는 데 목적을 두는 가정통신문 내용의 예

자녀교육 관련 정보	기관의 부모교육 및 지원 관련 정보	부모참여 행사 관련 정보
• 주간 또는 월간 교육계획안 • 연간행사계획안 • 좋은 도서 목록 • 문화행사, 박물관 정보 • 견학 관련 안내문 • 방학 및 개학 안내 편지	• 부모회 안내 • 신입 부모 오리엔테이션 안내 • 집단 및 개인 면담 안내 • 외부(예: 교육청)에서 실시하는 부모교육 안내 • 도서대여 프로그램 안내	• 아버지 또는 어머니 참여수업 • 조부모참여 행사 • 민속의 날, 운동회 • 크리스마스 행사 • 김장, 견학 도우미 참여 • 생일축하 행사 참여 등

　가정통신문을 통해 정보 제공 및 협조 요청이라는 목적을 효율적으로 달성하기 위해 교사는 다음의 사항을 유의하여 통신문을 작성한다(김희진, 2006; 박찬옥 외, 2010).

　첫째, 전달하고자 하는 내용(정보와 협조를 요청하는 내용)이 무엇인지 정확하고 구체적으로 기재한다. 부모의 입장에서 필요한 정보가 무엇인지를 고려하여 상세하게 기재한다. 예를 들면, 현장학습에 대한 정보를 제공할 때는 일정뿐 아니라 시작 시간과 끝나는 시간, 현장학습 장소 및 교육내용, 참가 경비와 내역, 경비 납부 방법, 준비물, 현장학습 동의 여부 및 부모가 보조 인력으로 봉사할 수 있는지 여부를 표시하는 부분 등에 관한 자세한 내용이 포함되도록 작성한다.

　둘째, 부모가 이해하기 쉬운 문장과 적절한 분량의 내용으로 작성한다. 유치원 및 교육내용 등에 대한 사전 지식이 없는 부모의 입장을 고려하여 쉽고 이해하기 쉬운 방식으로 통신문을 작성할 필요가 있다. 통신문의 내용에 대한 부모의 이해를 돕기 위해서는, 먼저 문장에 사용되는 용어나 내용의 난이도를 적합한 수준으로 기술하는 것이 중요하다. 예를 들면, "바퀴라는 주제와 관련된 이야깃거리를 보내 주시기 바랍니다."라고 하면 부모들은 '이야깃거리'라는 용어의 의미를 정확히 이해하지 못할 수 있으므로 "가정에서 '바퀴'라는 주제와 관련하여 궁금한 것에 대해 이야기 나누어 보신 후 친구들에게 소개하거나 알려 주고 싶은 내용(바퀴 달린 물건이나 책, 놀잇

감)이 있으면 유아 편에 보내 주시기 바랍니다. 가져온 물건은 유아가 직접 친구들에게 간단하게 소개할 예정입니다."라고 기재한다(박찬옥 외, 2010). 또한 내용이 너무 길거나 많으면 읽기에 부담되고 흥미를 반감시킬 수 있으므로 전달하고자 하는 정보를 충분히 전달하되, 간결하고 체계적인 문장으로 작성한다. 그 밖에 글씨체나 글씨 크기, 내용의 조직, 사용된 삽화가 적절한지도 고려해야 한다.

　　셋째, 통신문을 통해 협조를 요청할 때는 부모 협조의 목적과 교육적 의의 또는 당위성을 설득력 있게 제시한다. 통신문을 통해 부모의 협조를 요청하는 내용에는 교육활동을 위한 자료 요청 및 제작 협조 요청, 자원봉사(학급 자원인사) 모집(예: 견학활동의 보조교사 역할 수행), 행사 시 협조 요청 등이 포함될 수 있다. 부모에게 협조를 요청하는 통신문을 작성할 때는 무엇이 필요한지뿐만 아니라 그렇게 하는 것이 왜 필요한지에 대해 충분히 이해할 수 있도록 기재하는 것이 중요하다. 자녀들의 교육활동에 부모가 참여하거나 필요한 지원을 제공하는 것의 의의와 가치를 충분히 이해할 때 비로소 부모들은 유치원 교육활동에 더욱 관심을 가지고 자발적으로 참여하여 필요한 도움을 주는 역할에 충실할 수 있기 때문이다. 부모의 협조 및 참여 요청을 위한 가정통신문 작성의 예는 다음과 같다(서울특별시 교육청, 2007).

전통놀이 한마당 안내

안녕하십니까?

우리나라 고유의 풍습을 알고 익힐 수 있는 기회를 갖고, 우리 문화를 계승·발전시키고자 전통놀이 한마당을 실시하고자 합니다. 당일 각 활동에 부모님들의 협조가 필요하오니 자원봉사를 희망하시는 부모님께서는 다음의 신청서를 ○일까지 보내 주십시오. 늘 협조하여 주심에 감사드립니다.

1. 일시: 20○○. ○. ○ (○) ○○:○○~○○:○○
2. 장소: ○○
3. 내용: 제기차기, 씨름, 닭싸움, 투호, 비석치기, 긴 줄넘기, 사방치기, 전통음식 먹기

20○○. ○. ○.

○○유치원장

———————————— 절취선 ————————————

전통놀이 한마당 자원봉사 신청서

반이름	유아명	사전 오리엔테이션 날짜
		20 . . ( )

20○○. ○. ○.   보호자명: (인)

○○유치원장 귀하

[그림 12-1] 가정통신문의 예(1)

어린이날 기념행사 안내

부모님, 안녕하십니까?

어린이날 기념행사를 다음과 같이 실시하고자 합니다. 다음의 내용을 참고하셔서 행사에 도움을 주실 부모님께서는 ○○일(○요일)까지 유치원으로 연락 주시기 바랍니다.

1. 일시: 20○○. ○. ○.
2. 장소: 유치원 강당
3. 일정

시간	활동 내용
09:30~10:00	출석 및 일과 안내
10:00~11:00	부모 동극 공연 및 악기 연주
11:00~11:40	간식
11:40~12:00	기념선물 증정 및 귀가 지도

4. 부모 공연 시 참가 희망자

어린이날 부모 공연을 하고자 하오니 동극 및 악기연주가 가능하신 부모님들께서는 유치원으로 연락 주시기 바랍니다.

20○○. ○. ○.

○○유치원장

──────────── 절취선 ────────────

부모 공연 참가 희망서

반 이름	유아명	분야

○○유치원장 귀하

[그림 12-2] 가정통신문의 예(2)

부모면담 안내

가정과의 연계를 통하여 유아교육활동의 효과를 극대화하고자 부모면담을 다음과 같이
실시하고자 하오니, 부모님께서는 면담이 가능하신 날짜와 시간에 표시를 하여 (   )월
(   )일까지 부모면담 신청서를 보내 주시기 바랍니다. 확정된 상담 일정에 대해서는 추
후 가정통신문을 통해 알려드리겠습니다.

 1. 기간: ○월 ○일(   ) ~ ○월 ○일(○) (일간)
 2. 장소:

20○○. ○. ○.
○○유치원장

─────────────── 절취선 ───────────────

부모면담 신청서

(   )반   유아 이름: (   )

면담시간	○일(월)	○일(화)	○일(수)	○일(목)	○일(금)
14:00~15:00					
15:00~16:00					
16:00~17:00					
기타					

20○○. ○. ○.

보호자명: (인)

○○유치원장 귀하

[그림 12-3] 가정통신문의 예(3)

2. 유치원 생활기록부

1년의 유치원 생활이 마무리될 때 유아교사는 유아 개개인에 대한 생활기록부를 작성한다. 생활기록부는 개인정보에 대한 기록이므로 전자기록생산시스템 결재 정보에서 비공개, 공개제한 6호, 영구(직원 열람제한)로 결재한다. 생활기록부의 작성 및 관리를 위해서 학기 초에 유아의 보호자로부터 개인정보 수집 및 이용 동의서를 받아야 하며, 각종 비상사태에 대비하여 생활기록부 서식에 맞게 양면으로 출력하여 유아가 졸업(또는 수료)한 후, 5년간 유치원에서 보존 및 관리를 해야 하지만, 5년이 지난 후에는 내부 결재를 얻어 폐기해야 한다. 생활기록부 작성자는 당해학년도 유아의 담임교사이어야 하며, 담임교사가 중간에 바뀐 경우는 담임 성명란에 학년 말 결재 받을 당시 담임교사의 이름을 적는다.

생활기록부는 유아의 인적 사항, 학적 사항, 출결 사항, 신체발달 사항, 건강검진 사항, 유아발달 사항 등에 대해 1년간 관찰하고 수집한 내용을 바탕으로 기록하는데 작성요령은 다음과 같다.

생활기록부 작성 요령

인적 사항

1. '성명'은 한글로 입력한다. 다만, 부득이한 경우 해당국 언어로 입력할 수 있다.
2. '성별'은 남, 여로 입력한다.
3. '생년월일'은 주민등록등본상의 생년월일을 입력한다.
4. '주소'는 입학 당시의 주소와 변경된 주소를 누가하여 입력하고, 졸업 당시의 주소를 최종적으로 입력한다.
5. '가족상황'란에는 부모(보호자)의 성명, 생년월일을 입력한다.

[예시] 인적 사항 기재요령

① 한부모 가정인 경우

성명	홍길동	성별	남	생년월일	2014. 3. 4.
주소	경기도 성남시 분당구 야탑로○○, ○○동 ○○호(야탑동, △△아파트)				
	경기도 성남시 분당구 중앙공원로○○, ○○동 ○○호(서현동, △△아파트)				
가족상황	구분＼관계	부		모	
	성명			김○○	
	생년월일			1982. 4. 16.	

② 조손 가정인 경우

가족상황	구분＼관계	부(조부)	모(조모)
	성명	최△△	강◇◇
	생년월일	1940. 5. 28.	1942. 6. 17.

학적 사항

1. 입학의 경우 연월일, 원명, 연령을 입력한다.

2. 재입학 · 편입학 · 전학 · 휴학 · 퇴학 · 수료 · 졸업의 경우 줄을 추가하고, 제1항
   에 따른 입학의 경우와 동일한 방법으로 입력한다.

3. '특기사항'란에는 특기할 만한 사유를 입력한다.

4. '졸업 후의 상황'란에는 유아의 진로상황을 입력한다.

[예시] 학적 사항 기재요령

연.월.일 \ 구분	내용	특기사항
2020. 3. 3.	제일유치원 3세 입학	
2021. 2. 22.	제일유치원 3세 수료	
2022. 2. 21.	제일유치원 4세 수료	
2023. 2. 20.	제일유치원 5세 졸업	
졸업 후의 상황	○○초등학교 입학	

출결 사항

1. 출결 사항은 각 항목에 따라 아라비아 숫자로 입력한다.
2. '수업일수'는 「유아교육법 시행령」 제12조의 규정에 의하여 원장이 정한 총 출석
   해야 할 일수를 입력한다.
3. '출석일수'는 출석한 일수를 입력한다.
4. '결석일수'는 결석한 일수를 입력한다.
5. '특기사항'란에는 일주일 이상 장기 결석한 경우 사유 등을 간략하게 입력한다.
   - 수업일수는 매 학년도 180일 이상이 원칙이다.
   - 출석해야 하는 날짜에 출석하지 않았을 때 결석으로 처리한다.
   - 지각, 조퇴는 결석일수로 처리하지 않는다.
   - 출석으로 인정된 원격수업일수는 출석일수에 산입한다.
   - 다음의 경우는 출석으로 인정한다.
     - 지진, 폭우, 폭설, 폭풍, 해일 등의 천재지변 또는 법정 감염병, 미세먼지(유
       치원 내 확산 방지를 위해 유치원장이 필요하다고 인정하는 비법정 감염병
       을 포함) 등으로 출석하지 못한 경우
     - 공권력의 행사로 인하여 출석하지 못한 경우
     - 원장의 허가를 받은 '유치원을 대표한 경기·경연대회 참가, 현장실습, 교환
       학습, 교외체험학습 등'으로 출석하지 못한 경우

※ 교외체험학습은 현장체험학습, 친인척 방문, 가족동반 여행, 고적 답사 및 향토행사 참여 등임. 단, 감염병위기경보 단계가 '심각, 경계' 단계인 경우에 한해 '가정학습'도 교외체험학습 신청·승인 사유에 해당하며, 이때 유치원장은 유아의 안전, 건강을 최우선으로 판단하여 승인 여부를 결정함. 그 기간 및 횟수는 교육과정 이수에 지장이 없는 범위 안에서 유치원 규칙으로 정함.

  −기타 부득이한 사유로 원장의 허가를 받아 결석한 경우

• 퇴학·재입학·편입학·전학 등으로 학적 변동이 있는 경우 유치원의 전출 당일까지를 출석일수로 산입한다.

• 다음 경조사로 인해 출석하지 못한 경우 출석으로 인정한다.

구분	대상	일수
결혼	형제, 자매, 부, 모	1
입양	본인	20
사망	부모, 조부모, 외조부모	5
	증조부모, 외증조부모 형제·자매 및 그의 배우자	3
	부모의 형제·자매 및 그의 배우자	1

※ 경조사 일수에 재량휴업일과 공휴일 및 토요일은 산입하지 않음. 연속된 결석일수에 한해 출석으로 산정함.

• 일주일 이상 장기 결석은 연속한 수업일수 7일 이상의 결석을 의미한다(주말, 공휴일 제외).

[예시] 출결사항 기재요령

연령 \ 구분	수업일수	출석일수	결석일수	특기사항
3세	180	180	0	
4세	185	183	2	
5세	183	170	13	팔 골절(8)

신체발달 사항

1. '검사일'은 연월일을 아라비아 숫자로 입력한다.

2. '키' '몸무게'는 아라비아 숫자로 소수 첫째 자리까지 입력한다.

검사항목	측정단위	검사방법
키(cm)	센티미터	1. 검사대상자의 자세 　가. 신발을 벗은 상태에서 발꿈치를 붙일 것 　나. 등, 엉덩이 및 발꿈치를 측정대에 붙일 것 　다. 똑바로 서서 두 팔을 몸 옆에 자연스럽게 붙일 것 　라. 눈과 귀는 수평인 상태를 유지할 것 2. 검사자는 검사대상자의 발바닥부터 머리끝까지의 높이를 측정
몸무게(kg)	킬로그램	옷을 입고 측정한 경우 옷의 무게를 뺄 것

※ 비고: 수치는 소수 첫째 자리까지 나타낸다(측정값이 소수 둘째 자리 이상까지 나오는 경우에는 둘째 자리에서 반올림한다).

[예시] 신체발달 사항 기재요령

구분 연령	검사일	키(cm)	몸무게(kg)
3세	2022. 3. 23.	135.6	18.4
4세	20 ． ． ．		
5세	20 ． ． ．		

건강검진 사항

1. '검진일'은 건강검진을 시행한 연월일을 아라비아 숫자로 입력한다.

2. '검진기관'은 건강검진을 시행한 기관명을 한글로 입력한다.

3. '특기사항'란에는 유아의 건강이 유치원 생활에 영향을 미치는 내용이 있는 경우 보호자의 동의를 받아 입력한다.

[예시] 건강검진 사항 기재요령

연령 \ 구분	검진일	검진기관	특기사항
3세	2022. 3. 23.	****소아청소년과 의원	
4세	20 . . .		.
5세	20 . . .		

유아발달사항

1. 유치원 교육과정에 제시된 신체운동·건강, 의사소통, 사회관계, 예술 경험, 자연탐구 영역 등의 관찰 결과를 바탕으로 유아를 종합적으로 이해할 수 있는 문장으로 입력한다.
2. 유치원에서의 놀이, 일상생활, 활동에 대하여 평소 관찰한 자료를 종합하여 유아의 특성 및 변화 정도를 이해할 수 있는 문장으로 입력한다.
3. 유아가 가장 즐겨하고 잘하는 것, 놀이의 특성, 흥미와 관심, 친구관계, 놀이를 이어가기 위한 자료의 활용 등을 종합하여 유아 이해에 도움이 되도록 기재한다.
4. 3문장 내외로 간결하게 기재한다.
5. 문장은 명사형 어미('~함' '~임' 등)로 종결하며 마침표를 찍는다.

[예시] 유아발달 사항 기재요령

- 여러 가지 블록을 활용해서 높게 쌓고, 길게 나열하여 물리적으로 자신만의 큰 공간을 만드는 것을 좋아함. 자신이 만든 작품 및 구조물에 애착을 보여 오래 두고 싶어 하며, 하나의 놀이를 지속하는 시간이 긴 편임. 전반적으로 사람보다는 사물에 대한 관심이 더 높은 편이나, 학기 후반으로 갈수록 친구들과 함께 놀이 공간을 공유하며 대화를 하는 모습이 많아짐.
- 한번 구성물을 만들기 시작하면 삼십 분 이상 놀이를 지속하며 구성물이 무너지면 다시 쌓는 끈기와 집중력을 보임. 친구가 하는 놀이에 관심을 갖고 잘 지켜보며, 거기에 자기 생각을 더하여 새로운 놀이를 창안해 내는 창의력

을 지니고 있음. 긍정적인 태도로 친구와 함께하는 놀이에 즐겁게 참여하며, 놀이 후에는 스스로 자신이 사용한 놀잇감을 바르게 정리하는 태도를 지님.

- 가족놀이를 하는 것을 즐기며, 친구와 어울려 함께 놀이하는 것을 좋아함. 다양한 재료를 이용한 만들기와 꾸미기를 좋아하며, 여러 가지 색깔로 사물의 모습을 표현할 수 있음. 말이 글자로 표현된다는 것에 관심을 두기 시작하였으며, 점차 놀이 상황에서 친숙한 단어를 글자와 비슷한 형태로 나타낼 수 있음.

- 섬세하고 집중력 있는 태도로 곤충을 관찰하며, 새롭게 알게 된 사실을 친구에게 말 또는 몸짓으로 표현하거나 재활용품을 이용하여 곤충의 모습을 만드는 것을 즐김. 교실에 있는 놀잇감을 탐색하고 활용하여 적극적으로 놀이함. 친구의 감정을 잘 알아차리고 어려움을 겪고 있는 친구가 있을 때는 먼저 다가가 도와줌.

- 다양한 놀이 및 활동에 도전하고 주변 사람과 긍정적 관계를 맺으며 즐겁게 생활함. 퍼즐, 종이접기 등 소근육을 이용하는 놀이를 할 때 높은 집중력을 보이며, 놀이 과정에서 나타나는 다양한 문제의 해결을 시도함. 교사 및 또래의 이름을 기억하고 부르며, 다른 친구들의 놀이를 유심히 관찰하다 어려움이나 갈등이 생겼을 때 이를 해결해 주고, 놀이에 참여함. 뛰어난 어휘구사력으로 자기 의사를 조리 있게 표현함.

- 언제나 즐겁게 유치원생활을 하지만 놀이를 할 때에 또래에게 먼저 적극적으로 다가가기보다는 상황을 충분히 관찰하고 참여하는 편임. 학기 초에는 익숙한 것에 집중하며 새로운 일을 대할 때 소극적인 모습을 보이기도 하였으나 점차 새로운 상황에 도전하는 태도를 갖게 됨. 특히 음악 감상하기, 음악에 맞춰 춤추기, 노래 부르기, 악기 연주하기 등을 즐기며 음악에 담긴 아름다움을 느낄 수 있는 섬세한 감성을 지니고 있음.

기타

1. '수료 · 졸업대장번호'란에는 3~6세아가 수료 · 졸업할 경우 아라비아 숫자로 수료 · 졸업학년도 및 수료 · 졸업대장번호를 입력한다.

2. '사진'란에는 상반신 컬러 사진을 입력한다.

3. '반'란에는 반명을 입력한다.

4. '담임 성명'란에는 담임 성명을 입력한다.

[예시] 기타 기재요령

구분 \ 연령	3세	4세	5세
수료 · 졸업대장번호	2020-23	2021-43	2022-60
반	별님반	해님반	하늘반
담임 성명	김○○	유○○	홍○○

사진
(3.5cm×4.5cm)

3. 공문서

공문서 작성은 효율적 업무 운영에 매우 중요한 실무이다. 행정안전부(2020)가 발간한 행정업무운영 편람에 근거해 공문서의 정의, 작성의 일반 원칙, 문서 작성 기준, 문서의 구성체제를 소개하고자 한다.

1) 공문서의 정의

문서는 일반적으로 사람의 의사나 사물의 형태 · 관계 등을 문자 · 기호 · 숫자 등을 활용하여 종이 등 매체에 기록 · 표기한 것을 말하는데, 공문서란 행정기관 또는 공무원이 직무상 작성하고 처리한 문서 및 행정기관이 접수한 문서를 말한다. 「형법」에서 말하는 공문서는 공무소 또는 공무원이 그 명의로써 권한 내에서 소정의 형식에 따라 작성한 문서를 말하며, 공문서 위조·변조·허위공문서 등의 작성 및 행사 등 공문서에 관한 죄를 규정하여 공문서의 진정성을 보호하고 있다.

2) 문서 작성의 일반 원칙

(1) 문서의 전자적 처리

문서의 기안·검토·협조·결재·등록·시행·분류·편철·보관·보존·이관·접수·배부·공람·검색·활용 등 모든 처리절차는 업무관리시스템 또는 전자문서시스템 상에서 전자적으로 처리되도록 하여야 한다.

(2) 이해하기 쉽게 작성

문서는 어문규범을 준수하여 한글로 작성하되 특별한 사유가 없으면 이해하기 쉬운 용어를 사용하여야 한다. 문서의 내용은 간결하고 명확하게 표현하고 일반화되지 않은 약어와 전문용어 등의 사용을 피하고 이해하기 쉽게 작성하여야 한다.

공공언어 바로쓰기

1. [고/라고]

   "~가 중요하다."고 말했다. → "~가 중요하다."라고 말했다.

   해설: 앞말이 직접 인용되는 말임을 나타내는 조사는 '라고'이다. '고'는 앞말이 간접 인용되는 말임을 나타내는 격 조사이므로 직접 인용되는 말 뒤에는 쓰기 어렵다. (예: 아이들이 소풍을 가자고 떼를 쓴다.)

2. [로서/로써]

   그것은 교사로써 할 일은 아니다. → 그것은 교사로서 할 일은 아니다.

   해설: 지위나 신분 또는 자격을 나타내는 격 조사는 '로서'이다. '로써'는 어떤 일의 수단이나 도구를 나타내는 격 조사이다. (예: 대화로써 갈등을 풀 수 있을까?)

3. [율/률]

  백분률 → 백분율

  해설: 받침이 있는 말 뒤에서는 '렬, 률', 받침이 없는 말이나 'ㄴ' 받침으로 끝나는 말 뒤에
        서는 '열, 율'로 적는다. (예: 비율, 실패율, 매칭률)

4. [년도/연도]

  시설년도 → 시설 연도

  해설: 한자음 '녀, 뇨, 뉴, 니'가 단어 첫머리에 올 때에는 두음 법칙에 따라 '여, 요, 유, 이'
        로 적는다. '시설년도'는 한 단어가 아니므로 '시설 년도'로 띄어 써야 하고, '연도'는
        독립된 단어이므로 '년도'가 아니라 '연도'로 적어야 한다.

5. [연월일의 표기]

  2006. 1 → 2006. 1. / 2013. 6. 27(목) → 2013. 6. 27.(목)

  해설: 아라비아 숫자만으로 연월일을 표시할 경우에 마침표는 연월일 다음에 모두 사용해
        야 한다.

6. [다양한 용어의 열거]

  융복합 → 융·복합

  해설: 열거된 단위, 용어가 대등하거나 밀접한 경우 '가운뎃점'을 사용한다. (단, 한 단어로
        사전에 등재된 말은 가운뎃점을 찍지 않음. 예: 시도, 내외, 대내외, 장차관)

〈띄어쓰기〉

1. [달러, 원, 명, 톤 등 단위를 나타내는 명사]

  296억달러 → 296억 달러 / 10만톤 → 10만 톤 / 오십명 → 오십 명

  해설: 단위를 나타내는 명사는 앞말과 띄어 쓴다.

2. ['제-'와 같은 접두사]

  제 1섹션 → 제1 부문/제1부문

  해설: '제-'는 '그 숫자에 해당되는 차례'의 뜻을 더하는 접두사이므로 뒷말과 붙여 쓴다
        [예: 제1 과(원칙) / 제1과(허용)]. 또한 외래어(섹션)보다는 순우리말을 사용하는 것이
        바람직하다.

3. ['-여/-쯤/-가량'과 같은 접미사]

　50여명의 → 50여 명의 / 내일 쯤 → 내일쯤 / 일주일 가량 → 일주일가량

　해설: '-여' '-쯤' '-가량'은 접미사이므로 앞말과 붙여 쓴다.

4. [호칭어나 관직명]

　홍길동씨 → 홍길동 씨 / 행정안전부장관 → 행정안전부 장관

　해설: 성과 이름은 붙여 쓰고 이에 덧붙는 호칭어, 관직명 등은 띄어 쓴다.

5. ['본, 총'과 같은 관형사]

　2010년부터 본제도 시행. → 2010년부터 본 제도 시행.

　해설: '본'은 관형사로 뒷말과 띄어 써야 한다. (한자어 '본'보다는 고유어 '이'를 권장함.)

　총300대 → 총 300대

　해설: '총'은 모두 합하여 몇임을 나타내는 관형사로 뒷말과 띄어 써야 한다. (단, 접두사로
　　쓰일 때는 뒷말과 붙여 쓴다. 예: 총감독, 총결산, 총인원)

6. [문장 부호]

　원장 : 김갑동 → 원장: 김갑동

　해설: 쌍점(:)은 앞말에 붙여 쓰고 뒷말과는 띄어 쓴다.

　4. 23. ～ 6. 15. → 4. 23.~6. 15.

　해설: 물결표(~)는 앞말과 뒷말에 붙여 쓴다.

7. [그 밖의 띄어쓰기]

　가야할지 모르겠다. → 가야 할지 모르겠다.

　해설: 단어 단위로 띄어 쓰는 것이 원칙이므로 각각 다른 단어인 '가야'와 '할지'를 띄어 쓴다.

　기관간 칸막이 → 기관 간 칸막이

　해설: 의존 명사는 앞말과 띄어 쓴다. '간'은 의존 명사이므로 띄어 쓴다. (단, 기간을 나타
　　내는 말 뒤에 붙는 '간'은 접미사이므로 붙여 씀. 예: 이틀간, 한 달간)

　자전거열차운행 → 자전거 열차 운행 / 일제점검 → 일제 점검

　해설: 각기 독립된 뜻을 가진 명사는 띄어 쓴다.

지방공무원 뿐만 아니라 → 지방공무원뿐만 아니라

해설: 조사는 앞말에 붙여 쓴다. '뿐'과 '만'은 조사이다.

그 동안 → 그동안

해설: '그동안'은 한 단어이므로 붙여 쓴다. (틀리기 쉬운 예: 이후, 그중, 지난해, 더욱더)

〈우리말다운 표현 사용〉

1. 과도한 명사화 구성을 피한다.

  적극 뒷받침하기 위해 → 적극적으로 뒷받침하기 위해

  해설: 과도한 명사화 구성은 문장 의미 파악을 어렵게 하므로 조사나 어미를 써서 의미를
      명확히 표현한다.

2. 번역 투 표현을 지양한다.

  선정된 점포에 대해서는 → 선정된 점포에는

  해설: '~에 대해서'는 번역 투 표현이므로 피한다.

〈쉽고 친숙한 표현 사용〉

1. MOU → 업무협정(MOU) / IT → 정보기술(IT)

  해설: 외국 문자를 표기해야 할 경우 괄호 안에 병기한다. (국어기본법)

2. 힐링 → 치유 / 인프라 → 기반 시설 / 매뉴얼 → 지침

  해설: 외래어나 외국어 대신 이해하기 쉬운 우리말을 쓴다.

3. 지자체 → 지방자치단체(이하 지자체)

  해설: 준말(줄임말)을 사용할 때에는 원래의 온전한 용어를 기재한 뒤 괄호 안에 '이하 지
      자체' 형태로 준말을 기재해 사용한다.

4. 21,345천원 → 2,134만 5천 원

  해설: '천 원' 단위는 일반인이 이해하기 어려우므로 일반적인 숫자 표현(만 단위)으로 쓴다.

5. 제고하기 → 높이기 / 내수진작과 → 국내 수요를 높이고

  해설: 어려운 한자어 대신 이해하기 쉬운 표현을 사용한다.

출처: 국립국어원 누리집(www.korean.go.kr).

3) 문서 작성 기준

(1) 숫자 등의 표시

모든 숫자는 아라비아 숫자를 사용한다. 날짜를 표기할 때 숫자를 사용하되 연, 월, 일의 글자는 생략하고 그 자리에 마침표를 찍어 표시한다. 월, 일 표기 시 '0'은 표기하지 않는다.

〈예시 1〉 2021.12.12. (×) → 2021. 12. 12. (○): 한 타 띄우고 표기
〈예시 2〉 1985.09.06. (×) → 1985. 9. 6. (○): '0은' 표기하지 않음

시간의 경우 시 · 분은 24시각제에 따라 숫자로 표기하되, 시 · 분의 글자는 생략하고 그 사이에 쌍점(:)을 찍어 구분한다.

〈예시〉 오후 3시 20분 (×) → 15:20 (○), 오전 7시 9분 (×) → 07:09 (○),

금액을 표시할 때에는 아라비아 숫자로 쓰되, 숫자 다음에 괄호를 하고 한글로 기재한다.

〈예시〉 금113,560원(금일십일만삼천오백육십원)

(2) 항목의 구분

문서의 내용을 둘 이상의 항목으로 구분할 필요가 있으면 다음 구분에 따라 그 항목을 순서대로 표시하되, 필요한 경우에는 ㅁ, ○, −, • 등과 같은 특수한 기호로 표시할 수 있다.

구분	항목기호	비고
첫째 항목	1., 2., 3., 4., …	하., 하), (하), ⓗ 이상 계속되는 때에는 거., 거), (거), ㉠, 너., 너), (너), ㉯ … 등 단모음 순으로 표시 *가 → 나 → 다 → …파 → 하 → 거 → 너 → 더 → …퍼 → 허 → 고 → 노 → 도 → …
둘째 항목	가., 나., 다., 라., …	
셋째 항목	1), 2), 3), 4), …	
넷째 항목	가), 나), 다), 라), …	
다섯째 항목	(1), (2), (3), (4), …	
여섯째 항목	(가), (나), (다), (라), …	
일곱째 항목	①, ②, ③, ④, …	
여덟째 항목	㉮, ㉯, ㉰, ㉱, …	

문서를 작성할 때 항목에 따라 표시 위치 및 띄우는 방식은 ① 첫째 항목기호는 왼쪽 기본선에서 시작하며, ② 둘째 항목부터는 바로 위 항목 위치에서 오른쪽으로

표시 위치 및 띄우기의 예시

*2타(∨∨ 표시)는 한글 1자, 영문·숫자 2자, 스페이스 바(Space Bar) 두 번에 해당함.

1타씩 옮겨 시작한다. ③ 항목이 두 줄 이상인 경우에 둘째 줄부터는 항목 내용의 첫 글자에 맞추어 정렬함이 원칙이나, 왼쪽 기본선에서 시작하여도 무방하다. 단, 하나의 문서에서는 동일한 형식(첫 글자 또는 왼쪽 기본선)으로 정렬한다. ④ 항목기호와 그 항목의 내용 사이에는 1타를 띄운다. ⑤ 항목이 하나만 있는 경우에는 항목기호를 부여하지 않는다.

〈예시 1〉 항목 내용의 첫 글자에 맞춘 경우

수신∨∨○○○장관(○○○과장)
(경유)
제목∨∨○○○○○
1.∨○○○○○○○○○○○○○○○○○○○○○○○○○○○○○○
∨∨○○○○○
2.∨○○○○○○○○○○○○○○○○○○○○○○○○○○○○○○
∨∨○○○○○

〈예시 2〉 왼쪽 기본선에서 시작한 경우

수신∨∨○○○장관(○○○과장)
(경유)
제목∨∨○○○○○
1.∨○○○○○○○○○○○○○○○○○○○○○○○○○○○○○○
○○○○○
2.∨○○○○○○○○○○○○○○○○○○○○○○○○○○○○○○
○○○○○

4) 문서의 구성체제

일반적으로 사용하는 기안문·시행문은 두문·본문·결문으로 구성한다.

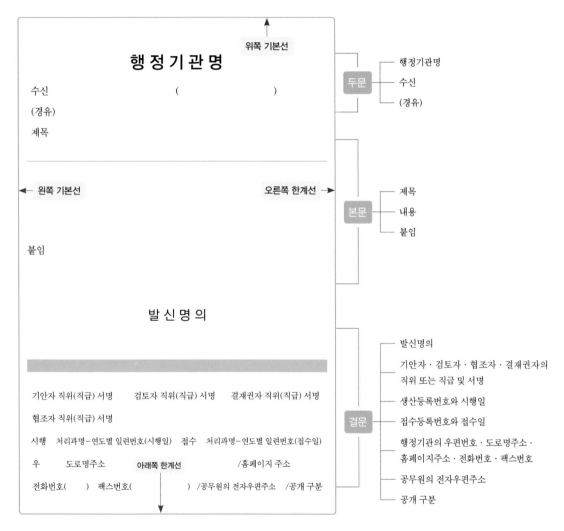

[그림 12-4] 문서의 구성체제

(1) 두문

① 행정기관명의 표시: 문서를 기안한 부서가 속한 행정기관명(유치원명)을 표시하되, 다른 행정기관과 명칭이 동일한 경우에는 바로 위 상급기관 명칭을 함께 표시할 수 있다.

〈예시〉 행복유치원→ 인천광역시 행복유치원, 서울특별시 행복유치원

② 수신자의 표시

• 수신자가 없는 내부결재 문서의 수신란에는 '내부결재'로 표시한다.

• 수신란에 해당 기관의 장의 직위(수신명)를 쓰고, 그 다음에 이어서 ( ) 안에 그 업무를 처리할 보조기관이나 보좌기관의 직위를 쓴다. 다만, 보조기관이나 보좌기관의 직위가 분명하지 아니한 경우에는 ○○업무담당과장 등으로 표시할 수 있다.

〈예시〉 수신 행정안전부장관(정보공개정책과장 또는 정보공개업무담당과장)

• 수신자가 많아 본문의 내용을 기재할 난이 줄어들어 본문의 내용을 첫 장에서 파악하기 곤란한 경우에는 두문의 수신란에 '수신자 참조'라고 쓰고, 결문의 발신명의 다음 줄의 왼쪽 기본선에 맞추어 수신자란을 따로 설치하여 수신자명을 표시한다.

〈예시〉 (두문) 수 신 수신자 참조(문서관리업무담당과장)
　　　　(결문) 수신자 기획재정부장관, 교육부장관, ……

③ 경유: 경유 문서인 경우에 기재한다.

④ 로고·상징 등 표시: 기안문 및 시행문에는 가능하면 행정기관의 로고·상징·마크·홍보문구 등을 표시하여 행정기관의 이미지를 높일 수 있도록 해야 한다. 로고(상징)는 문서 상단의 '행정기관명' 표시줄의 왼쪽 끝에 2cm×2cm 범위 내에서 표시하고, 홍보문구는 행정기관명 바로 위에 표시한다.

(2) 본문

① 제목: 그 문서의 내용을 쉽게 알 수 있도록 간단하고 명확하게 기재한다.

② 관련되는 다른 공문서의 표시: 문서 생산기관의 명칭과 생산등록번호를 적고 괄호 안에 생산날짜와 제목을 표기한다.

〈예시〉

서울특별시교육청

수신   수신자 참조

(경유)

제목   서울교육 조직문화 혁신 방안(10대 과제) 의견수렴 결과 안내

1. 관련 : 총무과-48756(2018. 12. 28.)

2. 수직적이고 획일적인 관행과 문화 그리고 일하는 방식 개선을 위한 『서울교육 조직 문화 혁신 방안(10대 과제)』의 의견수렴 결과에 따라 다음과 같이 알려드립니다.

③ 첨부물의 표시: 문서에 첨부자료가 있을 때에는 본문이 끝난 줄 다음에 '붙임' 의 표시를 하고 첨부물의 명칭과 수량을 쓰되, 첨부물이 두 가지 이상인 때에 는 항목을 구분하여 표시한다.

〈예시〉

(본문)······························주시기 바랍니다.

붙임∨∨1.∨○○○계획서 1부.
      2.∨○○○서류 1부. ∨∨끝.

※ 기안문에 첨부되는 계산서·통계표·도표 등 작성상의 책임을 밝힐 필요가 있다고 인정되는 첨부물에는 그 여백에 작성자를 표시하여야 함(규칙 제6조제2항).

④ 문서의 '끝' 표시: 본문 내용의 마지막 글자에서 한 글자(2타) 띄우고 '끝' 표시를 한다.

〈예시〉 ~ 주시기 바랍니다. ∨∨끝.

본문 또는 붙임 표시문이 오른쪽 한계선에서 끝났을 경우에는 그다음 줄의 왼쪽 기본선에서 한 글자(2타) 띄우고 '끝' 표시를 한다.

〈예시〉 (본문 내용) ~~~~~~~~~~~~ 주시기 바랍니다.
∨∨끝.

본문이 표로 끝나는 경우에는 표 아래 왼쪽 기본선에서 한 글자(2타) 띄우고 '끝' 표시를 한다.

〈예시〉

응시번호	성명	생년월일	주소
10	김○○	1980. 3. 8.	서울특별시 종로구 ○○로 12
21	박○○	1982. 5. 1.	부산광역시 서구 ○○로 5

∨∨끝.

(3) 결문

① 발신 명의의 표시

- 문서는 당해 기관장의 명의로 발신한다(예: ○○○유치원장, ○○○시장 등).
- 합의제행정기관의 권한에 속하는 사항은 그 합의제기관의 명의로 발신한다 (예: 유치원운영위원회).
- 법령에 의하여 행정 권한이 위임, 위탁된 경우에는 그 위임 또는 위탁을 받은 자의 명의로 발신한다.
- 보좌기관 명의로 발신한다.
- 내부 결재문서는 발신명의를 표시하지 않는다.

② 기안자 · 검토자 · 협조자 · 결재권자의 직위 또는 직급을 쓰고 서명한다. 서명은 기안자, 검토자, 협조자, 결재권자가 자기의 성명을 다른 사람이 알아볼 수 있도록 한글로 쓰거나 전자이미지서명 또는 전자문자서명을 전자적으로 표시한다.

〈예시 1〉 정부혁신기획관 ○○○, 정부혁신조직실장 ○○○, 차관 ○○○,
         장관 ○○○

〈예시 2〉 주무관 ○○○, 행정사무관 ○○○, 정보공개정책과장 ○○○

③ 생산등록번호(시행일) 및 접수등록번호(접수일): 업무관리시스템이나 전자문서시스템에 의하여 전자적으로 표시한다. 문서에 생산 또는 접수 등록번호를 표시하는 때에는 처리과명과 연도별 일련번호를 붙임표(-)로 이어 쓰되, 처리과가 없는 행정기관의 경우에는 처리과명을 대신하여 행정기관명 또는 10자 이내의 행정기관명 약칭을 쓴다.

④ 우편번호, 주소, 홈페이지 주소, 전화번호, 팩스번호, 공무원의 전자우편주소와 공개 구분

• 우편번호를 기재한 다음, 행정기관이 위치한 도로명 및 건물번호 등을 기재하고 괄호 안에 건물명칭과 사무실이 위치한 층수와 호수를 기재한다.

• 전자우편주소의 경우 행정기관이 공무원에게 부여한 전자우편주소를 쓴다.

• 공개, 부분공개, 비공개로 구분하여 표시한다.

4. 업무관리시스템

최근 교육행정기관은 업무 처리의 전 과정을 과제관리카드와 문서관리카드 등을 이용해 전자로 관리한다. 예전처럼 문서를 출력하거나 출력물을 철하여 보관하지 않는다. 보안결재 문서를 제외하고 구성원들은 시스템에 등록된 대부분의 문서를 열람할 수 있다. 시 · 도 교육청별로 업무관리시스템은 조금씩 다르지만 그 기능은 유사하다. 일반적으로 일정관리, 문서관리, 메모관리, 과제관리, 지시요구, 업무지

원의 메뉴를 가지고 있다. 업무관리시스템으로 교육청에서 사용하는 전자결재시스템, 자료집계시스템, 정보공시시스템을 사용하는 방법에 대해 살펴보고자 한다.

1) 전자결재시스템

공문서를 작성한다는 말은 업무관리시스템을 활용하여 보고서나 각종 문서의 관리카드를 작성해야 함을 뜻한다. 업무 담당자는 업무관리시스템을 활용하여 기안과 결재, 발송은 물론 대내외 문서의 접수와 공람까지 해야 한다.

문서 현황판에서는 문서 도착 현황을 확인할 수 있으며, 클릭하면 해당 메뉴로 바로 이동할 수 있다. 전자결재와 관련한 메뉴의 내용은 다음과 같다.

- 미결: 결재할 문서 건수
- 진행: 기안을 올렸거나 결재 처리한 문서들 중 현재 결재 진행 중인 문서 건수
- 공람: 공람 문서 건수
- 반려: 기안 취소하여 회수하였거나 결재 반려된 문서 건수
- 담당: 본인이 담당자로 지정된 접수문서 건수
- 발송: 발송할 문서 건수
- 접수: 접수 대기 중인 문서 건수
- 반송: 접수문서 중 재배부 요청되었거나 담당자로부터 반송된 문서 건수
  - 발송, 접수, 반송은 발송 담당자와 접수 담당자에게만 해당된다.
- 공개승인: 결재 완료 문서 중 정보 공개 문서 승인 대상 건수
  - 공개승인은 본청 사용자에게만 해당된다.
- 자료집계: 자료집계시스템의 결재 대기 문서 건수

업무관리시스템에서 기안을 하기 위한 메뉴로는 양식함, 연계 기안함, 임시 저장함으로 나누어진 메뉴에서 해당 양식을 선택하여 기안할 수 있다.

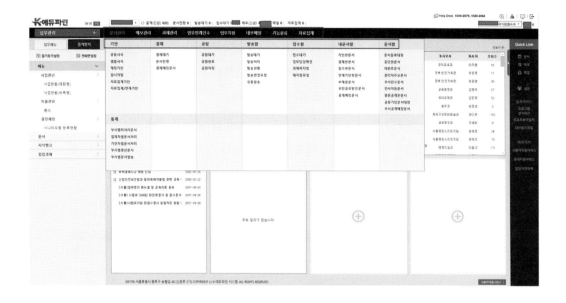

- 임시 저장함: 기안 작성 시 임시 저장한 문서들이 보관되는 곳
- 양식함: 등록된 양식을 불러오는 곳
- 연계 기안함: 타 시스템(에듀파인, 자료집계)에서 기안하여 연계 처리되어 문서 관리로 넘어온 문서가 조회되고 결재 및 반송 처리하는 곳
  - 임시저장: 기안 작성 시 임시저장하는 곳
  - 정보: 문서의 기본 정보를 입력하는 곳
  - 결재선: 기안 상신 시 필요한 결재선을 지정하는 곳
  - 첨부: 문서에 필요한 해당 첨부를 추가하는 곳(대내 10MB, 대외 5MB).
  - 요약전: 기안 작성 시 해당 문서의 간단한 요약 내용을 작성할 수 있으며 결재자에게는 팝업 창으로 나타남
  - 안추가/안삭제: 다안의 기안을 작성 또는 삭제 가능함

결재선은 글 화면의 도구 모음 줄에서 [결재선] 단추를 눌러 지정하거나, 문서정보 대화상자의 결재선/수신 참조처/완결 후 공람 단추(●)를 눌러 지정한다. 결재선 지정 대화상자가 나타나면 조직도가 보이고, 결재경로 상자에는 기안자가 자동으

로 결재선에 추가되어 있다. 자주 사용하는 결재선은 그룹 저장을 이용하여 그룹으로 등록하여 사용하는 것이 편리하다. 개인이 만든 그룹은 개인배포에 저장되며, 개인배포를 만드는 방법과 개인배포에서 지정한다. 수신처는 수신자를 지정 선택한 후 발송하고자 하는 기관을 선택하여 지정한다.

기안자가 결재를 올린 모든 문서는 결재 → 결재 대기로 문서가 전달된다. 결재자는 결재 대기에서 문서를 열어 내용과 여러 가지 정보를 검토 후 승인·반려·보류 등의 처리를 할 수 있다.

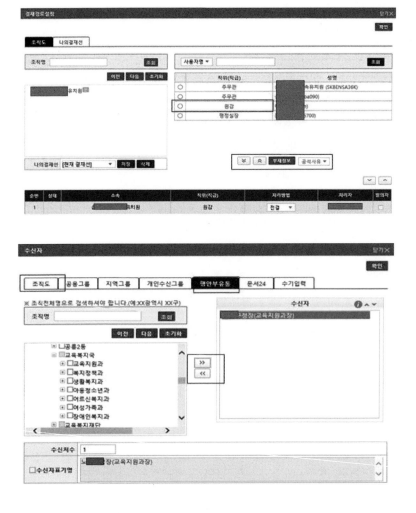

- 결재: 일반적인 경우의 결재처리 방법으로 결재자가 [승인]을 하게 되면 문서는 결재 경로에 따라 순차적으로 진행됨
- 보류: 결재 처리 시 [보류]를 하게 되면 기안문서는 결재가 보류된 상태로 결재자의 결재 대기 문서함에 남게 됨
- 반려: 결재 처리 시 [반려]를 하게 되면 기안문서는 기안자와 이미 처리한 중간 결재자들의 결재 → 결재반려 문서함으로 되돌아간다. 결재 → 결재반려 문서함에서 문서를 수정 후 재기안할 수 있음

기안 상신된 문서에 대해 결재 진행 상태를 확인할 수 있으며, 이미 승인처리한 문서를 상위 결재자가 아직 결재 처리하기 전이라면 승인을 취소하고 다시 결재 처리할 수 있다. 취소한 문서는 다시 결재 → 결재 대기함으로 전달되며 확인 후 재처리할 수 있다. 자신이 결재선에 포함되어 있어 앞으로 결재를 처리하게 될 문서의 내용을 결재 → 결재예정 문서함에서 미리 열람할 수 있다. 본인이 결재 처리할 순서가 되면 결재예정 문서함에서는 해당 문서가 삭제되며, [결재 대기]로 문서가 전달된다.

기안하여 결재 상신 후 결재 완료된 문서, 본인이 결재자로서 결재가 완료된 문서 등의 내용을 확인할 수 있으며, 완료된 문서에 대해 공람지정을 할 수 있다. 그러나 기안상신 후 결재자가 결재반려가 되었거나 기안자가 기안취소를 하였을 때 결재반려에서 재기안이 가능하다.

결재 처리가 완료된 문서는 발송권한자의 발송 대기로 자동 발송되어 발송권한자가 확인 후 지정한 수신자로 발송하게 된다. 기안자는 발송 진행 메뉴에서 본인이 기안을 올린 문서 중 결재 완료되어 시행을 위해 발송권한자에게 자동 발송 요청된 문서들을 확인할 수 있으며, 발송완료 메뉴에서 지정한 수신자의 수신 현황을 확인할 수 있다.

발송권한자가 수신자로 발송 완료한 문서는 발송 대기 목록에서 삭제되고, 발송권한자와 기안자(발송요청자)의 발송완료함으로 전달된다. 기안자(발송요청자)는 발송완료 메뉴에서 수신 현황을 조회할 수 있으며, 발송권한자는 수신 현황 조회 및

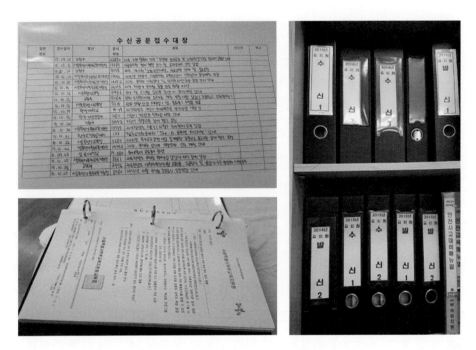

[그림 12-6] 발신 · 수신 공문 관리법

수신자 발송 취소, 재발송 등을 할 수 있다.

발송되고 수신된 모든 공문은 프린트하여 수신공문과 발신공문으로 나누어 철하고 접수대장 또는 발송대장에 일자와 발신처, 문서번호, 제목 등을 기재하여 연도별로 보관한다.

2) 자료집계시스템

공문을 최소화하기 위한 방법으로 각 시도 교육청업무포털에 들어가면 자료집계메뉴가 있는데, 공문을 따로 만들지 않고 목적에 따라 자료를 업로드하는 방식이다. 서울시 교육청의 업무포털을 예시로 자료집계의 방법을 그림으로 살펴보면 [그림12-7]과 같다.

1. 제출자료

　－접수자료: 지금 수합 중인 자료 목록

　－제출진행자료: 기입하여 저장한 자료 목록

　－내 제출자료: 내가 제출한 자료 목록

　－전체제출자료: 해당사항이 없어 제출하지 않는 자료까지 모든 자료 목록

[그림 12-7] 자료집계시스템 활용 방법

3) 유치원 공시정보등록시스템

누리과정 시행에 따른 유아학비 지원 확대에 따라 유아교육 전반에 대한 국가적 관심 집중으로 유치원 관련 정보를 수집·검증하여 대국민 서비스를 제공하는 유치원정보공시시스템 구축의 필요성이 제기되었다. 이에 「교육관련기관의 정보공개에 관한 특례법」 개정(2011. 12. 31.) 및 동법 시행령 개정(2012. 4. 20.)에 따라 학부모 등 수요자 중심의 유치원 운영 전반의 정보제공을 통한 학부모 알 권리 보장 및 유치원 선택권 확대를 위해 유치원 정보공시가 이루어지고 있다. 유치원이 '공시정보등록시스템'에 유치원의 정보를 올리면 수요자들은 유치원 알리미라는 사이트를 통해 유치원 원비, 교육과정, 학생 및 교직원 현황 등 7개 항목의 21개(수시 2종, 정시 19종) 범위에서 매년 1회 이상 유치원 주요 정보들을 확인하고 있다. 보다 구체적인 유치원 공시정보의 절차는 [그림 12-8]과 같다. 학부모 및 수요자가 유치원 선택 시

공시정보등록시스템(e-csinfo.pen.go.kr)   유치원알리미(e-childschoolinfo.moe.go.kr)

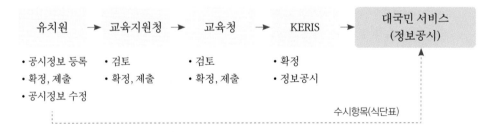

[그림 12-8] 유치원 공시정보 절차

정보공시 내용을 주요 판단 기준으로 삼고 있으며, 정부의 유아교육 관련 통계가 정보공시 내용으로 이루어지기에 신중하게 유치원의 정보를 올릴 필요가 있다.

  정보공시는 매년 4월과 10월에 올려야 하는 정시공시 항목과 수시로 공시하는 수시공시 항목으로 나뉜다. 공시정보 범위, 공시 횟수, 공시 시기에 대한 자세한 내용은 〈표 12-3〉과 같다.

표 12-3 유치원 공시정보 항목과 시기

공시정보 항목	공시정보 범위	공시 기관	공시 횟수	공시 시기
1. 유치원 규칙 · 시설 등 기본현황	가. 일반 현황			
	1) 기관 기본현황	전체	연 1회	4월
	2) 유치원 규칙	전체	연 1회	4월
	3) 원장명, 설립 · 경영자명	전체	연 1회	4월
	나. 교지(校地) · 교사(校舍) 등 시설 현황	전체	연 1회	4월
2. 유아 및 유치원 교원 등에 관한 사항	가. 연령별 학급수 · 원아수	전체	연 2회	4월, 10월
	나. 교직원 현황			
	1) 직위 · 자격별 교직원 현황	전체	연 2회	4월, 10월
	2) 교사의 현 기관 근속연수	전체	연 2회	4월, 10월
3. 유치원 교육과정 및 방과후 과정 편성 · 운영에 관한 사항	가. 교육과정 편성 · 운영에 관한 사항	전체	연 1회	4월
	나. 방과후 과정 편성 · 운영에 관한 사항	전체	연 1회	4월
	다. 수업일수 현황	전체	연 1회	4월
4. 유치원 원비 및 예 · 결산 등 회계에 관한 사항	가. 유치원 원비 현황			
	1) 교육과정비, 방과후 과정 운영비	전체	연 2회	4월, 10월
	2) 특성화 활동비	전체	연 2회	4월, 10월
	나. 유치원 회계 예 · 결산서	전체	각 연 1회	(예산)4월 (결산)10월

5. 유치원의 급식 · 보건관리 · 환경위생 및 안전관리에 관한 사항	가. 급식관리 현황			
	1) 급식실시 및 급식사고 발생 · 처리 현황	전체	연 2회	4월, 10월
	2) 식단표	전체	수시	수시
	나. 환경위생관리 현황	전체	연 2회	4월, 10월
	다. 안전점검 및 안전교육 현황	전체	연 2회	4월, 10월
	라. 공제회 및 보험가입 현황	전체	연 2회	4월, 10월
6. 「유아교육법」 제30조부터 제32조까지의 시정명령 등에 관한 사항	위반내용 및 조치 결과	전체	수시	수시
7. 그 밖에 교육여건 및 유치원 운영상태 등에 관한 사항	가. 통학차량 운영 현황	전체	연 2회	4월, 10월
	나. 유치원 평가에 관한 사항	전체	연 1회	4월

출처: 유치원알리미(e-childschoolinfo.moe.go.kr)

🌀 **활동**

유치원 생활기록부 양식을 찾아서 학교현장실습 때 만난 한 유아를 떠올리며 생활기록부를 작성해 봅시다.

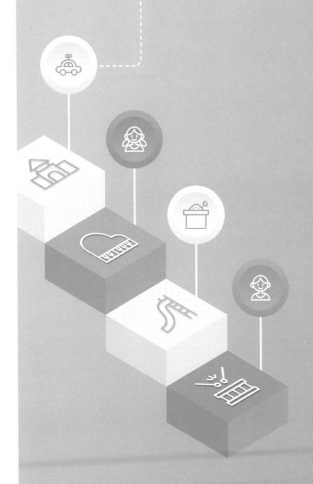

제13장

회계 관리

1. 예산
2. 결산

제13장

회계 관리

　유치원의 회계 관리는 예·결산서를 작성하고, 계획에 따라 비용을 징수하고, 지출하는 모든 과정을 관리하는 것이다. 회계연도의 모든 수입은 세입으로 하고, 모든 지출은 세출로 하여 3월 1일을 기준으로 개시하고 다음 해 2월 말로 회계를 종료해야 한다. 유치원의 회계업무는 유치원을 운영하는 데 있어 필요한 경비를 활동사업별로 추정하여 체계적으로 편성한 예산과 유치원 재정활동 전반에 대한 수입과 지출의 실적을 확실하게 정리하는 결산으로 운영된다.

　유치원의 회계업무를 할 때, 유의해야 할 기본 사항은 다음과 같다.

- 유치원회계는 유치원별로 설치해야 한다.
- 유치원의 모든 회계는 유치원 명의로 된 통장으로 일원화하여 운영하고, 회계 장부와 통장은 통합하여 사용하는 것을 원칙으로 한다.
- 유치원 교육계획과 연계하여 회계를 운영하되, 예산 및 결산 분석 결과를 토대로 현실성 있는 예산을 편성하여 책무성 있게 학교 재정을 운영해야 한다.
- 7~9월 중 가 결산 및 추경을 실시하여 집행이 저조하거나 향후 집행 계획이 없

　　는 사업은 조기에 사업을 변경해야 한다.

- 조기집행이 가능한 사업은 상반기에 적극 집행하여 연도말에 몰아 쓰는 것을 방지하고 불용액을 최소화해야 한다.
- 유치원 회계 예산과목 및 세출예산의 관·항·목을 준수하여 예·결산서를 작성해야 한다.
- 회계 종료 후에 추경예산 편성을 하면 안 되며 회계연도 종료(2월 말) 이전에 예산편성을 완료하도록 업무를 처리해야 한다.
- 유아교육에 직접 소요되는 '일반 교육활동비'를 우선적으로 확보해야 하며 적기에 집행해야 한다.
- 업무추진비 등 소모성 경비와 간접교육비는 최소한으로 편성해야 한다.
- 쾌적한 교육환경 조성을 위해 수도요금 등 공공요금은 우선적으로 확보해야 하며, 난방비, 여비 등의 경비는 전년도 결산규모와 지출요인을 파악하여 적정하게 편성해야 한다.

1. 예산

　　한 기관의 예산은 그 기관의 전체 살림살이를 계획하고 그에 따라 집행하는 것으로 유치원의 예산서란 1년간 유치원의 교육활동을 위한 세입과 세출의 체계적인 계획서다. 예산 총계주의 원칙에 따라 수입과 지출은 모두 예산에 편입되어야 하며, 교수-학습활동비 등 직접교육비를 우선으로 확보해야 한다. 예산은 예산 집행의 권한을 가진 원장이 기관 구성원들의 의견을 반영하여 편성하게 되는데, 행정실을 갖추고 있는 공립유치원과 규모가 큰 사립유치원의 경우, 전문적인 행정직원의 도움을 받아 편성하기도 한다. 유치원의 예산편성은 11월부터 준비하여 회계연도 개시 1개월 전까지 편성하여 유치원운영위원회 자문을 거치고 회계연도 5일 전까지 확정하여 공개하고, 4월에 정보공시를 해야 한다. 유치원 예산편성의 절차를 법인이 아닌 사립유치원의 사례를 중심으로 살펴보면 [그림 13-1]과 같다.

예산편성지침 마련·시행		예산편성요령 확정·통보		예산편성 ·제출		운영위원회 자문		예산 확정		보고·공개
교육감(장)	▶	사립학교 경영자	▶	유치원장	▶	유치원 운영위원장	▶	사립학교 경영자	▶	유치원장

과정	기한	추진사항
예산편성 사전준비	11월 말	• 세입규모 예상 • 필수경비·가용재원 파악 등 세출 규모 사전 검토
예산편성 지침 마련·시행	11월 말	• 예산편성 기본방향 및 집행기준 • 예산과목 체계 및 과목 해소 • 단가 및 서식 등 예산 운용에 필요한 제반 사항
예산편성요령 확정·통보	회계연도 개시 2개월 전(12.31.까지)	• 교육청 예산편성 지침(11월 말 시행)을 준수하여 유치원 예산 운용에 필요한 사항을 정하여 통보
예산 편성·제출	회계연도 개시 1개월 전(1.31.까지)	• 교직원 예산요구→예산조정 회의 통한 조정→예산안 편성→유치원운영위원회 제출
유치원 운영위원회 자문	회계연도 개시 1개월 전(1.31.까지)	• 유치원운영위원회 자문 결과를 유치원장에게 통지 • 유치원장은 운영위원회 자문을 거친 예산(안)을 사립학교경영자에게 제출
사립학교경영자 예산확정	회계연도 개시 5일 전(2.23.까지)	• 사립학교경영자는 운영위원회 자문 결과를 반영하여 예산안을 확정하여 유치원장에게 통지
예산 보고·공개	회계연도 개시 5일 전(2.23.까지)	• 예산서 보고(제출): 관할 교육지원청 • 예산서 공개: 유치원 홈페이지 1년간 공개
정보공시	4월 중	• '유치원의 공시정보 범위·고시 횟수 및 시기'에 의거 4월 공시

[그림 13-1] 사립유치원 예산편성의 절차

유치원의 예산은 크게 세입과 세출로 구분되며, 관항목으로 나누어 기재해야 한다. 예산관리의 목적은 세입예산과 세출예산이 같게 되는 것이며, 조정대상금액이 0원이 되는 것이다. 유치원 회계예산 총괄표에 나타난 내용을 중심으로 세입예산과 세출예산의 관항목의 세부내역과 편성 시 유의점을 살펴보고자 한다.

1) 세입예산

세입이란 한 회계연도 동안의 재정을 충당하기 위한 재원으로서 사립유치원에 유입되는 현금적 수입을 말한다. 세입의 목적은 경비 지출의 재원에 충당하는 것으로써 사립유치원에 수납이 되더라도 세출의 재원에 해당하지 않는 금액은 세입이라고 할 수 없다. 즉, 세입은 항상 세출을 목적으로 하므로 세입은 세출의 수단이 된다. 한 회계연도 동안 유치원에 유입되는 재원은 보조금 및 지원금 수입, 수익자 부담 수입, 설치 · 경영자 및 민간 이전 수입, 차입금 수입, 적립금 이전 수입, 행정활동 수입, 기부 · 후원금 수입, 전년도 이월금 수입 등이 있다.

보조금 및 지원금은 정부에서 지원해 주는 유아학비에 해당하는 공통과정 및 방과후 과정 지원금, 방과후 과정 운영 보조금, 인건비 보조금, 자본 보조금, 국가 · 지방자치단체 · 교육청이 지원해 주는 일반운영 보조금 등이 대표적인 항목이다.

수익자 부담금은 정부보조 이외에 유치원에서 학부모에게 부가시키는 비용으로 입학금, 교육과정 수업료 등의 교육비 수입과 방과후 과정비 수입, 급간식비 수입, 그 밖의 수익자 부담 수입이 있다.

이 외에도 설치 · 경영자 및 민간에서 지원하는 수입, 유치원 운영을 위해 금융기관 등에서 대출받은 금액으로 유치원 회계로 이전된 차입금 수입, 적립금에서 유치원회계로 이전된 수입, 지난 연도에 수납되었어야 했는데 납부되지 않다가 이번 회계연도로 이전된 금액이나 금융기관에 예치한 예금의 이자 수입 등을 의미하는 행정활동 수입 등이 있으며, 기부 또는 후원으로 발생된 수입, 전년도에 이월된 수입 등이 있는데, 이 모든 관항목이 세입예산에 편성되어야 한다.

세입예산 작성 시, 자신의 기관에 해당하는 관 · 항만을 선택해서 사용할 수 있으며, 목은 필요에 따라 추가하거나 삭제할 수 있다. 예를 들어, 설치 · 경영자, 즉 설립자나 설립 법인의 전입금이 전혀 없을 경우, 설치 · 경영자 이전 수입은 기록할 필요가 없으며, 그 밖의 수익자 부담금에 원복비나 가방구입비 등을 목으로 만들어 기재할 수 있다. 세입예산서 작성에 필요한 관항목의 세부내역은 〈표 13-1〉과 같다.

표 13-1 세입예산서 관항목의 세부내역

관	항	목	세부내역
1. 보조금 및 지원금 수입			국가 · 지방자치단체 및 교육청으로부터 교부받는 보조금 및 지원금
	1. 공통과정 및 방과후 과정 지원금 수입		「유아교육법 시행령」 제29조에 따른 공통과정(이하 "공통과정"이라 한다) 및 「유아교육법」 제2조제6호에 따른 방과후 과정(이하 "방과후 과정"이라 한다)에 대한 지원금과 저소득층 유아 지원금 ※ 학부모 등이 지원금을 받아 유치원에 납입하는 금액을 포함하여 처리
		1. 공통과정 지원금	
		2. 방과후 과정 지원금	
		3. 저소득층 유아 지원금	
	2. 방과후 과정 운영 보조금 수입		방과후 과정 운영을 위한 보조금(방과후 과정 관련 인건비 보조금 및 급식비 · 간식비 보조금을 포함한다)
		1. 국가보조금	
		2. 지방자치단체보조금	
		3. 교육청보조금	
	3. 인건비 보조금 수입		교원 급여 등 인건비(방과후 과정 관련 인건비는 제외한다) 관련 보조금
		1. 국가보조금	
		2. 지방자치단체보조금	
		3. 교육청보조금	
	4. 자본 보조금 수입		교사(校舍) 등 시설 · 설비 및 장비 관련 보조금
		1. 국가보조금	
		2. 지방자치단체보조금	
		3. 교육청보조금	
	5. 일반운영 보조금 수입		급식비 · 간식비(방과후 과정 관련 급식비 · 간식비는 제외한다) 보조금 등 위에서 나열되지 않은 유치원 운영 관련 보조금
		1. 국가보조금	

관	항	목	세부내역
		2. 지방자치단체보조금	
		3. 교육청보조금	
2. 수익자 부담 수입			학부모 등이 유치원에 납부한 비용
	1. 교육비 수입		
		1. 입학금	
		2. 교육과정 수업료	일반 교육과정 운영을 위하여 납부받은 금액(학부모 등이 공통과정지원금을 받아 납부한 금액은 제외한다)
	2. 방과후 과정비 수입		
		1. 방과후 교육·돌봄비	방과후 교육 및 돌봄활동을 위하여 납부받은 수익자 부담금
		2. 방과후 특성화비	방과후 교육 중 특성화교육을 위하여 받은 수익자 부담금
	3. 급식비·간식비 수입		
		1. 일반 급식비·간식비	일반 교육과정 시간의 급식·간식 제공을 위하여 받은 수익자 부담금
		2. 특별 급식비·간식비	일반 교육과정 시간 외(방과후 과정 또는 아침·저녁시간 등)에 제공되는 급식·간식 제공을 위하여 받은 수익자 부담금
	4. 그 밖의 수익자 부담 수입		
		1. 현장체험 학습비	소풍 및 견학 등의 현장체험 학습활동을 위하여 받은 수익자 부담금
		2. 통학차량 이용비	통학차량 이용을 위하여 받은 수익자 부담금
		3. 졸업앨범비	졸업앨범 제작·구입을 위하여 받은 수익자 부담금
		4. 그 밖의 교육활동 수익자 부담 수입	위에서 나열되지 않은 수익자 부담금
3. 설치·경영자 및 민간 이전수입			
	1. 설치·경영자 이전수입		설치·경영자가 유치원회계로 이전한 금액 ※ 설치·경영자가 대출을 받아 유치원회계로 이전한 금액은 차입금으로 처리
		1. 법인 법정부담금	법인이 부담해야 하는 사립학교교직원연금, 건강보험료 및 재해보상부담금 등 법정부담전입금
		2. 법인 이전수입	법인이 사립유치원으로 교부하는 운영비 및 목적사업비
		3. 그 밖의 설치·경영자 이전수입	

관	항	목	세부내역
	2. 민간 이전수입		국가 및 지방자치단체를 제외한 공공기관에서 지원하는 지원금 ※ 공공기관에 해당하지 않는 법인, 기업, 협회, 기관, 단체 또는 개인의 기부금은 기부·후원금으로 처리
		1. 민간 이전수입	
4. 차입금 수입			유치원 운영을 위하여 금융기관 등에서 대출을 받은 금액으로서 유치원 회계로 이전된 금액
	1. 차입금 수입		
		1. 단기차입금	금융기관 등에서 대출을 받은 회계연도 종료 전에 상환할 것이 예정된 차입금
		2. 장기차입금	단기차입금 외의 차입금
5. 적립금 이전수입			적립금에서 유치원회계로 이전된 금액
	1. 적립금 이전수입		
		1. 건축적립금 이전수입	제22조의2제1항에 따른 노후교실의 개축·증축 등을 위한 건축적립금에서 유치원회계로 이전된 금액
		2. 그 밖의 적립금 이전수입	제22조의2제1항에 따라 관할청이 특히 필요하다고 보아 인정하는 적립금에서 유치원회계로 이전된 금액
6. 행정활동 수입			
	1. 지난 연도 수납수입		해당 회계연도 전에 이전 또는 수납되었어야 하나 이전·납부되지 않다가 해당 회계연도에 이전·납부된 수입
	2. 이자수입		금융기관 등에 예치한 예금의 이자수입
	3. 그 밖의 행정활동 수입		물품 등 자산 매각 수입, 임대료 수입, 사용료 수입 및 보험금(만기 환급형 해지 환급금 등) 수입, 교생실습비 등 행정활동으로 발생한 수입
7. 기부·후원금 수입			
	기부·후원금 수입		기부 또는 후원으로 발생한 수입
		기부·후원금 수입	
8. 전년도 이월금 수입			
	1. 전년도 이월금 수입		
		1. 이월사업비	명시이월, 사고이월 및 계속비이월 금액
		2. 정산대상 재원 잔액	전년도에 국가, 지방자치단체 및 교육청 등으로부터 지원받은 목적사업비 등의 집행 잔액
		3. 순세계잉여금	전년도 세계잉여금 중 이월사업비와 정산대상 재원 사용잔액을 제외하고 남는 금액

2) 세출예산

세출이란 한 회계연도 동안에 모든 수요를 충당하기 위해 지출하는 일체의 경비를 말한다. 모든 유치원은 회계연도마다 세입과 세출에 해당하는 예산안을 편성하여야 한다.

한 회계연도에 예상되는 지출에는 크게 인건비, 운영비, 일반 교육활동비, 선택적 교육활동비, 적립금, 상환금, 시설·설비·비품비, 지난 연도 지출금, 잡지출, 예비비 및 반환금 등이 있다.

지출 중에 가장 큰 비중을 차지하는 것이 인건비인데, 교원인건비와 직원인건비, 그 밖의 인건비로 나누어 항이 구성되어 있다. 교원인건비의 경우 호봉에 따른 기본급여, 정근수당·가족수당·시간외근무수당·교직수당·정액급식비·명절휴가비·연가보상비 등 보수지급 명목으로 지급되는 각종 수당 및 복리 증진비에 해당하는 수당, 연금부담금·건강보험·고용보험·산재보험과 같은 법정부담금, 퇴직금 및 퇴직적립금 등 목으로 세분화된다. 직원인건비와 교원인건비와 같은 항목으로 내용이 구성되며 기간제 및 계약직 교직원의 경우 그 밖의 인건비 항에 기재한다.

두 번째 관인 운영비의 경우, 기관 운영에 필요한 각종 소모품비·용역비·렌탈비·검사비 등의 수용비, 각종 공과금·수수료·보험료·복리후생비를 포함하는 수수료 및 제세공과금, 냉난방 연료비, 관내·외 출장과 관련된 여비 등을 모두 포함한 관리운영비 항과 일반업무와 직급에 따른 업무추진비의 항으로 구성되어 있다.

세 번째 관인 일반교육활동비는 모든 유아를 교육하는 데 필요한 교사연수·연구비, 교재·교구 구입비, 행사비, 장학금, 복리비, 일반급식비 등으로 구성되었다.

이 밖에도 각각 해당되는 상황에서만 요구되는 선택적 교육활동비, 건축 등을 위한 적립금, 대출받아 유치원회계로 이전된 차입금을 상환하기 위해 지출하는 상환금, 유치원 시설 증·개축 및 수선, 개·보수에 소요되는 경비와 설비를 설치하고 비품을 취득하고 유지하는 데 필요한 시설·설비·비품비, 지난 연도에 지출되었어야 하나 지출되지 않다가 해당 회계연도에 지출된 지난 연도 지출금, 원 단위 절사금 등의 잡지출, 재해나 재난 관련 비용으로 예측하기 어려운 부분과 반환되는 부

분의 지출을 위한 예비비 및 반환금 등의 관항목이 필요하다. 예비비를 사용하고자
할 경우에는 '예비비 사용결의서'에 의해 유치원장의 결재를 받아야 하며, 업무추진
비에 충당하기 위하여 예비비를 사용할 수 없다. 세출예산서 작성에 필요한 관항목
의 세부내역은 〈표 13-2〉와 같다.

표 13-2 세출예산서 관항목의 세부내역

관	항	목	세부내역
1. 인건비			유치원에서 근무하는 교직원 등의 인건비
	1. 교원인건비		정규직 교원인건비
		1. 급여	기본급 및 성과상여금
		2. 수당	정근수당, 가족수당, 시간외근무수당, 교직수당, 정액급식비, 명절휴가비, 연가보상비 등 보수지급 명목으로 지급되는 각종 수당 및 복리증진비
		3. 법정부담금	사립학교교직원연금, 국민연금, 건강보험, 고용보험 및 산재보험 등과 관련하여 지출하는 금액
		4. 퇴직금 및 퇴직적립금	퇴직급여 및 퇴직적립금
	2. 직원인건비		정규직 직원인건비
		1. 급여	기본급 및 성과상여금
		2. 수당	정근수당, 가족수당, 시간외근무수당, 정액급식비, 명절휴가비, 연가보상비 등 보수지급 명목으로 지급되는 각종 수당 및 복리증진비
		3. 법정부담금	사립학교교직원연금, 국민연금, 건강보험, 고용보험 및 산재보험 등과 관련하여 지출하는 금액
		4. 퇴직금 및 퇴직적립금	퇴직급여 및 퇴직적립금
	3. 그 밖의 인건비		무기계약직 보수, 기간제근로자 보수, 보조·대체교사 보수 및 일용직 급여 등 위에서 나열되지 않은 인건비
		1. 그 밖의 인건비	
2. 운영비			
	1. 관리운영비		

관	항	목	세부내역
		1. 수용비	소모품 구입비, 인쇄비, 교육용도서 외 일반도서 구입비, 차량 정비·유지비(통학차량 정비·유지비는 제외한다), 청소용역비, 임차료, 대관료 및 비품대여료 등 유치원 운영에 소요되는 일반적인 경비
		2. 수수료 및 제세공과금	전기·전화요금, 상하수도료, 교직원 및 교육활동 참여자 안전공제회비, 보험료, 자동차세, 환경개선부담금 및 교직원 건강검진비 등 각종 수수료 및 제세공과금 성격의 경비
		3. 연료비	도시가스비, 지역난방료 및 차량 유류비(통학차량 유류비는 제외한다) 등 건물 난방 및 차량유지 등을 위해 사용하는 연료비
		4. 여비	출장에 따른 소요 여비
		5. 그 밖의 관리운영비	위에서 나열된 것 외에 유치원 운영을 위하여 소요된 경비
	2. 업무추진비		
		1. 일반업무추진비	유치원 운영 업무추진비 및 일반사업추진 업무추진비
		2. 직책급업무추진비	직책에 따른 업무추진을 위해 해당 직책을 가진 사람에게 지급하는 경비
3. 일반 교육활동비			유치원 일반 교육활동 소요 경비
	1. 일반 교육활동비		
		1. 교사 연수·연구비	교직원 연수비 및 연구비
		2. 교재·교구 구입비	교육 기자재, 교육용도서 등 구입 및 제작 소요 경비
		3. 행사비	원아 교육과 직접 관련된 각종 행사 소요 경비
		4. 장학금	원아에게 지급되는 장학금
		5. 복리비	원아 건강검진비 등 원아 건강 및 안전 관련 소요 경비
		6. 일반급식비·간식비	일반 교육과정 시간에 제공되는 급식 및 간식을 위한 소요 경비
4. 선택적 교육활동비			
	1. 방과후 교육활동비		
		1. 방과후 교육·돌봄비	방과후 교육 및 돌봄활동을 위한 소요 경비
		2. 방과후 특성화비	방과후 교육 중 특성화교육을 위한 소요 경비
	2. 그 밖의 교육활동비		
		1. 현장체험 학습비	소풍 및 견학 등의 현장체험 학습활동을 위한 소요 경비

관	항	목	세부내역
		2. 통학차량 이용비	통학차량 정비·유지비 및 유류비 등 통학차량 이용을 위한 소요 경비
		3. 특별급식비·간식비	일반 교육과정 시간 외(방과후 과정 또는 아침·저녁 시간 등)에 제공되는 급식·간식 제공을 위한 소요 경비
		4. 졸업앨범비	졸업앨범 제작·구입 소요 경비
		5. 그 밖의 수익자부담재원 교육활동비	위에서 나열된 것 외에 수익자부담금을 재원으로 하는 교육활동 소요 경비
5. 적립금			
	적립금		
		건축적립금	제22조의2제1항에 따른 노후교실의 개축·증축 등을 위한 건축적립금
		그 밖의 적립금	제22조의2제1항에 따라 관할청이 특히 필요하다고 보아 인정하는 적립금
6. 상환금			유치원 운영을 위해 금융기관 등에서 유치원회계로 이전된 차입금을 상환하기 위하여 지출한 금액
	1. 단기차입상환금		금융기관 등에서 대출을 받은 회계연도 종료 전에 상환할 것이 예정된 차입금의 원리금 상환액
		1. 원금상환금	
		2. 이자상환금	
	2. 장기차입상환금		단기차입상환금 외 차입금의 원리금 상환액
		1. 원금상환금	
		2. 이자상환금	
7. 시설·설비·비품비			
	1. 시설비		
		시설비	유치원 시설 증축·개축, 수선 및 개수·보수에 소요되는 경비 및 부대 경비
	2. 설비·비품비		
		1. 취득비	설비 설치비, 비품 구입비, 차량 구입비(차량할부금을 포함한다) 등 설비나 비품 취득 소요 경비
		2. 유지비	설비, 장비 및 비품의 정비·유지 비용(차량 및 통학차량의 정비·유지비는 제외한다)

관	항	목	세부내역
8. 지난 연도 지출금			해당 회계연도 전에 지출되었어야 하나 지출되지 않았다가 해당 회계연도에 지출된 사업비 등
	지난 연도 지출금		
		지난 연도 지출금	
9. 잡지출			원 단위 절사금 등 위에서 나열되지 않은 성격의 지출
	잡지출		
		잡지출	
10. 예비비 및 반환금			
	1. 예비비		재해·재난 관련 비용 등 예산 외의 예측할 수 없는 지출이나 예산의 초과 지출에 충당하기 위한 경비
		1. 예비비	
	2. 반환금		
		1. 보조금반환금	보조금 미사용 및 목적 외 사용 등에 따른 반환금
		2. 지원금반환금	지원금 미사용 및 목적 외 사용 등에 따른 반환금
		3. 수익자반환금	수익자부담금 미사용 및 목적 외 사용 등에 따른 반환금

앞의 관항목과 회계운용원칙에 맞게 작성된 유치원회계 세입세출예산서의 예시는 〈표 13-3〉과 같다.

표 13-3 유치원회계 세입세출 예산서 예시

세입				세출			
관	항	목	예산액	관	항	목	예산액
보조금 및 지원금 수입	공통과정 및 방과후 과정 지원금 수입	공통과정 지원금	374,400,000	인건비	교원인건비	급여	280,000,000
		교육청 보조금 (특수교육유아 추가 지원금)	8,016,000			수당	91,576,000
						법정부담금	25,200,000
		저소득층 유아 지원금	16,080,000	일반 교육활동비	일반 교육활동비	교재·교구 구입비	1,720,000
	공통과정 및 방과후 과정 지원금 수입	방과후 과정 지원금	67,200,000	인건비	교원인건비	급여	64,800,000
						수당	2,400,000
	일반운영 보조금 수입	교육청보조금	129,669,600	인건비	직원인건비	급여	36,697,800
						수당	2,351,060
						법정부담금	6,231,970
						퇴직금 및 퇴직적립금	3,058,170
				운영비	관리운영비	수용비	3,000,000
				일반 교육활동비	일반 교육활동비	일반급식비·간식비	78,330,600
세입 소계			**595,365,600**	**세출 소계**			**595,365,600**
수익자 부담 수입	교육비 수입	입학금	4,000,000	인건비	교원인건비	수당	7,200,000
						법정부담금	7,200,000
		교육과정 수업료	216,000,000		직원인건비	급여	51,000,000
						수당	13,380,000
						법정부담금	14,400,000
						퇴직금 및 퇴직적립금	5,500,000
					그 밖의 인건비	그 밖의 인건비	32,678,000

세입				세출			
관	항	목	예산액	관	항	목	예산액
수익자 부담 수입	교육비 수입	교육과정 수업료	.	운영비	관리운영비	수용비	37,606,000
						수수료 및 제세공과금	21,176,000
						연료비	4,800,000
						여비	1,500,000
					업무추진비	일반업무 추진비	2,700,000
						직책급업무 추진비	3,000,000
				일반 교육활동비	일반 교육활동비	교사연수 연구비	960,000
						교재·교구 구입비	4,500,000
						행사비	6,000,000
						복리비	1,400,000
				시설·설비비	설비·비품비	취득비	5,000,000
	방과후 과정비 수입	방과후 교육·돌봄비	62,400,000	인건비	교원인건비	급여	21,600,000
						수당	15,600,000
				운영비	관리운영비	수용비	1,800,000
						수수료 및 제세공과금	11,400,000
				선택적 교육활동비	방과후 교육활동비	방과후 교육·돌봄비	12,000,000
		방과후 특성화비	28,000,000	선택적 교육활동비	방과후 교육활동비	방과후 특성화비	28,000,000
	급식비·간식비 수입	일반급식비·간식비	10,800,000	일반 교육활동비	일반 교육활동비	일반급식비·간식비	10,800,000
		특별급식비·간식비	15,360,000	선택적 교육활동비	그 밖의 교육활동비	특별급식비·간식비	15,360,000

세입				세출			
관	항	목	예산액	관	항	목	예산액
수익자 부담 수입	그 밖의 수익자 부담 수입	통학차량 이용비	30,000,000	인건비	직원인건비	급여	24,000,000
						수당	1,000,000
				선택적 교육활동비	그 밖의 교육활동비	통학차량 이용비	5,000,000
세입 소계			366,560,000	세출 소계			366,560,000
행정활동 수입	이자수입		1,000,000	운영비	관리운영비	수용비	6,300,000
	그 밖의 행정 활동 수입		300,000				
전년도 이월금 수입	전년도 이월금 수입	순세계잉여금	5,000,000				
세입 총계			968,225,600	세출 총계			968,225,600

2. 결산

　결산이란 매 회계연도가 종료하는 시점을 기준으로 한 회계연도에 있어서 유치원의 재정활동 전반에 대한 수입과 지출의 실적을 확정적 계수로 표시하는 행위를 의미한다. 결산액은 세입세출 내역부와 일치해야 하며 임의로 수정하거나 변경할 수 없다. 변경사항이 있을 경우 1월 중에 추경예산을 다시 세워 세입세출의 내역을 맞추어야 하며, 결산서를 작성할 때는 예산에서 사용된 관항목에 따라야 한다. 결산의 절차를 살펴보면 [그림 13-2]와 같다.

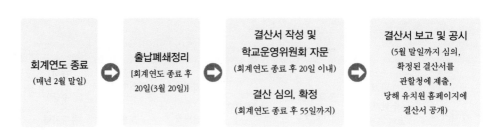

[그림 13-2] 유치원 결산 절차

1) 세입결산

각각의 목별로 세입내역, 예산액, 징수결정액, 수납액, 불납결손액 및 미수납액을 기록한다.

표 13-4 세입결산의 구분

구분	내용
산출기초	각 목별 수입내역
예산액	추가경정예산을 포함한 최종 세입예산액
징수결정액	• 법령, 조례 등에 의하여 세입의 원인이 발생하고 이를 징수키로 결정한 금액 • 징수결정액=수납액+불납결손액+미수납액
결산액(수납액)	징수결정액 중에서 실제로 유치원회계에 수납된 금액
미수납액	징수결정액 중에서 당해 회계연도 내에 수납되지 않은 금액으로 다음 연도 이후에 징수해야 할 금액
불납결손액	징수결정액 중에서 결손처분한 금액

2) 세출결산

각각의 목별로 집행내역, 예비비 지출내역, 이 · 전용사항, 사고이월 · 명시이월 내역을 기록한다.

표 13-5 세출결산의 구분

구분	내용
산출기초	각 목별로 집행내역을 기록
예산액	추가경정예산을 포함한 최종 세출예산액
결산액(지출액)	예산현액 중에서 실제로 지출된 금액
이월액	당해 연도 예산현액 중에서 다음 연도로 이월하는 명시이월액 및 사고이월액의 금액
불용액	예산현액에서 지출액과 다음 연도 이월액을 제외한 잔액

알아두어야 할 회계관리 용어 정리

용어	기본개념
회계	• 거래 발생에 대한 경제적 정보를 인식, 측정, 기록하여 학부모, 교직원, 학생, 지역주민 등 이해관계자들이 합리적 의사결정을 할 수 있도록 다양하고 알기 쉬운 재정정보를 제공하는 일련의 과정과 절차
회계연도	• 회계상의 편의에 따라 설정한 1년간을 의미하며 유치원회계는 3월 1일에 시작하여 다음 연도 2월 말일에 종료
출납폐쇄기간	• 1회계연도에 속하는 세입금의 수납과 세출금의 지출을 완결하는 기간 • 유치원회계의 출납은 회계연도 종료 후 20일이 되는 날(3월 20일)에 폐쇄하여 해당 회계연도 중에 이루어진 징수행위 및 지출원인행위가 된 사항의 세입금 수납과 세출금 지출을 마감
예산	• 1회계연도의 수입과 지출을 계산하여 정한 계획
세입	• 1회계연도의 기간에 발생한 유치원의 모든 수입
세출	• 1회계연도의 기간에 발생한 유치원의 모든 지출
수입	• 지출의 재원이 될 현금을 수납하기 위한 일련의 회계처리 절차
지출	• 채무를 이행하기 위하여 현금을 지급하는 행위
결산	• 1년간 단위유치원의 실질적인 수입 · 지출의 집행실적 확정

활동

   '유치원알리미' 사이트에 들어가 몇 유치원의 '유치원회계 세입 · 세출예산서'를 찾아 비교하여 학급 규모에 따른 1년 예산을 가늠해 보고, 소그룹으로 이야기 나누어 봅시다.

🎛 참고문헌

강영심, 이미아, 정은영(2006). 암묵적 접근을 통한 바람직한 초등학교 교사상의 구성요인 탐색. 수산해양교육연구, 18(3), 283-292.

고선아(2008). 사립유치원 초임교사와 경력교사가 학부모 관계에서 겪는 어려움과 보람에 관한 이야기. 중앙대학교 대학원 석사학위논문.

곽현주, 구수연, 박성희, 서동미, 서혜정, 손혜숙, 이명순, 이혜경(2010). 유치원 교사를 위한 교직실무. 서울: 파란마음.

교육과학기술부, 보건복지부(2013). 3~5세 연령별 누리과정 해설서. 서울: 교육과학기술부, 보건복지부.

교육부(2019). 누리과정 해설서. 세종: 교육부.

교육부(2020). 유치원 유아의 성행동 문제 관리대응매뉴얼. 세종: 교육부.

교육부(2021). 초·중등 교원양성체제 발전방안. 세종: 교육부.

교육부, 보건복지부(2015). 3~5세 연령별 누리과정 교사용 지침서. 세종: 교육부, 보건복지부.

교육부, 보건복지부(2019a). 2019 개정 누리과정 해설서. 세종: 교육부, 보건복지부.

교육부, 보건복지부(2019b). 2019 개정 누리과정 놀이이해자료. 세종: 교육부, 보건복지부.

교육부, 보건복지부(2019c). 2019 개정 누리과정 놀이실행자료. 세종: 교육부, 보건복지부.

교육인적자원부(2006). 유치원 시설안전관리 매뉴얼. 서울: 교육인적자원부.

김연진, 이상희(2007). 유아교육기관 운영관리. 서울: 태영출판사.

김영옥, 윤경선, 이현경(2011). 유치원 교직실무. 서울: 학지사.

김은미(2005). 영유아교육기관의 실외놀이 운영실태 및 교사의 인식. 아동교육, 14(2).

김현자(2008). 유아교사 전문성 관련 논의의 접근방법과 내용 분석. 열린유아교육연구, 13(5), 197-221.

김현주(2010). 유아교육기관 일과 운영에서 전이의 내용과 의미. 전남대학교 대학원 박사학위 논문.

김회용(1999). 소크라테스식 교수법에 관한 논의. 교육학연구, 37(1), 1-18.

김회용(2007). 좋은 교사의 자질. 교육철학, 38, 27-46.

김희진(2006). 유아교육기관에서의 부모교육과 지원. 서울: 파란마음.

도순남(1999). 유치원 교사의 직무스트레스와 직무만족이 이직성향에 미치는 영향. 교육행정학연구, 17(3), 275-300.

박상완, 윤미숙(2007). 학교장의 변혁적 지도성, 교사의 교직 수행 및 수업간의 관계 구조분석. 교육행정학연구, 25(1), 93-117.

박은혜(2009). 유아교사론(제3판). 서울: 창지사.

박은혜, 김은심, 김난실, 곽아정, 최혜진, 이혜경(2012). 유치원 교사를 위한 교직실무. 경기: 창지사.

박은혜, 조운주(2006). 반성적 실천을 위한 유아교육실습. 서울: 창지사.

박찬옥, 지성애, 조형숙, 서동미, 곽현주, 엄은나, 한진원, 김현주, 김민정, 홍찬의(2010). 유아교사를 위한 논리·창의교육. 경기: 정민사.

백혜리(1990). 유아교육교사의 전문성에 관한 연구. 이화여자대학교 대학원 석사학위논문.

서동미, 전우경, 엄은나(2008). 교사로 성장하는 과정을 통해 본 '좋은 교사'의 의미 탐색, 유아교육·보육복지연구, 12(2), 261-303.

서울대학교 교육연구소 편(1994). 교육학 용어사전. 서울: 하우.

서울특별시 교육연구정보원(2011). 서울교직실무 편람. 서울: 서울특별시 교육연구정보원.

서울특별시 교육청(2006). 교직실무 편람. 서울: 서울특별시 교육청.

서울특별시 교육청(2007). 유치원 교직실무 편람. 서울: 서울특별시 교육청.

서울특별시교육청(2022). 2022년도 사립유치원 K-에듀파인 본예산 편성안내서. 서울: 서울특별시교육청.

서울특별시 유아교육진흥원(2012). 5세 누리과정 평가도구. 서울: 서울특별시 유아교육진흥원.

서혜정, 한애희(2006). 신임교사로서의 첫 출발. 서울: 파란마음.

소병만(1998). 유치원 교사의 이직의도에 관한 연구. 이화여자대학교 대학원 석사학위논문.

손수연(2004). 초임교사와 경력교사의 의사결정 및 교수 행동유형 분석-이야기 나누기 시간을 중심으로-. 이화여자대학교 대학원 석사학위논문.

신은수, 유흥옥, 안부금, 안경숙, 김은정, 유영의, 김소향(2013). 유아교사론. 서울: 학지사.

신장미(2008). 유아교사의 교직 전문성 인식에 관한 조사 연구. 총신대학교 대학원 석사학위
　　논문.

신화식, 김명희(2010). 유아교육기관 운영관리(2판). 경기: 양서원.

심숙영(1999). 유아 교사의 잊기에 영향을 미치는 원인 분석. 유아교육연구, 19(2), 5-20.

양시내(2007). 유아교육기관 일과에서 유아가 경험하는 화장실 공간의 의미. 전남대학교 일
　　반대학원 석사학위논문.

엄은나, 서동미(2009). '좋은 교사'에 대한 예비유아교사들의 인식. 유아교육학논집, 13(2),
　　5-35.

염지숙(2001). 유아교육연구의 다원화: 탐구방법과 주제를 중심으로. 유아교육연구, 21(2),
　　185-204.

염지숙, 이명순, 조형숙, 김현주(2014). 유아교사론(제3판). 경기: 정민사.

이대균, 송정원(2009). 영유아교육기관의 운영관리. 경기: 양서원.

이소영(2002). 교사자질 향상을 위한 방안 탐색. 동아대학교 교육대학원 석사학위논문.

이은영(2001). Katz의 교사발달단계에 따른 유아교사의 전문성. 중앙대학교 교육대학원 석사
　　학위논문.

이은우(2005). 초임교사 모임을 통한 유치원 교사들의 교직생활 이야기. 한국교원대학교 대
　　학원 석사학위논문.

이완정, 강정원, 최지영, 김정신, 김소향(2020). 어린이집 아동 성 관련 일탈 행위 대응방안. 세
　　종: 보건복지부.

이정민(2010). 유치원 초임교사의 교직적응 경험에 관한 연구. 원광대학교 대학원 석사학위
　　논문.

이정환, 박은혜(1996). 교사들을 위한 유아관찰 워크북. 서울: 한국어린이육영회.

이지원(2005). 초임유아교사 오리엔테이션 실태와 필요성 인식 조사연구. 숙명여자대학교 교
　　육대학원 석사학위논문.

임승렬(1990). 전문성을 키워나가기 위한 현장의 조건, 교사의 전문성과 역할. 한국어린이교
　　육협의회 학술대회 자료.

정현빈(2018). 유치원 교사의 교수실제 자기평가도구 개발. 덕성여자대학교 대학원 박사학위
　　논문.

조경자(2007). 예비교사들이 인식한 좋은 유아교사의 특성. 미래유아교육학회지, 14(4), 61-586.

조동섭, 김도기, 김민조, 김민희, 김병주, 김성기, 김용, 남수경, 박상완, 송기창, 오범호, 윤홍주, 이정미, 이희숙, 정수현, 정제영, 조석훈, 주현준(2009). 초등교직실무. 서울: 학지사.

조부경, 김정화(2000). 유아교사 양성대학 전공 강좌에서 이론과 교수 경험의 통합운영에 대한 예비교사. 지도교사 및 담당교수의 반응 분석. 유아교육연구, 20(1), 139-163.

조부경, 백은주(2003). 유치원교사의 발달 수준을 고려한 장학 모형 개발. 유아교육연구, 23(1), 105-131.

조형숙, 이정욱, 황보영란, 배소연, 조운주, 조부경, 박은혜, 임승렬(2002). 유아교사 교육의 최근 연구 동향. 서울: 이화여자대학교출판부.

조혜선(2008). 유치원 교직문화 분석-경력교사 10인의 인식을 중심으로. 이화여자대학교 대학원 박사학위논문.

한국교육개발원(1986). 교원자질향상 및 처우 개선 방안 연구. 경기: 정민사.

한글과 컴퓨터(2007). 민중국어사전.

한미경, 염지숙(2009). 어린이집 원장의 교직경험이야기. 열린교육연구, 17(3), 169-191.

한미양(2008). 사립유치원 초임교사의 교직적응에 관한 연구: 원장의 시각으로 본 초임 유아교사. 강남대학교 교육대학원 석사학위논문.

한수진(2001). 어린이집 교사 자질에 대한 기대 수준 및 자기 평가에 관한 연구. 성균관대학교 교육대학원 석사학위논문.

차인태(2009). 흔적: The Trace of Courage. 서울: FKI미디어.

행정안전부(2008). 사무관리규정 편람. 서울: 행정안전부.

행정안전부(2012). 행정업무운영 편람. 서울: 행정안전부.

행정안전부(2020). 행정업무운영 편람. 서울: 행정안전부.

Baker, B. R. (1985). Turn transition time into learning time. *Texas Child Care Quarterly, 9*, 12-14.

Bllough, R. V. (1987). First year teaching: A case study. *Teacher College Record, 89*(2), 39-46.

Bodgan, R. C., & Biklin, S. K. (1982). *Qualitative research education: An introduction to theory and method.* Boston, MA: Allyn & Bacon.

Dover, K. J. (1978). *Greek homosexuality.* Massachusetts: Harvard University Press.

Epstein, J. L. (1987). Parent involvement: What research says to administrators. *Education and Urban Society, 19*(2), 119-136.

Hargreaves, A. & Fullan, M. G. (Eds.) (1992). *Understanding teacher development.* New York: Teachers College press.

Huberman, M. (1989). The professional life cycle of teacher. *Teacher College Record, 91*(1), 31-57.

Katz, L. G. (1972). Developmental stage of preschool teacher. *The Elementary School Journal, 73*(1), 50.

Ling, Y. L. (2003). What makes a good kindergarten teacher? A pilot interview study in Hong Kong, *Early Child Development and Care, 173*(1), 19-31.

Marsh, H. W. (1991). Multidimensional student's evaluations of teacher effectiveness: A test of alternative higher-order structures. *Journal of Educational Psychology, 83,* 285-296.

Melenfant, N. (2006). *Routines & transition.* MN: Redleaf Press.

Minor, C., Onwuegbuzie, J., & Witcher, E. (2002). Preservice teachers' educational beliefs and their perceptions of characteristics of effective teachers. *The Journal of Educational Research, 96*(2), 116-127.

Norton, L. (1997). *Learning from first year teachers: Characteristics of the effective practitioner.* Paper presented at the annual meeting of the Mid-South Educational Reserch Association, Memphis, TN.(ERIC Document Reproduction Service No. ED418050).

OECD(2000). Teacher education and the teaching career in an era of lifelong learning. *Education Working Paper, No. 2.*

Pica, R. (2002). *Teachable transitions.* NC: Gryphon House.

Powell, D. R. (1995). Approaches to parent-teacher relationships in U. S. early childhood programs during the twentieth century. *Journal of Education, 177*(3), 71.

Salmon, A. K. (2010) Engaging young children in thinking routines. *Childhood Education, 86*(3), 132-137.

Thompson, J. G. (2007). *The first-year teacher's survival guide* (2nd ed.), San Francisco, CA: John Wiley & Sons, Inc.

Trawick-Smith, J. (2010). 놀이지도: 아이들을 사로잡는 상호작용(송혜린, 신혜영, 신혜원 역).

서울: 다음세대.

Veenman, S. (1984). Perceived problems of beginning teachers.

Wubbels, T., Levy, J., & Brekelmans, M. (1997). Paying attention to relationships. *Educational Leadership*, 54(7), 82-86.

유치원 정보공시. 경기 성남 낙생초등학교 병설유치원 2021학년도 교육과정운영계획서. www.childinfo.go.kr

유치원 정보공시. 서울반포초등병설유치원 2021학년도 교육과정운영계획서. www.childinfo.go.kr

유치원 정보공시. 서울 우면초등학교 병설유치원 2022학년도 모집요강. www.childinfo.go.kr

유치원 정보공시. 세종 가락유치원 2021학년도 교육과정운영계획서. www.childinfo.go.kr

📖 찾아보기

저자 소개

김은심(Kim, Eun-Shim)

중앙대학교 대학원 유아교육학과(석 · 박사)

현 국립강릉원주대학교 유아교육과 교수

〈주요 저서 및 논문〉

『유아언어교육』(공저, 한국방송통신대학교출판문화원, 2022)

『유아언어교육』(공저, 정민사, 2021)

『유아동작교육의 이론과 실제』(창지사, 2021)

『유아미술교육』(공저, 학지사, 2019)

「만 3세반 교사의 동작교육 교수능력향상을 위한 협력적 실행연구」(공동, 유아교육학논집, 2021)

「퍼지셋 질적비교분석(fs/QCA)을 활용한 만 3세아 부모의 유아교육기관 선택 결정요인」(공동, 어린
    이문학교육연구, 2021)

「온라인 커뮤니티 익명게시판에 나타난 어머니들의 일상적 경험」(공동, 어린이문학교육연구, 2021)

「기본운동중심 신체활동 활성화를 위한 협력적 실행연구 과정에서 나타난 교사의 변화 탐색」(공동,
    어린이문학교육연구, 2021)

서동미(Seo, Dong-Mi)

중앙대학교 대학원 유아교육학과(석 · 박사)

현 경동대학교 유아교육과 교수

〈주요 저서 및 논문〉

『영유아 언어 교육』(2판, 공저, 정민사, 2022)

『2019 개정 누리과정을 반영한 유아교육과정』(공저, 정민사, 2020)

『2019 개정 누리과정을 반영한 유아교과교육론』(2판, 공저, 정민사, 2020)

「영아의 놀이지원에 대한 보육교사의 인식과 교사 지원 방안 탐색」(공동, 유아교육학논집, 2021)

「예비유아교사의 자아탄력성, 전공만족도, 직무수행효능감이 진로성숙도에 미치는 영향」(공동, 영
    유아교육지원연구, 2020)

「예비유아교사의 수업역량 및 문제해결능력이 직무수행효능감에 미치는 영향」(공동, 유아교육 · 보
    육복지연구, 2019)

「유아생활지도 수업운영 과정과 교육효과에 대한 실행연구」(공동, 학습자중심교과교육연구, 2019)

엄은나(Eom, Eun-Na)
중앙대학교 대학원 유아교육학과(석 · 박사)
현 용인예술과학대학교 유아교육과 교수

〈주요 저서 및 논문〉
『유아교사를 위한 논리논술교육』(공저, 정민사, 2020)
『영유아 교수학습방법론』(공저, 공동체, 2019)
『영유아 언어 교육』(공저, 정민사, 2017)
『유아사회교육』(공저, 양성원, 2016)
「예비유아교사의 자아탄력성, 전공만족도, 직무수행효능감이 진로성숙도에 미치는 영향」(공동, 영
    유아교육지원연구, 2020)
「예비유아교사의 수업역량 및 문제해결능력이 직무수행효능감에 미치는 영향」(공동, 유아교육 ·
    보육복지연구, 2019)
「교육봉사활동을 통한 예비유아교사의 교사 자질 함양에 대한 기대와 자기평가」(공동, 학습자중심
    교과교육연구, 2018)

이경민(Lee, Kyung-Min)
중앙대학교 대학원 유아교육학과(석 · 박사)
현 경인교육대학교 유아교육과 교수

〈주요 저서 및 논문〉
『보육교사인성론』(3판, 공저, 정민사, 2022)
『영유아수학교육』(2판, 공저, 학지사, 2020)
『유아교육개론』(공저, 파워북, 2019)
『유아진로교육』(공저, 양성원, 2017)
「은유 분석을 통해 본 2019 개정 누리과정 이후 유아수학교육에 대한 유치원 교사의 인식」(공동,
    한국유아교육연구, 2021)
「부모교육기반 가정연계 진로교육활동이 유아기 자녀를 둔 어머니의 진로인식에 미치는 영향」(교
    육문화연구, 2020)
「유치원 운영의 공공성에 대한 사립유치원 원장의 인식: 경기도 지역을 중심으로」(공동, 교육문화
    연구, 2020)
「과학활동에 나타난 유치원 교사의 발문과 피드백유형 분석」(한국유아교육연구, 2019)
「투명사회협약에 대한 사립유치원 원장의 인식 및 요구」(공동, 교육논총, 2019)

강정원(Kang, Jeong Won)

중앙대학교 대학원 유아교육학과(석 · 박사)

현 한국성서대학교 영유아보육과 교수

〈주요 저서 및 논문〉

『영유아교사를 위한 아동상담』(4판, 공저, 정민사, 2022)

『영유아교사를 위한 부모교육: 따뜻한 양육공동체로 가는 길』(공저, 학지사, 2017)

『알림장 작성 가이드』(공저, 황금사자, 2015)

「아버지 애착에 대한 국내외 학술지 연구 동향 분석」(인문사회21, 2021)

「어린이집 알림장의 구성요소, 내용, 오류 분석 및 기능의 고찰」(공동, 유아교육학논집, 2017)

「어린이집 운영위원회의 운영현황 및 인식 조사: 어린이집 운영위원들을 중심으로」(공동, 유아교육
학논집, 2017)

「만 5세 학급 유아들의 디자인 활동 경험에서 나타난 교육적 의미 탐색」(공동, 한국교육문제연구, 2015)

「보육교사의 문화역량과 표준보육과정 예술경험 영역의 개인적 교수 효능감과의 관계」(유아교육학
논집, 2015)

「영유아교사의 위상: 현황과 과제」(공동, 유아교육학논집, 2015)

김정미(Kim, Jung Mi)

중앙대학교 대학원 유아교육학과(석 · 박사)

현 삼육대학교 유아교육과 교수

〈주요 저서 및 논문〉

『자유표현과 심미감 중심의 유아미술교육』(2판, 공저, 학지사, 2019)

『대학생을 위한 예비부모교육』(공저, 학지사, 2011)

「온라인 수업 내실화를 위한 질 관리 프로그램 개발연구—A대학 사례 중심」(한국교원교육연구, 2021)

「유아기 간접흡연예방 가정연계교육 프로그램의 효과」(디지털융복합연구, 2020)

「부모의 스트로크 유형 및 유아의 자기표현력이 또래유능성에 미치는 영향」(공동, 미래유아교육학회
지, 2018)

「유아의 놀이성 및 어머니의 공감능력이 유아의 행복감에 미치는 영향」(공동, 미래유아교육학회지, 2017)

「유아를 위한 자연 색채교육 프로그램 개발」(공동, 미래유아교육학회지, 2015)

「학습주기를 활용한 건강교육 프로그램이 유아의 건강 인식, 지식 및 실천에 미치는 효과」(공동, 열
린유아교육연구, 2015)

유치원 교직실무
Professional Practice of Kindergarten Teacher

2022년 3월 25일 1판 1쇄 인쇄
2022년 3월 31일 1판 1쇄 발행

지은이 • 김은심 · 서동미 · 엄은나 · 이경민 · 강정원 · 김정미
펴낸이 • 김진환
펴낸곳 • ㈜ 학지사

04031 서울특별시 마포구 양화로 15길 20 마인드월드빌딩
대표전화 • 02-330-5114   팩스 • 02-324-2345
등록번호 • 제313-2006-000265호

홈페이지 • http://www.hakjisa.co.kr
페이스북 • https://www.facebook.com/hakjisabook

ISBN 978-89-997-2661-3 93370

정가 22,000원

출판 · 교육 · 미디어기업 학지사

간호보건의학출판 **학지사메디컬** www.hakjisamd.co.kr
심리검사연구소 **인싸이트** www.inpsyt.co.kr
학술논문서비스 **뉴논문** www.newnonmun.com
교육연수원 **카운피아** www.counpia.com